Anjos da Terra

Um Toque Mágico nas Situações do Dia-a-dia

SHAUN MCNIFF

ANJOS DA TERRA

UM TOQUE MÁGICO NAS SITUAÇÕES DO DIA-A-DIA

Prefácio
THOMAS MOORE

Tradução
GILSON CÉSAR CARDOSO DE SOUSA

EDITORA CULTRIX
São Paulo

Título do original:
Earth Angels
Engaging the Sacred in Everyday Things

Edição	Ano
1-2-3-4-5-6-7-8-9	99-00-01-02-03

Direitos de tradução para a língua portuguesa
adquiridos com exclusividade pela
EDITORA CULTRIX LTDA.
Rua Dr. Mário Vicente, 374 — 04270-000 — São Paulo, SP
Fone: 272-1399 — Fax: 272-4770
E-mail: pensamento@snet.com.br
http://www.pensamento-cultrix.com.br
que se reserva a propriedade literária desta tradução.

Impresso em nossas oficinas gráficas.

Para a família e os
anjos do nosso lar

Sou o anjo necessário da terra,
Pois, no meu olhar, vês a terra de novo.

— Wallace Stevens, *The Auroras of Autumn*

Sumário

Prefácio

Muitas vezes, quando ganhamos algo, jogamos fora o que tínhamos. No século passado, ganhamos enormemente em determinada esfera do conhecimento do mundo e nos diversos modos de controlar e utilizar os materiais existentes neste mundo. Perdemos, porém, seu encanto, a consciência de que nós, humanos, não somos os únicos seres do universo que têm personalidade, presença e mesmo subjetividade. Acostumamo-nos a conceber todo o mundo não-humano, inclusive os animais e as coisas, como inerte, sem vida, impessoal e inanimado — e "inanimado" significa, literalmente, "sem alma".

Uma das muitas conseqüências dessa atitude dominante em relação ao mundo e à filosofia da vida foi a perda da consciência do modo como tratamos o mundo não-humano. Apanhe um trem, como eu próprio às vezes faço, para Nova York, e observe quanta coisa enferrujada, quebrada e em ruínas foi abandonada ao longo da ferrovia, em fossos e pátios. Vá a qualquer cidade deste país que tenha sido construída à beira de um rio e tente encontrar um local onde estirar-se no chão e deixar que as águas massageiem sua alma. Há algumas brilhantes exceções, mas quase sempre você encontrará armazéns, fábricas, depósitos e trilhos que lhe barrarão o acesso ao rio. Assim, não apenas ficará privado dos panoramas e sons necessários da água, como também poderá irritar-se com tudo aquilo.

Para mim é claro que nós tratamos mal as coisas porque esquecemos que também elas possuem alma e são, portanto, preciosas. Nossa atitude para com as coisas é, com freqüência, a de um dominador sádico, não a de um parente ou amigo gentil. Não conseguimos compreender que as coisas são igualmente sensíveis, sejam elas produto da natureza ou da mão humana. E, pior que tudo, parece que nos afastamos o mais possível da antiga noção de que a alma do mundo e a nossa própria alma se superpõem, compartilham a mesma substância e padecem o mesmo destino. Se maltratamos o mundo das coisas, prejudicamo-nos enormemente.

Quando eu estudava filosofia medieval, as discussões sobre alma e espírito, sobre personalidade e individualidade, sobre psicologia e ética pareciam-me por demais abstratas e alheias às preocupações do cotidiano. Hoje, depois de passarmos a nos concentrar mais na vida do dia-a-dia, graças talvez ao pensamento existencialista, à fenomenologia, a Freud, Jung, Hillman, Sardello e a poetas modernos da natureza como Gary Snyder, Wendell Berry e Mary Oliver (para nada dizer das velhas tradições da natureza na poesia e na filosofia), estamos em condições de repensar o relacionamento com o lar, as coisas que nos cercam, a natureza e a cultura como um todo. Hoje tratamos isso com novo apreço e até reverência.

É nesse contexto que percebo a importância do novo livro de Shaun McNiff, escrito de modo bastante acessível a partir da experiência pessoal, e depois de anos e anos de ensino da arte e da terapia. Gostar da alma do mundo das coisas implica aproximarmo-nos delas, mesmo nos pensamentos que lhes dedicamos — e é isso o que aqui faz MacNiff. Ele nos apresenta a uma série de coisas e revela segredos sobre o seu convívio com elas. O livro versa sobre assuntos do coração, não em relação aos seres humanos, mas às coisas.

Shaun chama a si mesmo "guardião do estúdio", vocação que muito aprecio. Um guardião é um curador, alguém que aloja e assiste, mas não trata no sentido terapêutico as coisas sob seus cuidados. Aprendemos finalmente, pelo menos até certo ponto, que na qualidade de seres humanos não devemos escravizar o próximo; mas ainda temos de aprender a não escravizar as coisas. Podemos possuí-las, admirá-las, utilizá-las, protegê-las e contemplá-las, sem por isso deixar de cuidar delas. Aos olhos da pessoa que cuida das coisas, o mundo inteiro é um estúdio, um local de estudo — não de análise, mas de atenção.

Eis outro princípio de Shaun que admiro profundamente: "Há uma paisagem da mente que precisa ser alimentada pela paisagem real." A noção totalizante de alma do mundo e alma humana implica, quando tudo corre bem, a ocorrência de uma dialética íntima entre o mundo exterior e o mundo interior. Quando uso a expressão "natureza humana", sempre concebo a natureza como terra, animais e plantas, imaginando que eu também encerro flora e fauna nas minhas florestas, fazendas e colinas interiores. Vejo-as em sonhos e noto que ocorre então uma espécie de efeito especular. Ignoro qual seja o vidro e qual seja a substância natural — um e outra podem ser ambas as coisas —, mas sei que devo contar com a mediação de um rio, lago ou oceano caso pretenda "conservar" as águas da minha alma, minha fluidez e profundidade. Devo, porém, preocupar-me também com a minha própria natureza para cuidar da natureza exterior a mim, se é que posso usar este termo. A natureza sou eu e não-eu ao mesmo tempo.

Apóio com entusiasmo a interpretação que Shaun faz do valor epicurista da "educação dos sentidos". Não tenho dúvida de que reduzimos a vida à experiência mental. Concebemos a educação como um exercício mental e chegamos a nos submeter à terapia como se ela fosse um caminho para a autocompreensão. Urge ampliar o conceito de educação, reconhecendo que somos quase analfabetos na esfera dos sentidos. De outra forma, encheremos as cidades de edifícios horrendos, permitiremos que as companhias aéreas fechem todas as veredas para a sensação enquanto percorremos os céus, deixaremos que os negócios nos isolem dos rios e lagos e passaremos dias inteiros de lazer diante do televisor. Sem dúvida, para começar, precisamos de uma educação reparadora dos sentidos. Temos de aprender a viver com o coração, as mãos, o estômago e os pés. E, o que me toca mais de perto, precisamos educar os ouvidos para não mais tolerar os ruídos prejudiciais à alma que dominam a vida moderna.

Perguntaram-me certa vez, num programa de televisão, se eu tinha um anjo da guarda. Sem refletir, pois dispunha apenas de uma fração de segundo para responder, asseverei: "Mas é claro que tenho um anjo da guarda!" Acho que, se formos capazes de acatar as sugestões deste livro de Shaun McNiff, estaremos nos educando não apenas nos sentidos, mas também numa teologia viva e não-sectária — pois só a teologia pode falar adequadamente sobre os anjos. Os teólogos medievais costumavam afirmar que a filosofia é a serva (*ancilla*) da teologia; assim, podemos chegar a uma concepção nova dos anjos desenvolvendo uma filosofia do encantamento, da sensação, da beleza e do amor a este mundo, filosofia que é esboçada neste livro.

THOMAS MOORE

Agradecimentos

Ao tratar o tema deste livro, precisei da ajuda de outros para criar. Obrigado à minha esposa, Catherine Cobb; a Vincent Ferrini; a Steve Levine; a meus filhos, Liam, Kelsey, Elysian e Avery McNiff; a Sandra Thoms; a Herbert Rogers, S. J.; e a outros amigos cujas conversações geraram muitas de minhas idéias. Um agradecimento especial a Thomas Moore pelo prefácio. Tom e eu cremos trabalhar dentro de uma tradição formada, sendo nosso mentor comum James Hillman, que sempre incita e orienta o meu pensamento. Rudolf Arnheim foi outra grande influência, pois durante mais de vinte e cinco anos ensinou-me a observar e testemunhar a vida. Sou especialmente grato a Kendra Crossen, que captou o que eu queria dizer com "anjos da terra" quando sugeri pela primeira vez o livro. À medida que o projeto tomava corpo, ela me enviava fagulhas de encorajamento e imagens estimulantes. Para finalizar, sou grato aos Penguins pela inspiração de sua canção "Earth Angel".

1

Pelos Olhos dos Anjos

Enche teu espírito com o espírito do mundo.

— Marsilio Ficino

Uma Nova Maneira de Ver

Os anjos são um modo de ver o mundo, um modo de infundir vitalidade criadora em todas as coisas e renovar o nosso senso do sagrado. A mim me preocupa mais ver as coisas com um olhar angélico do que descobrir, no sentido literal, os anjos.

Instalar os anjos exclusivamente no mundo sobrenatural equivale a bani-los do espaço que eles devem ocupar na comunidade e no local de trabalho. Não dou ênfase ao celeste, mas, como a maior parte das pessoas, sempre me interessei pelos espíritos aéreos. Nada tenho contra eles. O problema consiste em ignorar as expressões espirituais ou sutis das coisas físicas, os anjos terrestres acessíveis à consciência mais comum. Essa maneira de ver pode ser veículo de renovação, mas não é nova. Ela sobrevive numa tradição, águas profundas que fluem da antiguidade, sempre se revitalizando a si mesmas pela mutação da forma.

Já que existo num mundo de imagens físicas, sinto-me atraído por esse aspecto dos anjos. Minha meditação sobre eles foi moldada ao longo de anos de trabalho clínico com as artes, que me deixaram claro que as imagens oferecem espíritos às pessoas que as fabricam ou contemplam. Como as imagens artísticas, os anjos vêm e vão conforme os rituais que praticamos. Facilitando o acesso das pessoas à medicina proporcionada pelas artes, mantive-me apegado à esfera material da expressão anímica, onde as imagens constantemente chamam a atenção e sugerem interações mais profundas, mais imaginativas. Aproximei-me dos anjos graças às expressões criativas originais das pessoas comuns nos estúdios de arte, onde aprendi inúmeras lições sobre a sede de imagens da alma. Quando essas epifanias surgem em sonhos, na meditação ou nas artes, defrontamo-nos com várias maneiras de lidar com elas. Os racionalistas explicam-nas como descargas de energia excessiva, enquanto eu prefiro acolhê-las como figuras da nossa vida interior.

Fui apanhado de surpresa pelo enorme interesse do público pelos anjos e pude oferecer-lhe mais um livro sobre o assunto. Espero, porém, que as idiossincrasias de minha busca pessoal propiciem algo de diferente e proveitoso ao discurso.

O leitor de manuais pergunta: "Como farei para encontrar os anjos?"

Sugiro que ele investigue as concepções fundamentais de sua vida, as coisas que considera indiscutíveis, as histórias que conta, suas fantasias e desejos. Mostrarei como o ato de passar em revista os aspectos mais comuns da vida provoca um influxo de imaginação e de anjos. Os veios mais ricos estão nas fontes mais improváveis. Aquilo que não vemos está sempre num lugar para onde não queremos olhar ou em coisas que julgamos já conhecer. As lembranças dos pais e da infância sempre evocam os anjos da terra. Comece a contar as histórias estranhas, embaraçosas e ultrajantes de sua meninice, aquelas que você jamais pensaria em publicar, e veja como as pessoas gostam de ouvir essas coisas. Para Freud, funcionou.

Quando instalamos o anjo "acima" dos seres humanos e perto de Deus, operamos a partir de uma perspectiva que considera Deus como transcendente e não como imanente, inseparável de todas as coisas. Não entro nesse debate antigo: aceito ambas as posturas. Entretanto, o presente livro foi escrito de acordo com o segundo ponto de vista, que tem sido menosprezado. Ocupo-me dos modos específicos pelos quais o divino se apresenta por meio das formas do mundo e das expressões sutis, a que chamo anjos da terra.

Não podemos de maneira alguma operar dentro da esfera dos anjos sem reconhecer a divindade da qual eles emanam. Vejo a fonte de todas as formas de vida como um mistério a que se aplicam palavras sagradas como Deus, presença divina e Criador. Jane Harrison descreve as diferentes experiências da divindade ao longo da história como imagens de desejo.[1] Não são experiências falsas: o desejo do divino é o cerne, o *appetitus naturalis*, o *instinctus divinus*.

Além de me dirigir ao leitor que gosta do que é espiritual, eu gostaria de abordar o tema dos anjos de modo a convencer os céticos, materialistas, artistas cínicos, psicólogos suspeitosos e pessoas comuns. Quem quer que possa perceber o mundo por meio dos sentidos será capaz de ter a experiência dos anjos que vou invocar. Para tanto, não se exige percepção extra-sensorial de espécie alguma, apenas que se reconsidere a maneira de lidar com as coisas. Os anjos são os "intermediários", as imagens e fantasias que existem entre a nossa percepção e o mundo físico.

As artes e a religião se misturam graças aos anjos e ao desejo natural da alma por imagens, por relacionamentos íntimos com pessoas, lugares, coisas e espíritos. O devaneio espiritual engendra configurações infinitas. Comparo as imagens aos anjos, e iluminar essa conexão entre coisas físicas e sua expressão espiritual é o objetivo deste livro. Os templos do espírito se ampliaram para albergar nossos lares, locais de trabalho, gostos e desgostos, enfim, quaisquer outros lugares nada comuns para alojar o divino.

Uma vez que os anjos são tão estreitamente associados às fantasias individuais, tentarei evocar sua presença escrevendo um livro pessoal. Espero que meu diálogo com as figuras da imaginação estimule as do leitor, assim como as de muitos outros me inspiraram. O espírito criador é uma comunidade de influências na qual os anjos de nossas expressões estimulam-se mutuamente.

Refletir sobre os anjos ajuda a aprofundar a ligação com o mundo físico. Do mesmo modo, descobri que atentar cuidadosamente para os detalhes físicos de uma pessoa, objeto ou paisagem evoca os anjos por intermédio de sentimentos profundos. A atenção concentrada nos pormenores de uma coisa vence resistências e abre a alma. Muitas vezes a "profundidade" está mais ligada ao contato atento e compassivo com a presença de outrem do que à revelação de segredos "ocultos", o que pode nos afastar do momento presente. A profundidade é sempre o aqui-e-agora. O anjo pode ser imaginado como a energia que há entre as coisas e que desenvolve o processo de relacionamento.

Como um sonho, o anjo vem a seu tempo. Não se pode apressá-lo nem controlá-lo. Nós nos preparamos para ele arrumando o quarto de hóspedes e ostentando sinais de boas-vindas. Se queremos atrair os espíritos do sonho, temos de participar de seu mundo. O mesmo se aplica à expressão criadora. Assim como os sonhos, a chegada das artes não pode ser planejada por antecipação. Quando nos pomos a escrever, pintar, dançar ou produzir sons, as imagens criativas aparecem. Quando montamos em casa um santuário ou local de meditação, dando-lhe toda a nossa atenção, os anjos se apresentam espontaneamente. Cortejamos as imagens com esses sentimentos e nunca as temos por certas: trata-se de um cultivo perene da imaginação, e assim descobrimos que o bem-estar da nossa alma está intimamente relacionado com o modo de nos relacionarmos com as coisas materiais. Estamos começando agora a nos recuperar psiquicamente dos séculos de abuso da natureza, insuflado pelo mandamento religioso "Não ameis o mundo e as coisas do mundo".

Os anjos estão voltando ao mundo porque o interesse pelas realidades espirituais cresce diariamente e, na história, vemos que um influxo cultural de anjos sempre promove um renascimento da imaginação. Em nossos devaneios, vemos o mundo pelos olhos dos anjos, mas solapamos essa divina inteligência declarando peremptoriamente: "Pura fantasia e imaginação. Não é real."

Classicamente, os anjos são definidos como intermediários, portadores de mensagens de um mundo a outro. Para nós, concretamente, eles ligam o que vemos ao que não vemos, ou dispõem as coisas de uma maneira diversa. Os anjos, porém, são muito mais que condutos: são um influxo, em nossas vidas, do espírito criador, e, no sentido mais pessoal, atuam como guardiães da alma e guias para seus mistérios. Procuro estar sintonizado com a pulsação do anjo olhando de um modo mais atento e criativo para o que já está ocorrendo em minha vida. Nesse sentido, sou um conservador ávido de coisas comuns. O anjo me traz de volta à vida que estou vivendo mas que não posso ver.

É contra minha natureza de professor dizer a uma pessoa "como fazer"; portanto, não posso classificar este livro como um manual no sentido convencional. A pessoa descobre as coisas por si mesma quando examina a sua vida, as imagens produzidas pela sua psique e os fenômenos do mundo. Eles nos revelam o que precisamos saber, desde que sejamos capazes de atraí-los e de confiar na sua sabedoria. A jornada criadora permite que nossas visões encontrem *seu* caminho no mundo. Seguimos o comando delas, pois elas sabem para onde vão.

De acordo com a minha experiência, o caminho do espírito criador não é demarcado nitidamente. Quando aparece, ele se manifesta em fragmentos, momentos e idéias. No entanto, de algum modo as peças encontram meio de formar um todo, uma visão mais ampla ligada com os fios de pensamento que exigem resposta. É assim que funciona o trabalho criador, a realidade imaginativa tão conhecida dos artistas que evitam as sendas claramente delineadas de seus predecessores e abrem as suas próprias — ou, melhor ainda, as de suas visões e imagens. O artista segue o caminho não-mapeado do anjo, estando sempre um passo à frente da mente racional.

Tentarei apresentar um modo criativo de ver a vida cotidiana, talvez mesmo de contemplar um local corriqueiro como selvagem e desconhecido, o campo inexplorado de nossa alma. Entendo por "campo" o ambiente imediato visto pelos olhos da imaginação. Podemos atravessar cozinhas e quintais com a imaginação e o entusiasmo de uma viagem às montanhas. O surgimento da criação, que chamo de anjo da terra, costuma ocorrer de forma rápida e oblíqua. O artista sabe muito bem que a epifania criadora pode apresentar-se e desaparecer como um pássaro voando.

Os sonhos mostram como os vislumbres e mesmo as percepções inconscientes se transformam em imagens psíquicas. Também confirmam a importância dos objetos corriqueiros no lar da psique. Existe uma disciplina que versa sobre o cultivo de uma rica vida onírica, e métodos similares são empregados para aperfeiçoar os espíritos domésticos. Aprendemos a observar e testemunhar os movimentos da alma, a tomar maior consciência de suas necessidades e modos de ação. É preciso tempo para refletir sobre os atos habituais, para executar uma rotina como se fosse a primeira vez, para experimentar maneiras novas de estar em lugares conhecidos. Essas meditações fazem com que a imaginação tome conta do lugar onde habitamos e revitalize o lugar-comum.

Minha demonstração talvez incite a sede de descoberta do leitor. Algumas sugestões práticas são eventualmente oferecidas, mas à guisa de possibilidades e estímulo, não de exercícios a serem executados à risca. Também não creio que os anjos aprovem técnicas apriorísticas. Procurei apenas mostrar como você pode criar seus próprios métodos de ação. A esfera dos anjos da terra é a da intimidade sutil com aquilo que normalmente não vemos.

Ao mencionar os anjos, evoco a religião, e a maioria das pessoas ou já tem idéias formadas sobre o assunto ou tende a ignorá-lo, preferindo falar em "espiritualidade". As palavras *espírito* e *alma* transitam lentamente entre os mundos sagrado e profano, e, a julgar pelo atual envolvimento popular com os anjos, esses conceitos também foram desvinculados das crenças exclusivamente religiosas. Mas em vez de evitar a religião, tentarei renovar sua imagem. Parece loucura mostrar interesse por coisas sagradas e ao mesmo tempo repelir a religião, pois essa repressão só aumenta o lado escuro de seu poder. Prefiro rever a experiência religiosa tal e qual se manifesta na minha vida pessoal. Começo por mim mesmo e procuro mostrar como me relaciono com o anjo da terra, na esperança de que isso seja útil ao leitor.

Dediquei minha vida a uma visão sacramental das artes em que a criação é vista como um método de cura e transformação, como espírito comunitário e como recurso para aprofundar nossa convivência com as coisas. Nas palavras de D. H. Lawrence, "É assim que salvo a minha alma".

Creio que a divindade nos permeia graças à criação e que as imagens podem ser vistas como anjos.[2] Embora as coisas concretas brotem da criação, o movimento e o sentimento da ação não são passíveis de registro empírico. Só se pode vislumbrá-los e sugeri-los. Descrever os anjos da terra é como tentar explicar o que acontece na dança ou no ato de ouvir música. O movimento está sempre adiante da reflexão, e as palavras existem num mundo completamente diferente das expressões corpóreas e áuricas. Assim, a esfera da imaginação jamais poderá ser descrita literalmente. Mas em vez de tomar esse fato como uma fraqueza, digamos que ele define a realidade poética onde metáforas ligam mundos e as imagens puras são fruídas sem nenhuma tentativa de traduzi-las metaforicamente. As imagens incitam e inspiram. Quando tudo vai bem, esse meio de comunicação pode ser considerado angélico — sutil, insinuante —, mas nunca literal.

Há, todavia, um sólido caráter físico, ou alicerce, no conceito que faço dos anjos da terra. Estes são acessíveis por toda parte, expressam-se por meio do asfalto e dos detalhes do mundo material. São os anjos da realidade concreta.

Quando contemplo as coisas físicas pelos olhos do anjo, percebo-as por intermédio de meu ser espiritual, que está em consonância com o delas. "Só a pessoa se conhece a si mesma." Sente-se a plenitude da alma pela percepção compassiva e nunca pela distância analítica. A criação é uma meditação aberta durante a qual recebemos os influxos de outros para depois agir em colaboração com eles.

A despeito da separação completa entre matéria e espírito na cultura ocidental, as nossas tradições filosóficas sustentam que ambos podem estar presentes numa mesma coisa. Minhas reflexões tentarão reativar o nosso natural apreço humano pelas almas das coisas e lugares.

Os anjos da terra são encarnações da influência íntima entre matéria animada e espírito criador. Para mim, a alma é uma descida às profundezas, um magnetismo que me atrai para seu ser. Falo da "alma de uma coisa" como do seu núcleo, coração ou pulsação, de onde o espírito abre vôo como um sopro ou brisa, uma aura ou gênio, a fagulha que acende a minha imaginação. O modo como a alma e o espírito procuram penetrar-se mutuamente é, a meu ver, tão interessante quanto suas distinções. Este livro espera voar entre os dois extremos, buscando os anjos por intermédio da imaginação de coisas materiais. Os métodos empregados lembram mais os do realista cético que os do vidente que invoca espíritos — ou talvez se situem no meio-termo. A orientação materialista pode, de fato, ajudar a ampliar a nossa compreensão dos anjos e corroborar a obra da imaginação no dia-a-dia.

Nossa vitalidade criadora aumenta quando valorizamos a expressão espiritual das coisas, ocupando-nos menos de nós e mais delas. Meus movimentos antitéticos destinam-se a servir a criação e reconsiderar os espíritos. À medida que o espectro da expressão criadora se amplia, amplia-se igualmente a expansão interior. Nossas teorias egocêntricas não alcançam os movimentos paradoxais e indiretos da condição a que chamamos criatividade, na qual o criador mais solitário nunca trabalha sozinho, mas agita-se em parceria com outros espíritos.

A criatividade padece também de uma supervalorização cultural que a torna cada vez mais inacessível às pessoas. Por isso as coisas corriqueiras e habituais do cotidiano são agentes vitais da renovação da alma. Elas são os anjos da terra que transmitem uma nova mensagem sobre a natureza do espírito criador.

Espero que este livro possa reverter, inverter e mesmo ampliar nossas idéias sobre criatividade. Insisto *nelas*, e isso me livra das peias da autoconsciência e da ação habitual. Criamos juntos, como parceiros. Não sou o receptáculo passivo dessas idéias nem essas idéias o são para mim. O que há é dependência mútua, e minhas expressões criadoras afirmam minha fé nelas, meu amor por elas e meu anseio pelas imagens que eternamente promanem de nossa cooperação. Quando me torno mais aberto às expressões sutis das coisas, as coisas transformam meus modos de estar com os outros neste mundo.

Tomo certas liberdades com as idéias, que podem ser anjos, e sinto-me inclinado a reformular o modo de contemplar as coisas. Os olhos dos anjos como que oferecem novos e desconhecidos panoramas. Concebo o anjo como um artefato completo, mas sinto-o também como uma noção antiga, algo que insiste sempre em ser reconhecido pelo que é. Essa idéia me impressiona, porque a compreensão vulgar do que é o espírito é muito limitada. O conceito que faço do anjo da terra é uma sobrevivência do *daimon* grego e do *genius* romano — os espíritos, caracteres e expressões que presidem a pessoas, coisas, lugares e períodos. Lembra ainda, de perto, os espíritos familiares das culturas autóctones do mundo inteiro.

Meus anjos da terra são o equivalente espiritual de todas as coisas. Intriga-me o modo como esses "outros" moldam as pessoas que os contemplam. Já que as coisas do mundo são os agentes de minha formação, quero conhecê-las mais compassiva e profundamente.

Já me repeti inúmeras vezes: "Por que meter-me em toda essa conversa atual sobre anjos? Sou um artista ocupado com elementos palpáveis, com os atos e espíritos essenciais da criação. Os anjos são um passatempo, algo inteiramente alheio a mim. Que fiquem lá no céu, vivendo como seres imortais. Nada de me envolver nessa loucura celeste com a qual hoje em dia as pessoas procuram negar espiritualmente a treva, a incerteza e a vida sensual."

Entretanto, a idéia do anjo da terra apegava-se à minha alma e não queria dissipar-se. Creio que essa idéia funciona como uma excelente terapia, pois é alguma coisa que a alma deseja. Trata-se de uma reação contra a beleza unilateral, as visões sempre douradas e maravilhosamente ataviadas que a imaginação popular tem dos anjos. Meus anjos da terra podem ser demônios perversos ou guias amáveis. Como acredito na sabedoria da psique, muitas vezes concluo que o demônio atormentador pode ajudar-me a descobrir onde me perdi. Nesse sentido, minha concepção do anjo da terra representa um retorno à velha concepção que não distingue nitidamente os bons dos maus espíritos. A questão é mais de matiz que de dicotomia simplista, ainda vigente na cultura angélica contemporânea. O anjo da terra é uma força ou demônio que me estimula.

A alma sempre vai querer entesourar coisas belas, mas a concepção unilateral de elegantes anjos de vitrina obscurece os espíritos terrenos, que sofrem com o tratamento dado por nós ao mundo físico. Os anjos dourados constituem inversões do modo com que realmente vemos nossas ruas e vielas tortuosas. Não podemos conceber que os espíritos vivam nesses lugares, por isso fabricamos alternativas. Para mim, o desafio consiste em aceitar o anjo da terra sob suas diversas formas. Os lugares que minha sensibilidade repele talvez sejam os que mais tenham a oferecer, já que aprofundam o meu envolvimento com a terra e com todas as suas manifestações. James Hillman lembra que, para os gregos, a maior ofensa é ignorar os deuses, que estão presentes em todos os aspectos do mundo físico. Tudo está cheio de espíritos, e a doença de nosso tempo é o afastamento da alma individual da alma das coisas — de todas as coisas.[3]

A idéia dos anjos da terra também abala nossas atitudes desalmadas para com o mundo físico. Minha concepção dos anjos dota as coisas físicas de significado psíquico. Os dois mundos animam-se um ao outro graças a uma perene interação. As imagens de nossa vida interior são influenciadas pelas qualidades expressivas do mundo material; e a natureza espiritual das coisas exteriores se aprimora quando refletimos nelas.

As forças do espírito criador não se acomodam a limites rígidos. Elas nos atingem como se atingem entre si, revoluteando de um modo às vezes tresloucado. Um homem me disse certa feita em Connemara: "Não se pode prender nada que tenha asas." Creio que isso se aplica aos anjos da terra contemplados neste livro. Suas páginas voam das reflexões feitas sobre a vida diária no oeste da Irlanda a Gloucester, Massachusetts, onde observo espíritos de fotografias, pinturas, muros, prateleiras, sonhos, recordações de infância, móveis e gramados. Embora essa diversidade possa fragmentar-se, é uma condição necessária de minha pesquisa, que procura estabelecer conexões entre coisas distintas. A mescla incoerente é, ela própria, uma manifestação primordial do anjo da terra.

A psique é um cadinho de substâncias diversas que se influenciam livremente. Os anjos da terra são os espíritos alados que se movem de modo imprevisível, voando de um ponto a outro, de uma idéia a outra, estabelecendo as conexões a que damos o nome de criação.

São energias que nos permeiam, forças do ato criador, instantes passageiros, companheiros constantes.

Meu conceito de materialismo anímico é estranho a quase todas as idéias vigentes do que seja um anjo. Anseio por relacionamentos mais profundos com as coisas físicas. Os próprios objetos parecem pedir isso. Eles têm sido esquecidos, malcompreendidos, vistos como artefatos sem vida, que existem apenas para ser usados e depois atirados fora num mundo materialista que só serve às pessoas. Mas, para minha natureza contraditória, "o veneno é o antídoto". As coisas materiais encerram os espíritos da sua salvação. Podemos ajudar esse processo reconstituindo nossos relacionamentos com elas, apreciando sua expressão, vida e criatividade. Quando começamos a perceber como os espíritos das coisas nos afetam e até mesmo nos modelam, nossa ligação com elas se modifica. E elas nos modificarão também se conseguirmos chegar ao âmago de sua natureza. Esse diálogo íntimo é fundamental para nos aproximarmos dos anjos.

Sinto-me intrigado com o anjo do microondas, do retrato de minha avó, da planta no peitoril da janela, do computador em que escrevo e das coisas que contrariam a minha sensibilidade estética. Também me ocupo dos espíritos que vivem fora da consciência, em lares, escritórios e comunidades. Neste livro, pretendo apresentar descrições simples de minhas experiências com essas coisas comuns, na esperança de que possam estimular a imaginação do leitor. Esse contágio de espíritos é o caminho dos anjos da terra.

Falarei ainda dos demônios e de como as coisas que nos perturbam têm muito a oferecer. Essa constatação nos ajuda a permanecer seguros e nos protege do medo de espíritos errantes que anseiam por nos prejudicar e esmagar. Repetidamente, minha obra mostra que as figuras imaginárias dos sonhos, meditações e obras de arte jamais intentam nos magoar. Se parecem avassaladoras e arrogantes, é porque suas mensagens são necessárias: elas precisam usar essas táticas para chamar a nossa atenção, suavizar a rigidez da psique e torná-la receptiva ao mensageiro. Meu trabalho de formação de psicoterapeutas ensinou-me que as doenças psíquicas têm uma finalidade transformadora. Esse conceito de doença útil é o que de fato distingue os anjos terrestres e animados de seus primos mais celestes.

Uma vez que o materialismo e as situações difíceis contrariam tanto o sentido popular de bem-estar espiritual, eles têm muito a oferecer para a revisão desse conceito. Quando uma pessoa deprimida vai às compras para arejar o espírito, tendemos a considerar o ato de comprar como uma fuga aos sentimentos, um substituto superficial e passageiro para o confronto direto com a situação. Dado o abismo existente, em nossa cultura, entre matéria e espírito, os catálogos de compras, os salões de automóveis e os comerciais de televisão parecem-nos muito distantes da espiritualidade. Nada, em nossos tempos, está mais sujeito à inversão que as idéias que mantêm os espíritos divorciados da vida diária. A pessoa pode muito bem estar deprimida por ter-se isolado das coisas materiais e da sua infusão estética.

Para o meu conceito dos anjos da terra contribui a antiga idéia de que a divindade está presente em tudo. Não discuto a onipresença de Deus e não me considero um panteísta, que é outro rótulo limitador. Apenas me fascina o modo como as coisas se expressam, propiciando-nos uma mundivisão mais inspirada, interativa e imaginativa. Ao longo do livro, forneço descrições de como os objetos projetam raios, auras e remédios para aqueles que com eles se relacionam na esfera da ecologia da vida anímica. Embora eu fale principalmente das coisas materiais, considerarei também os sonhos, imagens psíquicas e forças interiores de criação como anjos terrestres, pois não costumamos ver esses elementos como veículos dos espíritos. O fundamento de minha visão é que todas essas imagens constituem a realização do desejo da alma. A alma quer imagens, muitas imagens — e elas são os anjos da terra que voam através da nossa vida psíquica.

Um Mercedes Prateado Conversível

Que é a tua alma, que é a minha? Não é um espírito vaporoso. Oh, não! É aquele núcleo profundo da unidade individual onde a vida mesma e o próprio Deus latejam imprevisivelmente... Anjos, espíritos: disparates! Mesmo os espíritos tais quais existem são poderosas entidades sensuais.

— D. H. Lawrence

A pessoa comum, o Tomé Desconfiado, ao ouvir que os místicos vêem um anjo em toda idéia ou percepção, quer saber em que ponto essa visão difere da sua.

Diz Tomé: "Quando olho para uma árvore, vejo uma árvore e nada mais. Nem anjos, nem espíritos, nem fadas. Vejo um tronco projetando-se do solo, com galhos, folhas e o espaço à sua volta. Só isso."

Replico: "Eu também vejo essas coisas e, talvez, de modo idêntico ao seu."

Tomé insiste: "Então, onde estão os anjos?"

"Se reflito sobre a árvore e a vejo com os olhos da imaginação, algo diferente começa a acontecer. Você consegue imaginar os espíritos ou a alma da árvore?"

"Não", confessa Tomé.

Pergunto: "Que me diz de um Mercedes prateado conversível? Essa imagem faz você sentir alguma coisa?"

"Sem dúvida."

"O que acontece quando você pensa nisso?"

"Vejo-me voando por uma estrada sinuosa, no campo, ao pôr-do-sol. O tempo está quente, por isso baixei a capota. Sinto o vento sibilando em torno de mim."

"Que mais?"

"O carro é novo e cheira bem. Todo revestido de couro por dentro. Tudo nele é elegante: o volante, os assentos, o painel..."

"Mais alguma coisa?"

"O som do motor. É o melhor de tudo. Poderoso, mas quase sem barulho nenhum."

"Por que você gosta tanto do Mercedes e não da árvore?", pergunto, então.

"Porque o carro é algo que eu quero ter!"

"Mas você já não tem um?"

"Não."

"Pode vê-lo com clareza com os olhos da mente?"

"Sim. Talvez seja mais real que o objeto real."

"E isso porque você gosta tanto dele?"

"Isso mesmo", diz Tomé.

O Mercedes prateado é uma imagem na imaginação de Tomé. Ele existe também no mundo físico, embora não esteja diante dele no momento. Se estivesse, a coisa real interagiria com a imagem mental. Suas percepções do automóvel gerariam novos sentimentos e novas imagens. O anjo do desejo do coração de Tomé é tanto físico quanto imagético. Podemos até dizer que, sem esses dois elementos, não se pode entrar em contato com o anjo. Como anjos, as imagens aparecem em formas variadas — as imagens visíveis da percepção, as imagens criadas pelas artes e as imagens invisíveis dos sonhos e devaneios que brotam de percepções materiais e, como sucede às vezes, existem independentemente delas.

Tomé vive em meio a espíritos imagéticos, mas tem deles uma perspectiva diversa da minha. Ele pensa literalmente sobre o carro, ao passo que eu o concebo com a imaginação. As diferentes propriedades do carro que voam para Tomé podem ser descritas como seus espíritos, ao passo que a alma do carro é o núcleo do seu ser, a união de todas as suas características.

Ouço Tomé perguntar: "O que está tentando me dizer? Você não gostaria mesmo de ter um Mercedes prateado conversível?"

"Agora você me pegou, Tomé. Sim, confesso que gostaria muito. Você é mais honesto com relação a essas coisas. Costumo suprimir muitos desejos materiais. Mas neste instante estou mais interessado no Mercedes imaginário. Há uma grande diferença para mim."

"Que diferença?"

"A coisa real é um objeto de desejo que suscita imagens."

"Sem dúvida. Ainda estou dirigindo pela estrada do campo."

"Pois então transfira o desejo do carro para a árvore que está diante de nós."

"Por quê?"

"Porque o sentimento de desejo, a paixão e o amor por todas as coisas são, em última análise, o objetivo da vida. Isso nos faz sentir-nos bem, tão bem quanto a fantasia de voar pela estrada num Mercedes, com o vento roçando-nos pela face."

"Somos diferentes."

"Decerto. A imaginação é a faculdade mais individual. Gosto de ouvi-lo descrever seu desejo pelo carro, pois isso amplia a minha compreensão limitada da vida. Entretanto, é duro ver pessoas se torturando e magoando umas às outras para possuir essas coisas."

"Continuo querendo o carro."

"Não pretendo transformá-lo num monge. O mundo precisa de gente de todos os tipos. E nós precisamos de objetos de desejo, visíveis ou invisíveis. A economia mundial não funcionaria muito bem se as pessoas deixassem de cobiçar coisas."

"Está querendo dizer então que você realmente sente paixão por uma árvore?", espanta-se Tomé.

"Isso mesmo. Quando reflito sobre suas propriedades, alimento meu desejo, que por si só me satisfaz: trata-se de um desejo diferente da posse. Tem mais a ver com a vida da imaginação."

"Parece que você prefere sonhar com o carro a possuí-lo realmente."

"Talvez. Conheço pessoas que têm tudo e perderam o desejo. Não têm mais força para viver, mesmo estando rodeadas por tudo aquilo que antes desejavam. Seus desejos se tornam mais pervertidos e bizarros, porque elas ainda cobiçam as coisas que não possuem."

"Começo a perceber", atalha Tomé. "Por que não fantasiar a respeito do que já temos?"

"Certo, e dotar de mais imaginação e desejo o nosso relacionamento com as coisas comuns, acessíveis a todos."

Não creio que a indústria da publicidade vá promover essa idéia. Para eles, não existem anjos. No entanto, é fascinante observar como os publicitários compreendem a fundo o tema dos objetos de desejo. Não tenho problemas com o comércio. Não podemos compartilhar essa experiência da imaginação sem o Mercedes verdadeiro e a nossa experiência direta de outros carros, com suas lembranças. O Mercedes imaginário é um anjo terrestre.

"Então, como você descobre anjos numa árvore?", pergunta Tomé.

"Olho para a árvore com imaginação, numa espécie de devaneio meditativo e pessoal. As imagens surgem desse olhar. Podemos chamá-las também de espíritos ou anjos. Elas não estão literalmente presentes, mas cobram vida no contexto do meu diálogo contemplativo com a árvore. O mesmo sucede quando olho para um quadro de anjos na parede, uma imagem artística que deliberadamente representa espíritos. A experiência do anjo exige reciprocidade entre imaginação e sentidos. A coisa física não existe necessariamente como anjo até ser imaginada. Toda vez que contemplo um quadro em minha casa, nosso relacionamento se altera e diferentes imagens ou espíritos emanam dessa contemplação. Eis como abordo a interpretação do mundo físico. Trata-se de um diálogo constante com a natureza angélica das coisas por meio da inteligência poética e amorosa do coração. Não há diferença real entre o modo como me relaciono com a árvore e o modo com que você imagina o Mercedes. Quando observamos o que você está fazendo e o prazer que daí recolhe, fica claro que a posse do carro é apenas uma outra parte da experiência imaginativa. Quando se possui realmente o carro, tudo muda."

"Posso até me cansar dele", pondera Tomé.

"E é o que acontece com as pessoas e coisas mais próximas de nós. O remédio da renovação vem da imaginação e do ato de olhar sempre para as coisas de modos diferentes — com desejo ou, pelo menos, com propensão estética."

Descobri que a chave para sentir prazer com uma atividade está no quadro mental que lhe atribuo. Se considero aborrecida uma longa caminhada, ela será aborrecida.

Posso alterar o significado da viagem de ônibus que faço todos os dias abordando-a esteticamente. E posso fazer isso apenas com a imaginação, devaneando sentado, ou documentar a viagem artisticamente, mantendo um diário sobre cada viagem ou escrevendo uma história da odisséia do ônibus a partir do ponto de vista deste. Ao personificar o ônibus, assumo uma perspectiva inteiramente diversa do mundo. É o que para mim significa infundir a imaginação na vida e aumentar sua influência no cotidiano. O ônibus pode contar histórias sobre os passageiros que conduz, o aspecto das ruas e bairros, o tempo e as modificações da rotina. Considerando o ônibus como um sábio que reflete doutamente sobre seu ambiente, ou um observador poético, abro novas perspectivas para o mundo.

Se nutro pensamentos negativos sobre o ato de apanhar o ônibus, posso estar certo de que há boa quantidade de energia psíquica envolvida em meu relacionamento com ele. Personificar o ônibus dilata a minha compaixão pela sua experiência. O ônibus-demônio, aquele que odeio usar para me locomover, transforma-se num auxiliar psíquico que me mostra como olhar as coisas de modo diferente. A irritabilidade, o tédio, a ansiedade e mesmo a depressão decorrem de um certo fracasso da imaginação. Vezes sem conta, analiso como as pessoas saudáveis e criativas assumem uma postura aberta, flexível e dedicada em relação às coisas. Essa capacidade de deslocar a atenção e acomodar-se às diferentes situações provavelmente tem algo a ver com a origem do termo "bem-ajustado".

Por isso, quando o demônio ou anjo do ônibus (não faço diferença entre ambos) se torna uma figura personificada na minha imaginação, ele me ajuda a mudar a visão que tenho da situação presente. É isso que os artistas e escritores fazem o tempo todo no âmbito de sua experiência.

A literatura infantil nos ensina a personificar ônibus, trens, casas, animais e objetos. A imaginação é rica nesse gênero, não sendo de estranhar que tantos adultos gostem de escrever e ilustrar livros para crianças. Os anjos e espíritos da criação pululam nessa forma de arte. As crianças dão aos pais a oportunidade de realizar seus próprios anseios por uma vida mais fértil em imaginação.

Posso fazer desenhos parado no ponto de ônibus ou sentado dentro do veículo, para depois transformá-los em quadros; ou documentar a experiência com fotografias, gravações dos sons e vozes da rua, para depois transformar tudo isso numa dramatização. As experiências mais lentas e tediosas do cotidiano parecem ter um potencial maior para essas transformações. Mas precisamos de tempo para apreciá-las e lobrigar anjos nos acontecimentos.

As coisas corriqueiras que nos aborrecem estão repletas de espíritos que aguardam a transformação. Depois de lixar e pintar minha casa no verão passado, concluí que perdera a oportunidade de transformar cada etapa da experiência numa obra de arte. Eu gostaria de ter tirado fotografias panorâmicas de "antes", bem como instantâneos que documentassem minhas ferramentas em ação e os diversos equipamentos que usei para subir ao telhado. Posso, entretanto, fazer tudo isso usando a imaginação e a memória, e ainda colher os benefícios dos sentimentos modificadores. Os escritores gozam de grande liberdade porque seu veículo formador de imagens não fica limitado pelo tempo e pelo espaço.

Em geral, as pessoas que se encontram em situação difícil costumam descobrir as maravilhas da imaginação. O refém refaz mentalmente seu jogo favorito de xadrez, evoca seu restaurante preferido e outros detalhes da vida passada; o prisioneiro recita de cor um romance para seu companheiro de cela. Quando confinados contra a nossa vontade, sempre descobrimos o valor da imaginação comum. O artista Don Burgy contou-me que descobriu essa vocação para imaginar quando, em criança, esteve acamado por um ano. Se não existe nada, a imaginação entra e abre as portas do seu tesouro. Na pobreza, os anjos sempre vicejam. Eis por que artistas e pessoas criativas fogem da anestesia da vida habitual.

O poder da imaginação está intimamente ligado ao desejo, e a partir da história das disciplinas monásticas vemos como a vida da imaginação se torna objeto do seu próprio anseio. Paradoxalmente, os votos de pobreza abrem caminho para a riqueza do espírito.

Também os lugares estranhos estimulam a fantasia. Uma amiga confessou-me que colheu uma das imagens mais agradáveis dos anjos terrestres num supermercado alemão repleto de produtos chamativamente empacotados e dispostos como numa mostra de museu. Disse-me: "Quando percorro um supermercado americano, vejo comida; numa loja estrangeira, porém, o estímulo visual nada tem a ver com o conteúdo da embalagem e do fato de percebermos imediatamente o que ela contém, como acontece com as marcas conhecidas. A impressão é nova e há um sentimento de curiosidade, excitação, possibilidades infinitas. Uma de minhas mais caras lembranças de viagem é uma lata da Pepsi árabe. Claro, sei que se trata de Pepsi por causa do logotipo, mas a palavra *Pepsi* em letras árabes faz-me voltar ao ambiente estranho do aeroporto de Dubai e à aura exótica do Oriente Médio."

A palavra *Pepsi*, em árabe, redireciona radicalmente uma de nossas mais conhecidas imagens culturais. A lata significa nossos diferentes modos de ver o mundo, e, para minha amiga, é o liame concreto com uma lembrança pessoal. Encerra sentimentos e imagens, como anjos terrestres projetando-se de seu ser.

O modo como a imaginação floresce em locais acanhados ou estranhos dá a entender que podemos assumir essa atitude frente às situações do cotidiano. Posso olhar para as vitrinas locais com olhos estrangeiros, refletir sobre o aspecto bizarro das coisas familiares ou saborear os prazeres simples da vida diária imaginando como seria se os perdesse.

Pode a imaginação apossar-se das coisas do mundo e, ainda assim, conservar a intensidade de seu anseio? Eu acho que sim, que é possível encontrar anjos numa adega bem abastecida ou numa sala cheia de antiguidades na nossa própria casa.

Tomé Desconfiado pode possuir materialmente o Mercedes prateado conversível e continuar a desejá-lo. Toda ação, pensamento ou objeto físico tem uma natureza espiritual ou anjo. A conversa com Tomé mostra como o carro real estimula o devaneio mental. Mesmo de posse do carro, ele ainda pode considerá-lo um objeto fugidio de desejo.

Os princípios do *tantra*, que significa "expansão", podem ser aplicados às nossas relações com as coisas. Muitos ocidentais associam o tantrismo hindu com práticas sexuais esotéricas, mas os ensinamentos do *Kama Sutra* não se restringem às relações sexuais. Arrisco-me a dizer que Eros estava presente nos sentimentos de Tomé para com o Mercedes conversível. Talvez ele não goste de me ouvir falar assim, mas sinto que ele é o tipo de camarada que, instintivamente, aborda o seu precioso carro com gestos largos, ao passo que eu tendo a encarar as máquinas com movimentos menos imaginativos e mais comedidos. Prefiro relacionar-me com uma árvore ou com o meu jardim, variando delicadamente os sentimentos. É aí que Afrodite brilha para mim, não na capota de um automóvel. As energias que fluem entre eu e o carro são restritas. Poucas coisas no mundo me são mais úteis: no entanto, por uma razão qualquer, dou-lhe o mínimo de atenção e cuidado.

Posso ver Tomé lidando entusiasmado com o seu Mercedes, limpando-o todos os dias, polindo-o e espanando-o uma vez por semana, trocando pessoalmente o óleo e o filtro, atento ao mínimo ruído do motor e à calibragem dos pneus, engraxando-o, estacionando-o cuidadosamente para evitar danos, trocando as velas de ignição, assegurando-se de que os amortecedores estão em ordem para que a corrida seja suave e sem desgaste desnecessário para o carro, limpando o motor e estruturando sua vida nos intervalos desses rituais. Ele consegue adaptar-se à vida de uma máquina, o que exige muita dedicação. Ah, bem vejo que me ocupo tanto de outras coisas que não quero permitir a intrusão de um carro no meu tempo pessoal. A árvore nada exige de mim. Existe mesmo uma parte de mim que poderia recusar um Mercedes prateado conversível, porque isso iria alterar a estrutura da minha vida.

Afora a manutenção, as diversas maneiras pelas quais Tomé trata o carro ativam diferentes energias. Imagino o carro provocando inúmeras mudanças em sua vida social.

Vejamos algumas possibilidades. Ele gosta de que as pessoas se voltem para ele quando passa de capota baixada, e percebe os olhares de esguelha que os tipos mais discretos lhe lançam quando os ultrapassa na estrada. O carro se torna uma extensão dele mesmo, o agente de novos modos de estar com as pessoas. Elas param para admirá-lo estacionado na calçada de sua casa, quando entra num posto de gasolina ou no estacionamento do supermercado. O interesse das pessoas pelo carro penetra-o como uma deliciosa sensação. Brilham-lhe os olhos, vem-lhe uma paixão, um entusiasmo, um desejo nunca antes experimentado. Não faz diferença se o objeto da admiração é ele ou o carro, pois de qualquer maneira ele está chamando a atenção. Na verdade, ele prefere que seja assim. Há algo de delicioso na admiração indireta e no modo com que o olhar aprovativo para o carro afeta seu dono. Ele se lembra de como era invisível no velho calhambeque.

Muitos têm medo de que, se seus objetos se forem, suas identidades irão com eles. Parece até que só os publicitários entendem que somos definidos por nossas relações com as coisas e companhias. No todo, essa necessidade de coisas gera um modo de vida anímico e interdependente. Nenhum de nós existe sozinho, e a alienação é a incapacidade de apreciar as coisas que nos cercam e nosso relacionamento com elas. Mas, assim como o nosso envolvimento com outras pessoas às vezes pode tornar-se muito dependente, não raro confiamos demais nas coisas e ficamos a esperar delas mais do que nos podem oferecer.

O carro também pode influenciar a contemplação espiritual de Tomé. Estou a vê-lo sentado ao lado do Mercedes, admirando-lhe a presença ou apenas se imaginando ao volante, a contemplar a paisagem da praia ou da praça. São tantas as qualidades de seu desejo pelo carro, esse parceiro querido, esse meio de transporte que não se limita a executar movimentos físicos! Unindo-se ao carro, Tomé viaja e refulge com o espírito deste: perde-se no ser do carro.

É espantoso como a presença de uma coisa transforma a estrutura da nossa vida.

Essas lucubrações sobre Tomé e uma coisa querida estabelecem bases para comparações e desdobramentos. Podemos acaso prestar a mesma atenção a coisas que já possuímos, especialmente depois de perderem a novidade? Podemos cobiçar aquilo a que já nos habituamos completamente? Os sentimentos de Tomé são contagiosos, e sinto-me subjugado pelo desejo quando o ouço falar a respeito. O relacionamento com um determinado objeto de afeição gera um estado universal que entremostra faces diferentes, ou anjos, a cada pessoa. Qualquer imagem pode servir de intermediário entre eu e a energia arquetípica do desejo. Ao constatar que o desejo está lá fora, pronto a aderir a qualquer objeto de contemplação, sinto-me capaz de fixá-lo em toda parte. Entretanto, fixá-lo num objeto específico multiplica os pontos focais, assim como o devaneio de Tomé instiga o meu. Os objetos amados se expandem para além de si mesmos, emitindo auras e raios que a tudo vão tocando em seu caminho. Assim, o reconhecimento do anjo do desejo numa dada coisa espalha o desejo por todos os lugares imagináveis, especialmente as coisas que existem dentro da órbita da vida diária.

O desejo é a expressão da imaginação pessoal sem deixar de ser, simultaneamente, divino e totalmente exterior. É fascinante ouvir Wallace Stevens dizer que "a poesia não é pessoal" e, em seguida, afirmar que a origem do poema é "o pessoal no poeta".[4] Creio que essa contradição é a essência do desejo. Paradoxalmente, o individual específico e as experiências pessoais profundas transportam a pessoa para um universo arquetípico e pandêmico. O estado global de amor emana do particular: a nova colcha que minha esposa estende na cama, a mochila e os óculos de sol que meu filho esqueceu na mesa da cozinha, a partitura no piano de minha filha, a coleira do cachorro desaparecido pendurada num gancho. Cada um de nós se abre às emoções por meio de coisas diferentes.

Mas existe também um anjo do contágio. Quando ouço Tomé, meu desejo é ativado ainda que eu não partilhe necessariamente de seu interesse pessoal. Embora os anjos do amor e do desejo muitas vezes sejam gerados por olhares fugazes às coisas, minhas reflexões a respeito de Tomé e de seu carro imaginário indicam que algumas relações precisam de esforço, tempo e perseverança imaginativa. Dado que certas coisas sempre nos atrairão mais que outras, não aplicarei aos carros a mesma qualidade imaginativa que Tomé lhes aplica. Porém, ele me incentivou a rever o modo com que encaro o meu VW.

Há muitos anjos lá fora, no mundo, e não posso me responsabilizar por eles, que em contrapartida não precisam de mim; todavia, o carro é uma figura familiar na minha vida, que irá se beneficiar de maior atenção. Não tenho o interesse mecânico de Tomé e outros, mas mesmo assim é bom pensar em meu carro e expandir a imaginação do nosso relacionamento.

Os místicos persas achavam que os pensamentos das pessoas eram mais poderosos que elas próprias e que "todo pensamento *tem* um anjo".[5] Os pensamentos de Tomé a respeito do Mercedes prateado conversível agitam a minha imaginação porque são estranhos ao meu modo de lidar com as coisas. Pensarei na visão dele na próxima vez que abrir a porta do meu carro.

"EU NÃO, EU NÃO"

O fogo murmurava mansamente, a candeia contava os segundos gota a gota...

— Colette, *The Innocent Libertine*

As diversas culturas do mundo imaginaram os anjos (e seus ancestrais, os *daimones* gregos) como mensageiros e intermediários entre o humano e o divino. Uma lata de conservas numa prateleira de loja ou o Mercedes em exposição funcionam realmente como uma influência graças à qual a inteligência divina é transmitida aos seres humanos?

A meu ver, as coisas mais improváveis desempenham habilmente o papel de intermediários devido ao modo como protegem e preservam a natureza misteriosa dos anjos. Se o espírito criativo opera sob a forma de coisas materiais, então a regra essencial para aqueles que querem entrar em contato com os anjos da terra é: pensem imaginativamente sobre as coisas comuns, dando atenção especial aos detalhes de sua vida e com a consciência de que os anjos se reúnem quando abandonamos nossas perspectivas usuais a respeito das coisas e de nós mesmos para contemplar a alteridade.

O paradoxo é essencial para a identidade do anjo. Ele está em mim e não está; pertence a este mundo e não pertence; está e não está na lata de conservas. Eu imagino o anjo como uma força de ligação que sustenta um perene relacionamento criativo entre as coisas. Move-se em derredor e não pode apegar-se a um único lugar. Quando um objeto ou pessoa se isola do convívio da criação, perde-se uma alma, e o anjo é o mediador que se encarrega de curar essa separação.

Uma garrafa quebrada pode ser tão evocativa quanto uma pintura famosa para a pessoa que a contempla como expressão de um mundo divino. Graças à minha imagem da lata de conservas, minimizo as diferenças entre as coisas divinas e humanas e vejo o anjo tomar forma entre objetos que fazem algo juntos. Tenho notado que os pensamentos brotam do ato de falar. Quando falo com outra pessoa, algo de novo surge desse intercâmbio. O pensamento não pode ser atribuído a nenhum dos interlocutores, pois provém daquilo que ambos fazem juntos. Perco a consciência de mim mesmo e sinto-me como se fosse um participante do processo. Isso acontece sempre que estou escrevendo um livro, esboçando um quadro, pintando uma cerca ou varrendo o chão.

Quando os anjos da criação vicejam, é como se estivéssemos na companhia de outros. As coisas acontecem instintivamente e sem premeditação, uma vitalidade sem esforço assim descrita por D. H. Lawrence: "Eu não, eu não, mas o vento que sopra através de mim."

A idéia de um ensaio surge de uma linha que leio numa revista à mesa; minha pintura se transforma pelo desenho que minha filha de oito anos rabisca ao meu lado; um poema é criado a partir de uma conversa telefônica.

Eis um exemplo de como os espíritos operam por intermédio de nós no cotidiano. Quando minha filha tinha dezesseis anos, mudamo-nos para outro bairro. Ela ficava conosco apenas durante o verão, e no primeiro mês permaneceu arredia, ainda que a vizinhança pululasse de meninas e meninos.

Eu conhecia os pais de uma garota de sua idade e sugeri: "Que tal irmos até a casa dela para dizer 'oi'? Se você a conhecer, entrará em contato com a garotada toda."

Minha filha respondeu: "Não, papai, não é assim com os jovens. Precisamos fazer alguma coisa juntos para nos conhecermos."

Dias depois, um pai que sabia de nossa situação ligou-me dizendo que sua filha gostaria de convidar a minha para um acontecimento social que reuniria um grupo de amigos. Os intercessores apareceram espontaneamente e inseriram minha filha no livre convívio do espírito da comunidade. Minhas tentativas de ajudar tinham sido calculadas, canhestras e precipitadas. Não é assim que os anjos trabalham. Quando minha filha disse: "Precisamos fazer alguma coisa juntos para nos conhecermos", estava explicando que a criatividade pressupõe o envolvimento numa atividade capaz de juntar as pessoas num relacionamento novo, não-planejado. As coisas acontecem espontânea ou daimonicamente, como se uma força atuasse através de nós.

Mas, primeiro, eu tenho de me entregar à pintura, ao livro ou ao esporte com uma disciplina fluida e descontraída. Os anjos da criação necessitam de algo mais que um relacionamento casual. Trata-se de um adestramento paradoxal no qual aprendemos a deixar que uma coisa atue através de nós, sem duvidar de sua capacidade de encontrar o caminho. É aqui que a arte e a religião se encontram.

Quando me esforço demais para fixar uma imagem no quadro, ele fica sobrecarregado. Mas quando o processo criador é fluido, pinto o quadro e ao mesmo tempo não o pinto: uma força atua por meu intermédio e faz o trabalho. Não sou passivo nem assumo completamente o controle. Colaboro com as energias da criação que transitam de uma coisa a outra. É como um trabalho em grupo: ainda que cada pessoa pareça estar atuando sozinha, a criação é uma experiência coletiva na qual cada um interage com um fluxo de colaborações espontâneas. Em vez de tentar descrever esse processo tecnicamente, de acordo com as seis ou sete "etapas" da expressão criadora, opto pela visão personificada, que a meu ver é mais precisa e mais próxima do sentimento criador.

O *Alcorão* (8, 17) articula elegantemente o paradoxo da ação: "Não és tu quem atira o dardo quando o atiras." Você pinta o quadro ou faz novos amigos, mas quem aciona o processo é algo exterior a você. Você dança — e os anjos dançam por meio do seu ser. O espírito criativo se manifesta graças a essas relações recíprocas.

Herman Melville retoma esse mesmo problema da atuação/não-atuação no famoso solilóquio do capitão Acab em *Moby Dick*: "Acab será Acab? Quem levanta este braço: eu, Deus ou outra força qualquer? Se o grande sol não se move por si mesmo, mas é como um mensageiro nos espaços; se nem uma única estrela gira a não ser por mão de um poder invisível, então como poderá este pequeno coração pulsar, este cérebro acanhado pensar — a menos que Deus, e não eu, faça esse pulsar, faça esse pensar, faça esse viver?"[6]

As pessoas criativas sabem como as forças se movimentam agilmente através delas durante os períodos de inspiração. Esse movimento é imaginado como uma figura alada. Sua natureza é o vôo. Os anjos são personificações desses sentimentos e energias. São imagens de sensações esvoaçantes e expressões de nosso anseio pelo mistério que eles representam.

A moderna psicologia de auto-referência reduziu tudo à pessoa. Quando vejo movimento num quadro, isso é considerado uma condição que eu próprio projeto na tela. Perdemos o senso original da alteridade e a ingênua capacidade de apreciar a expressão das coisas, o modo com que veiculam energias ou pensamentos alojados em sua estrutura. Todas as figuras em minha pintura, poema e sonho são consideradas partes de mim mesmo. Não admira que os anjos tenham desertado do mundo durante boa parte do século XX. Não havia lugar para eles porque o espaço estava ocupado por nós, nossas queixas e obsessões.

A mente do século XX estava certa de que só "eu" erguia o braço, só eu arremessava o dardo, só eu pintava o quadro, só eu ensaiava os passos de dança, só eu sonhava. A possibilidade de outros colaboradores, intercessões e fontes de movimento não se mostrava compatível com esse ponto de vista. Na verdade, acreditar em quaisquer outras fontes de expressão afora a pessoa imediata era considerado loucura.

Um ônibus pode falar ao escritor ou contista, mas nunca a uma pessoa sob tratamento psicológico. O microscópio do diagnóstico mental vê as coisas dentro dos limites de suas lentes. O que não se adapta ao paradigma dominante passa por ser mentalmente malsão. Impingiram-nos uma fantasia psicológica na qual tudo o que imaginamos somos nós mesmos. Isso é esmagador e opressivo. Nada mais tem a liberdade de se mover através de nós: todo pensamento precisa ser eticamente correto e censurado, a fim de evitar a ofensa. A última fronteira e as imagens selvagens estão sendo domesticadas. Que pensaria disso D.H. Lawrence? Os anjos e demônios perderam a liberdade de falar. Estamos presos a nós próprios e não percebemos o vento que forceja por nos atravessar.

A Percepção das Conexões

> *Há mais coisas no céu e na terra, Horácio, do que supõe a tua filosofia.*
>
> — Shakespeare, *Hamlet*

Perguntei à minha esposa: "Você percebe os anjos da terra?"

Ela respondeu: "Os anjos são pessoas e coisas que amo e adoro: meus filhos, meu gato, coisas que me fazem sentir ligada à terra. Cada coisa está numa categoria diferente. Não são todas iguais."

"Elas dizem respeito a diferentes aspectos da sua experiência", acrescentei.

"É verdade."

"E contêm espíritos diferentes."

"O frasco de perfume que você trouxe de uma viagem é diferente do gato. O frasco é sentimental, une marido e mulher. O gato é um conforto, um ser que, na casa, nada exige. Encontro-o em todos os lugares: em cima do piano, tomando sol ou com a cabeça metida entre os balaústres da escada."

Depois de toda a minha investigação filosófica sobre a natureza dos anjos, acabei colhendo a melhor e mais simples definição de uma conversa casual com minha esposa: os anjos nos ligam à terra e a seus muitos espíritos. Ver os anjos da terra é ver essas conexões. Eles são as qualidades anímicas das relações.

Os anjos também florescem nas ligações aparentemente mais impessoais com as coisas. Por exemplo, as figuras dos sonhos estão muitas vezes relacionadas com contatos periféricos que mantivemos durante o dia: o estacionamento visto com o canto dos olhos, a fotografia vislumbrada no jornal que não lemos. Essas imagens do mundo físico são os "intermediários" entre nós e a psique. Ou então, se descartamos a função mediadora do anjo como alguém que trafega entre mundos e nos vemos mergulhados num espírito que a tudo abarca, essas figuras passam a ser nossas companheiras no campo psíquico. Toda coisa veicula significação.

O modo angélico de olhar o mundo percebe conexões entre as coisas, conexões que, de outro modo seriam completamente ignoradas. A vida está para o sonho assim como a pessoa está para o anjo. Em vez de reduzir os sonhos a experiências de vida ou tentar mantê-los como uma esfera pura, não-contaminada pela vida, podemos imaginar ambos, sonhos e vida, numa interdependência. A vida dá corpo ao sonho, o sonho dá alma à vida. A pessoa que considera o sonho um mero excesso de energia acha-se consumida pela perspectiva do materialismo científico. A fim de apoiar a visão da matéria desespiritualizada, ela tem de negar a existência de ligações sutis e inteligentes entre os espíritos oníricos e os acontecimentos do mundo físico.

Os sonhos nos ensinam como apreciar a cooperação necessária entre espírito e matéria, a espiritualização das coisas terrenas e a materialização da imaginação. Essa é a zona interativa dos anjos da terra que os sonhos ilustram tão bem.

No momento, estou lendo as obras de C. G. Jung, e num sonho *ouço o seu nome ecoar pelas paredes de pedra da biblioteca gótica da*

Universidade Fordham, em Nova York, onde estudei. O sonho ajuda-me a lembrar que Jung deu suas primeiras conferências americanas na Fordham. Também me revejo consultando seus livros na biblioteca, para minhas pesquisas na área de humanidades. Eu sempre citava Jung, embora ele não constasse diretamente dos cursos ministrados. Mais tarde, nunca cheguei a envolver-me com a prática junguiana formal, mas fiz contato pessoal com a tradição por meio do meu trabalho com James Hillman. O sonho me ajuda a constatar que Jung esteve sempre fermentando em minha alma graças a relações indiretas. Minha psique continua a evocar seu nome. No sonho, ele é pronunciado entre as paredes de pedra da biblioteca, um enorme salão de inspiração gótica, e Jung foi um estudioso inspirado, autor de livros que também escavavam o granito da superfície endurecida da alma. O sonho me faz ver como o espírito da obra de Jung esteve sempre soprando, como um gênio, através de mim. Nossas vidas psíquicas são uma rica ecologia de conexões que "gritam" para serem percebidas.

As qualidades extraordinárias dos sonhos atraem a nossa atenção. O mesmo, porém, acontece quando lidamos na cozinha ou dirigimos o carro.

Perguntei ao meu amigo poeta, Vincent Ferrini: "O que é um anjo para você?"

"Um incidente", disparou ele.

O verbo latino *incidere* significa sobrevir, acontecer. Um incidente é uma ocorrência distinta, mas aparentemente menor, ligada a alguma outra coisa. O incidente se refere ao anjo, essa alguma outra coisa que nos sobrevém.

Vincent prosseguiu: "Eu estava dirigindo e percebi que havia algo de errado com um pneu. Desci e constatei que estava furado. Fiquei ansioso, pois não trazia dinheiro. Mas então tudo mudou. O acidente tornou-se um incidente angélico que me fez ver as coisas com outros olhos. Quando me afastei do caminho da experiência, tudo começou a fluir."

As coisas permanecem em movimento, mesmo um pneu. O evento detém e ao mesmo tempo estimula a reformulação da vida.

Vincent continuou: "A ansiedade e o egoísmo barram o caminho do anjo. Você tem de descobrir por que as pessoas não os vêem, o que interfere nesse processo."

Se vejo pelos olhos do anjo, percebo a força criadora que se move através das coisas. Os incidentes são eventos que nos despertam. Os contratempos revelam-se especialmente úteis, porque nos obrigam a fazer contato com as coisas. Vincent teve de haver-se com o pneu, o carro e sua dependência deles para livrar-se deles. A pane do carro rompeu o invólucro do hábito e permitiu que a presença divina penetrasse na sua vida.

Além das panes, as separações nos forçam a reconsiderar a natureza das coisas. Se algo já não está presente ao nosso lado da forma costumeira, sentimos a presença do seu espírito por meio da ausência. Vincent estivera fora de casa por uma semana quando telefonei. Disse-me que sentia falta de sua máquina de escrever. "São minhas asas de anjo", explicou.

O anjo é a encarnação de espíritos numa coisa que conserva sua identidade física e, ao mesmo tempo, transforma-se em algo mais. O mundo angélico é um sítio de funções múltiplas e complementares. O uso literal da máquina de escrever combina-se com seu valor espiritual ou imaginativo para uma alma individual. Uma coisa é sempre ela própria, mas torna-se outra entidade graças à maneira pela qual determinada pessoa a concebe. O modo poético ou sagrado de estar no mundo cultiva essas qualidades extra-sensoriais. Os anjos da terra, acompanhando a representação barroca de sua estirpe celestial, são supérfluos, um excesso de emoção, uma pletora de espíritos — estados inspirados, vida da imaginação que constitui um prêmio infinito a brotar das coisas mais vulgares.

Há pouco conversei com uma senhora que me ajudou a descobrir relações sutis que geralmente passam despercebidas. Levei minha filha a um campeonato de natação num clube conservador, onde as pessoas não costumam falar sobre assuntos espirituais. Uma mulher que eu conhecia há muito tempo, mas com quem raramente conversava, aproximou-se de mim quando me viu lendo *A Book of Angels*, de Sophy Burnham.

"Posso perguntar por que está lendo esse livro?"

"Estou escrevendo um livro sobre anjos e criatividade."

"Ah, uma pesquisa!", disse ela. "Minha filha me deu um exemplar já faz alguns meses, mas ainda não o abri. Acho que vou lê-lo quando estiver pronta."

Expliquei que tencionava abordar o tema dos anjos como qualidades das coisas. Enquanto falava, percebi que o livro é que nos aproximara: expressava algo que a atraíra para mim.

Continuei a explicar que tentava refletir a respeito do anjo como alma da coisa, algo que ganha vida em nossas meditações criativas e que não implica necessariamente a presença literal de um espírito.

Eu disse: "As pessoas insistem em que o espírito é 'real' e não 'imaginário'. Mas não tem de ser assim. Pouco me importa se ele está presente ou não."

Literalizar o anjo equivale a depreciar a imaginação, que é a faculdade ou inteligência primária da consciência espiritual.

Prossegui: "Posso aceitar a concepção segundo a qual os anjos estão ao nosso lado, são palpáveis e nos afastam dos perigos, embora eu não tenha tido essa experiência pessoal. Sei que um físico ou um banqueiro verão o espírito criativo de um modo diferente do meu. Apesar de as coisas do mundo se expressarem autonomamente a quem quer que faça contato com elas, nossa fé individual e nossas perspectivas pessoais moldam a visão que temos do anjo, que é uma expressão do desejo da alma pela experiência interior e individualizada. O anjo aparece no quadro da nossa concepção do mundo."

Ela disse: "Sempre acabo encontrando pessoas que me dão respostas a perguntas que elaborei no recesso da minha mente. Elas completam o meu processo de pensamento sem que tenhamos tido contato antes."

Ouvi em silêncio, sem confessar que ela estava fazendo o mesmo comigo no momento.

"Hoje sou mais receptiva às pessoas e às experiências. Meu marido me abandonou, e a princípio eu me senti amargurada e arredia. Agora, porém, percebo que disponho de muito mais espaço na vida para o contato com as coisas. Observo cônjuges abandonados que se isolam da vida e controlam seu ambiente com raiva. Precisei de tempo para descobrir importantes conexões entre as coisas e mensagens por toda parte: no supermercado, na loja de antiguidades, no trânsito. Não tenho controle sobre a minha vida, e acho isso muito bom, pois do contrário eu não receberia tantos dons. Vou 'levando', cada vez mais interessada naquilo que antes descurava. Fui convidada a almoçar com uma mulher que não vejo há oito anos. Na época, eu tive uma discussão com ela, e meu marido declarou que eu arruinara o início de uma amizade com ela e seu marido. Você percebe a estranha conexão? Meu marido me deixa e ela me telefona imediatamente. Não sei explicar como essas coisas acontecem, nem isso me importa. Apenas me fascinam as conexões."

Minha idéia de que o anjo aparece nos incidentes que costumam passar despercebidos estava sendo confirmada por uma mulher que, como um anjo, surgira para conversar comigo. Ela afirmava que os anjos são elos de ligação entre as coisas, entre forças que unem por meios "sutis" e indiretos.

COISAS A FAZER

Esta seção prática, como as subseqüentes, destina-se a estimular possibilidades de reflexão criativa — o leitor não deve, portanto, seguir à risca as minhas sugestões, mas tomar liberdade com tudo o que eu disser, improvisar, contornar, fazer o contrário ou simplesmente ler os exercícios como meditações que acompanham o texto. Você deve praticar de um modo que convenha a seus interesses e aos interesses do ambiente em que vive. Pode "sair a campo" e executar algumas das atividades sugeridas, exercê-las na imaginação ou fazer uma combinação de ambas as coisas. Espero que minhas discussões a respeito dos anjos do cotidiano se prendam às *suas* experiências. Interessa-me menos criar coisas novas do que evocar uma conceituação profunda do que você já está fazendo. Essas idéias práticas destinam-se a ajudá-lo a contemplar mais criativamente a vida que você leva.

• Escolha um objeto de sua casa e imagine o ambiente do ponto de vista dele. Personifique esse objeto e diga-lhe o que sente ao observá-lo, tocá-lo, ouvi-lo ou carregá-lo. Os poetas conversam com as coisas o tempo todo. Seu senso de criação mútua não se restringe ao espírito das pessoas.

Mude de perspectiva e aja como o porta-voz do objeto. Faça-se de louco e diga coisas estapafúrdias. Nós temos medo da sandice, que é apenas a incapacidade de discernir entre uma discussão imaginária e uma conversa com outra pessoa. Em *Sonho de uma Noite de Verão*, Shakespeare transforma um muro num personagem importante, que ouve e fala. O muro conta que os amantes Píramo e Tisbe cochichavam através de suas fendas. Entra então Píramo e diz: "E tu, Muro, tu, doce e gentil Muro,/Que te ergues entre o terreno do pai dela e o meu!/ Ó Muro, Muro gentil e doce,/ Mostra-me tua fresta/Para que meu olho espie através dela!"

Tente imaginar como se sente o muro quando Píramo o trata por "tu", e compare isso com o modo pelo qual normalmente pensamos a respeito das coisas materiais.

Se você for capaz de mergulhar num diálogo criativo, descobrirá espontaneamente pontos de vista e expressões que jamais pronunciaria em suas conversas habituais e controladas. Eles vêm até nós angelicamente, em lampejos de inspiração, vislumbres de coisas que quase nunca vemos e com uma doçura de linguagem que brota da união do nosso espírito com os espíritos da coisa a que nos dirigimos. Em nossas conversas normais, mesmo com pessoas que amamos, em geral não descortinamos nem reconhecemos as qualidades sutis que constituem seus espíritos angélicos.

Embora a contemplação de objetos nos ajude a tomar mais consciência das outras pessoas, esse não é o único propósito das ações poéticas. O diálogo imaginário nos torna mais receptivos ao mundo como um lugar animado onde tudo se abre àqueles que desejam comunicar-se com os espíritos.

• Reflita a respeito de objetos que perdeu no decurso da vida. Quais deles você gostaria de recuperar? Há algum especial?

• Goethe disse: "Só vemos o que conhecemos." Tente ver as coisas como se nada soubesse delas. Provavelmente, você vai perceber melhor suas estruturas formais, cores, texturas e o modo como se dispõem no ambiente. Elas falarão a você diretamente, por meio de suas qualidades físicas.

• Repasse os problemas do mundo a partir do ponto de vista das coisas. As coisas falam com mais eloqüência do que nós. Por exemplo, duas senhoras do Brooklin estão recolhendo sapatos de pessoas cujas vidas haviam sido afetadas pela violência das armas de fogo. Elas planejam amontoar trinta e oito mil pares no jardim da Casa Branca (mais tarde, doarão os sapatos aos necessitados). Imaginou-se o ritual como uma marcha silenciosa. Um homem enviou os sapatos que estava usando no momento em que soube da morte do filho. Uma mulher, cujo marido fora ferido na espinha, enviava os sapatos de sola de borracha que ele calçava para firmar-se no apoio metálico da cadeira de rodas onde se locomovera durante seus últimos meses de vida.

As coisas agem de concerto com os homens. As expressões das armas estão sendo anuladas pelas dos sapatos.

• Que coisas você toca com mais freqüência durante o dia? Qual delas tocou mais ao longo da vida?

Certa vez sentei-me ao lado de um amigo que fumava cachimbo e notei que quase metade de um dos lados do cachimbo se desgastara. Eu disse: "Parece que você passa um bom tempo com esse cachimbo."

Meu amigo respondeu: "É o meu favorito. Ficou assim porque, há anos, eu bato este lado dele na lareira para limpá-lo."

• Pense numa pessoa e observe que imagens de coisas a ela associadas surgem aos olhos da mente. Faça o mesmo com lugares, um determinado mês, um ano de sua vida, um período da história.

• Imagine a história como a vida sucessiva das coisas.

Contemple a sua própria vida a partir do ponto de vista das coisas com as quais esteve envolvido. Que objetos permaneceram relativamente intactos (por exemplo, lençóis, fronhas, toalhas, lápis nº 2, folhas de papel em branco, gravatas de seda, jóias, móveis antigos, prataria, cobertores, ferros de lareira, ferramentas, coisas da natureza)? Que tipos de coisas mudaram mais (carros, bicicletas, material de escritório, telefones, aparelhos, eletrodomésticos)?

Que objetos encarnam as mudanças de sua vida e seus diferentes períodos? Não pense nas coisas como símbolos de outras, mas aceite-as como entes em si, que o vêm acompanhando pela vida afora. Dado que estavam presentes numa certa ocasião ou foram utilizadas de determinada maneira, elas encerram lembranças desses episódios.

• Há um lugar que você considera mais sagrado que outros?

Quais foram os lugares sagrados de sua infância e juventude? Existiram acaso locais imaginários que você visitava em seus sonhos e fantasias? Até que ponto os valores espirituais de sua vida adulta condizem com as qualidades dessas antigas imagens?

• Quais foram os objetos mais sagrados ou preciosos de sua meninice? São diferentes agora em termos de valor?

• Reserve alguma coisa que encerre aquilo que, hoje, você considera sagrado — um estojo com notas ou objetos —, a ser reaberta dentro de um, dois, cinco, dez, vinte ou vinte e cinco anos.

• Imagine o futuro do ponto de vista dos lugares e coisas que hoje você valoriza. Registre seus desejos para o porvir e conserve-os para saber quais eram os anseios de sua alma. Mantenha um diário dos desejos e não apenas dos fatos. Observe como as imagens mudam e ao mesmo tempo permanecem.

Se quiser se comunicar com os espíritos de pessoas e lugares que ama, ou mesmo daquelas com quem tem conflitos, faça um diário das imagens a eles associadas. Escreva poemas à guisa de meditações sobre as qualidades das pessoas, lugares, coisas e acontecimentos. Os poderes espirituais e o significado das imagens e coisas aumentarão na medida da atenção que você lhes der.

2

Rituais Íntimos

Pergunto-me como foi possível que os homens se cegassem a ponto de considerar a Terra uma simples massa ressequida e de procurar os anjos lá em cima, em algum ponto da vacuidade do Céu, sem nada encontrar.

— Gustav Theodor Fechner, 1861

Antigas Lembranças de Coisas Animadas

Desde criança estou envolvido com os espíritos das coisas palpáveis. Lembro-me das primeiras vezes que visitei o escritório de meu pai, remexendo em seus apetrechos profissionais de advogado — arquivos, livros, escrivaninha e papéis espalhados por toda parte. Eu penetrava então num mundo absolutamente diferente, cujos espíritos voavam ao encontro de meus sentidos e imaginação. Sozinho naquele recinto que me parecia enorme, via-me na pele de meu pai e imaginava os atos e pensamentos de um advogado, com o cliente sentado à minha frente ou do outro lado da linha telefônica, solicitando ajuda. Os pesados arquivos ganhavam vida, como também as configurações da caligrafia de meu pai, os movimentos da caneta-tinteiro prateada deixando no papel traços de tinta preta. As coisas e o modo como estavam dispostas, juntas ou separadas sobre a escrivaninha, exprimiam uma vida intensa que me arrastava para o mundo da imaginação.

As paredes eram cobertas de quadros, e ainda hoje, quando visito seu escritório, gosto de contemplar aquelas figuras. Há uma fotografia, em tons desmaiados, da praça da cidade no final do século XIX, que evoca os espíritos históricos do lugar onde ele trabalha e a vida emitida por seus edifícios e ruas ao longo das gerações.

Na parede em frente à escrivaninha, há quatro conjuntos de fotografias minhas, de meus irmãos e irmãs. A série começa na fileira inferior, quando só havia quatro filhos, depois sobe em fileiras de seis, sete e finalmente oito. As fotos estabelecem a posição cronológica de cada filho na família: os mais novos à direita do observador e o mais velho, que sou eu, sempre à esquerda. Estamos ali há trinta anos e o tempo se encarregou de produzir a aura do arranjo. A princípio eu via as fotos pelo que eram, mas hoje as considero um ícone que evoca os espíritos de uma família e sua história. Elas têm vida no presente, mas também me reconduzem aos quatro períodos em que foram tiradas.

Meu pai atulha sua casa e escritório com objetos pessoais: coisas que pertenceram a seus pais, a seus irmãos falecidos e à minha irmã que se foi. Minha mãe está numa casa de repouso, em avançado estágio do mal de Alzheimer; por isso, ele guarda cuidadosamente os objetos que evocam a história do seu casamento. Ele me disse há pouco tempo: "Esta casa está repleta de lembranças. Isso, na minha idade, significa muito. Quando olho para um quadro ou cadeira, ou para aquela placa na parede, afluem as recordações."

Jamais imaginei que meu pragmático pai, do qual aparentemente me afastei há vinte e cinco anos quando deixei a faculdade de Direito e o emprego em seu escritório, seria uma das primeiras influências sobre meu envolvimento poético e espiritual com os anjos terrestres. Ao evocar a infância, os dias em que ia com ele de carro, lembro-me da aparência do seu Pontiac, da textura dos assentos, das paisagens vistas pela janela, do desejo de segurar o volante e comprimir os pedais, do rádio, de sua prudência ao dirigir e de muitas outras sensações — as cores, as diferentes estações, etc.

Lembro-me de quando o acompanhei pela primeira vez ao campo de golfe. Saboreei os aromas e as nesgas de paisagem verde entrevistas por entre as árvores. Lembro-me do assoalho cheio de marcas de cravos de sapatos à entrada do vestiário, onde os homens tomavam banho e mudavam de roupa, balançando sobre as pernas musculosas os ventres proeminentes que eram tão comuns na década de 1950 — e, lá fora, automóveis maravilhosos que me despertaram o complexo de inferioridade quando meu pai fez a volta com seu "segundo carro", um Chevrolet velhusco de 1951 que hoje eu gostaria de possuir.

O que antes era modesto ocupa hoje lugar de destaque na minha memória. Sempre sonho com aquele carro de linhas arredondadas, interior singelo e alavanca de câmbio na coluna da direção. Lembro-me também de meu pai saindo um dia do vestiário com umas surradas calças de cor cinza, que fazia tempo não usava, quando os outros golfistas trajavam roupas sofisticadas. Ele era diferente e eu me sentia embaraçado pela singularidade de sua aparência, a que era muito sensível. Podia-se considerar um dos melhores golfistas da região, o que me enchia de orgulho. Quando dava uma tacada, eu me esquecia de suas calças.

É espantoso como esses espíritos se perpetuam nas famílias. Quando meu filho estava na quarta série e usava calças de soldado para ir à escola, fui buscá-lo certa vez de boina na cabeça. Ele me viu antes e escapuliu pela porta dos fundos, indo direto para casa. Algumas das coisas que uso quando levo minha filha para tomar o ônibus escolar de manhã fariam as calças de meu pai parecer um comportado desvio em relação à norma.

Os anjos da terra são os espíritos das coisas — chuveiros de vestiários, volantes de automóveis, boinas e calças surradas —, e a memória tende a exagerar sua expressão. Mesmo os tipos mais realistas adoram as recordações. Se mergulhamos numa boa lembrança, as imagens enxameiam como anjos dentro da moldura de um quadro barroco.

O assoalho de madeira do clube de meu pai foi substituído há muito tempo por um piso moderno e mais resistente aos cravos dos sapatos. Mas algo se perdeu. Noto uma perda de alma nos pisos, na textura, uma perda de algo distintivamente "golfe" no registro visual do contato dos pés com o chão. Costumo visitar um clube antigo que ainda conserva seu assoalho de madeira. Sempre que o avisto e caminho sobre ele, volto àquelas primeiras impressões de infância. Os anjos terrestres, para mim, estão alojados nesses detalhes da vida a que raramente prestamos atenção. A dimensão angélica está em infundir imaginação em coisas que de outro modo passariam despercebidas; além disso, ela é receptiva ao que nos vem de fora. Os sonhos são um tesouro de anjos da terra, porque nossa mente controladora adormece e a psique se abre. Portanto, para contatar os espíritos do mundo diurno, bem como os seus equivalentes noturnos, temos de aprender a afrouxar o controle.

Os sonhos provêm da imaginação e de seus devaneios. Quando

descrevo imagens ligadas a meu pai, os objetos pessoais de minha mãe penetram meus pensamentos. Sinto-me especialmente atraído pela penteadeira de seu quarto, ponto focal de seus mistérios femininos, tão diferente do móvel simples e prático de meu pai. Quando estava aborrecido, eu ia para o quarto dela e lá ficava a contemplar os pincéis, escovas, caixas de jóias, retratos e frascos de perfume. As caixas de jóias estavam repletas de tesouros. Na época, as mulheres usavam brincos de pressão, de modo que eu também podia colocá-los junto com um bonito colar, postando-me diante do espelho completamente transformado. Esse jogo não me parecia um desejo anormal. Como acontece na iniciação dos xamãs, usar artefatos de mulher ajuda a senti-la dentro de nós. Os discípulos de Jung dirão que o rapazinho estava tentando conhecer a imagem de sua *anima*, a alma feminina que morava dentro dele — e, é claro, Freud teria algo a dizer sobre seu complexo de Édipo.

Olhando para trás, percebo que essas explicações obscurecem a imaginação das coisas em si. Eu era fascinado pelos objetos e por *seus* poderes de transformação. Ocupamo-nos tanto com referir tudo a nós mesmos, ou com o que determinado objeto diz a nosso respeito, que não conseguimos lobrigar os espíritos das coisas. Ao reduzir essas lembranças das experiências infantis exclusivamente aos conflitos inconscientes, banimos os anjos e sufocamos a ecologia da imaginação. Temos de aprender a ceder-lhes o passo.

Quando eu abria as gavetas da penteadeira de minha mãe, deparava com artefatos estranhos ao meu mundo de moleque. Havia o espaço da parafernália de manicure, o dos lenços de seda cuidadosamente dobrados, o das linhas e agulhas, o dos batons, o da maquilagem e o de outras jóias. Além de vasculhar esses santuários, eu gostava de observá-la usando suas ferramentas femininas de transformação. Sentia-me intrigado sobretudo com as ligas dos anos 1950, com seus elásticos e presilhas de metal. Era mágico vê-la descer as escadas toda vestida para o jantar — saia de veludo, saltos altos e uma nuvem de perfume. Não é de espantar, pois, que eu mesmo gostasse de usar tudo aquilo. Eu percebia com argúcia seus modos sutis e o espírito das coisas ligadas a ela. A distância entre nós aumentava meu envolvimento com os objetos: eles eram então os intermediários, como ainda o são agora. Ao ver essas coisas na imaginação, os espíritos aparecem.

Meu relacionamento com minha mãe é moldado por imagens e pela imaginação das coisas. Quando entro em seu quarto, na casa de repouso, as imagens das gavetas e armários vazios que lá estão misturam-se às que trago dentro de mim. Em casa, os guarda-roupas dela eram cheios de vestidos e sapatos. Mesmo na atual condição, afetada pelo mal de Alzheimer, ela ainda é uma mulher fisicamente bonita. Orgulha-se muito de sua aparência, de seus objetos delicados, de suas roupas cuidadosamente escolhidas, dos móveis de seu quarto.

Os filhos colocaram retratos dos netos no criado-mudo, no peitoril das janelas, nas portas dos armários. Ela não reconhece nada nem ninguém, mas pode perceber os espíritos dessas fotografias. Cada imagem tem um espírito diferente. Nossos altares mais sagrados são exatamente essas mostras inconscientes de artefatos dispostos em casa ou em quartos distantes do lar. As fotografias do quarto de minha mãe rodeiam-na com a aura da família e de seu lugar específico neste mundo. Lembro-me de que ela pendurava minhas pinturas em locais de destaque por toda a casa. Ela apreciava, sobretudo, as que eu fiz na infância. Quando ela montou uma segunda residência na Flórida, passei ali minhas primeiras férias criando a decoração para as paredes. Nossos contatos diretos eram suplementados com ricos e duradouros diálogos por intermédio das coisas.

Depois que parou de falar e não conseguia mais reconhecer ninguém, as visitas à casa de repouso tornaram-se penosas. Eu me sentia como se ela já estivesse morta, sendo portanto irrelevante a minha presença ali. Uma idéia colhida no *Livro Tibetano dos Mortos* veio mudar isso. Li que após a morte a pessoa necessita do auxílio dos outros, especialmente dos entes queridos, durante sua jornada. Talvez os objetos familiares ajudem também. Quando afastei meus pensamentos da recordação do que ela havia sido, e de quão doloroso era ver naquele estado uma pessoa outrora tão vaidosa e competente, invadiu-me a sensação de que precisava fazer alguma coisa. A alma de minha mãe, ainda instalada em seu corpo e naquele quarto, ou já encetando sua jornada, precisava de companhia e amparo.

Se não pudermos estar em pessoa ao lado de um ente querido, deixemos-lhe objetos que encerrem a presença do espírito. Isso funcionará como sucedâneo da pessoa real. No quarto de minha mãe paira, graças às fotografias, o sentimento de que todos estão com ela: ela está rodeada por seus espíritos.

ESPÍRITOS DOMÉSTICOS

O salvador ou é uma coisa insignificante ou provém dela.

— C. G. Jung

Os anjos da terra vicejam nos recantos que nos são mais familiares, graças à presença de coisas cujos espíritos foram acalentados pelo uso e o contato contínuos: a xícara de café que uso todas as manhãs, meu travesseiro favorito, o teclado do computador, o relógio de mesa, a poltrona diante da lareira, o retrato de minha mãe. Quem está ciente de como um quadro ou uma escultura dão vida à alma do observador está pronto para abandonar a idéia de que os objetos são "inanimados". Mas eu gostaria de levar essa receptividade um pouco mais longe, ou um pouco mais perto do lar, mostrando o modo como as atividades e os objetos domésticos excitam a alma.

Se o cônjuge e os amigos íntimos são vistos de modo rotineiro, que dizer então do ambiente físico, através do qual caminhamos como que anestesiados, ignorando o potencial de comunicação dos objetos? Os espíritos familiares são aqueles cuja possibilidade de serem percebidos é mínima. Nossas mais entranhadas tendências podem ser reimaginadas como expressões da alma: o modo como dispomos ou espalhamos as coisas na geladeira, nas prateleiras, nas gavetas, nas mesas. Em toda casa se cumprem atos rituais inconscientes, como pôr água a ferver de manhã, espanar os móveis, cortar a grama, dar comida ao gato, ler antes de dormir.

Mesmo as pessoas que negam a presença dos anjos e consideram supersticiosa a crença nos espíritos executam, malgrado seu, práticas espirituais arcaicas. Ao procurar os espíritos, prestemos mais atenção ao que as pessoas fazem do que ao que dizem. Um espírito é uma qualidade de determinada ação, algo que emerge espontânea e inesperadamente; nisso, difere do pensamento reflexivo sobre a ação. Entre numa casa qualquer e você provavelmente verá santuários conscientes e inconscientes onde se invoca a animação espiritual.

Os lugares novos e desconhecidos fortalecem os poderes de observação e receptividade à expressão ambiental. Quando entro na casa de outra pessoa, sinto o influxo do espírito dos móveis, dos quadros, das luminárias, dos aromas e panoramas vistos pelas janelas. Se esperamos visitas, deixamos tudo arrumado em casa: limpamos mesas e pisos, acendemos a lareira, preparamos drinques e petiscos, escancaramos as janelas para a entrada do ar fresco. Inconscientemente, cercamo-nos de toda uma variedade de anjos e solicitamos sua graça, não só quando temos convidados, mas também ao executar as tarefas diárias: pôr flores na jarra, estender uma bonita colcha na cama, arrumar a cozinha, etc.

Os anjos, por gostarem de lugares tranqüilos e íntimos, florescem nas casas. Nos lares religiosos, vemos objetos sagrados conscientemente dispostos em altares pessoais ou em locais de veneração. Entretanto, mesmo sem a intenção de montar um santuário, muitos costumam cobrir a geladeira com desenhos de crianças, fotografias de amigos, postais e outros objetos que evocam conexões íntimas com suas almas. O tampo de televisores, aquecedores e penteadeiras, as gavetas e peitoris sempre andam cheios de lembranças pessoais dotadas de um significado especial. Mesmo as residências mais formais, com seus retratos ancestrais e mesas de cerejeira polidas, repletas de porta-retratos da família, são construídas para evocar uma atmosfera de espíritos. E não podemos menosprezar a utilização de músicas prediletas e familiares para elevar nosso ânimo. Esses espíritos absolutamente únicos de cada casa evocam um sentimento do sagrado que diverge por completo das noções convencionais de espiritualidade.

Quando estava morrendo num hospital de Nova York, o poeta Charles Olson pediu que lhe trouxessem de sua casa de Gloucester os seguintes objetos: um mapa do fundo do oceano Atlântico, uma fotografia sua na escadaria da casa, um cobertor índio, duas laranjas, uma colher russa, papel de embrulho e uma bola de cristal. Segundo o biógrafo de Olson, Tom Clark, "o poeta se rodeava assim, conscientemente, de objetos pessoais sagrados, criando um mágico campo de força de ação áurica".[1] O templo doméstico de toda pessoa contém artefatos que veiculam uma história de relações e exprimem a natureza pessoal e específica dos rituais da alma. Como as coisas pedidas por Olson, nossos objetos mais sagrados muitas vezes não passam de quinquilharias dotadas de significação numa experiência passada. Os espíritos vivem nas coisas que recordamos e que desejamos ter conosco.

As coisas que guardamos se prestam a encerrar a presença dos anjos da terra. Quando penso na função de guardar [em inglês, *save*], penso em salvação, almas redimidas, salvadores, preservação e resgate. Acho que os objetos conservados por nós fazem-nos este serviço: a coisa "salva" é o salvador daquele que a salvou.

As disciplinas espirituais sempre encorajam os excessos. Como sucede a qualquer conselho bom, há aí um lado prejudicial. No presente caso, guardar coisas, o tantra da posse, o apego a alguma coisa, o erotismo da energia abundante e da saciedade podem, é claro, transformar-se rapidamente numa patologia do exagero. O prazer mais intenso reside no justo meio-termo.

Lembro-me de que, em criança, eu costumava pensar em quais objetos da época eu deveria conservar, pois um dia eles poderiam tornar-se valiosos. Eu gostava dos rádios de meus avós, das torradeiras de metal polido e sobretudo dos carros do início dos anos 1950, que gostaria de guardar por quarenta ou cinqüenta anos. Eu pressentia seu duradouro poder estético como relíquias de uma época. Minha mãe jamais me deixou comprar revistas em quadrinhos, por isso perdi essa oportunidade de ser um colecionador. E, como todos os demais, joguei fora as caixas de sapatos cheias de figurinhas de astros do beisebol: Ted Williams, Willie Mays, Ernie Banks e Roger Maris. Essas coisas ganharam valor porque algumas pessoas tinham apego a elas e guardaram-nas, ou então relegaram-nas aos sótãos e outros cantos não-aproveitados da casa. Os espaços ocupados não se prestam à atividade de colecionar.

Mas guardar se transforma facilmente em acumular quando não existe satisfação ou gozo ativo. Procuro manter um certo tipo de relacionamento com todos os objetos de minha casa e escritório, tanto pelo bem deles quanto pelo meu. Lembro-me de uma velha senhora que vivia sozinha em Salem, num apartamento ao lado do meu. Todos os cômodos estavam cheios de jornais que ela guardara. Imaginei quais seriam os espíritos de seu relacionamento com eles. Estavam por toda parte, tropeçava-se nas pilhas: não eram como tralha amontoada num sótão ou numa garagem sem uso.

A velhinha que estoca jornais talvez não seja muito diferente das pessoas que correm a registrar seus sonhos de manhã mas nunca os relêem, dos artistas que pintam quadros apenas para pô-los de lado ou dos avarentos que guardam dinheiro debaixo do colchão mas nunca o gastam. Há nisso alguma coisa a ver com a companhia que tais coisas proporcionam, a sensação de abundância, o preenchimento de um vazio. Nós, povos setentrionais, somos acumuladores por natureza e estocamos para o inverno. Compro livros que jamais lerei, mas gosto de saber que lá se acham na estante à minha disposição, caso necessite deles.

Sempre que fazemos algo de modo inconsciente, ritualístico, pessoal e imaginativo para sacralizar um local, é quase sempre nesse local que os espíritos costumam viver com mais vitalidade. É o caso da mulher que instala o retrato de família no criado-mudo de um quarto de hotel, do homem que coloca uma bolota de carvalho ao lado de uma fotografia, da criança que se despede todas as noites dos mesmos objetos, da pessoa que ao escurecer acende o candelabro para o jantar. Pensamos ter renunciado à religião e à espiritualidade, mas de fato o que muitos de nós fizemos foi trazer os espíritos para dentro de casa.

Minha esposa está sempre deslocando coisas pela casa, imaginando novas disposições para os móveis e ajudando os objetos a "encontrar seu lugar certo". Quando deparo com um objeto num local diferente, isso me renova tanto a noção que tenho dele quanto minha percepção do espaço onde ele ora se encontra. O processo é energizante e anima a casa com novos espíritos. Tenho sentimentos especialmente fortes quando alguém tira um objeto do lugar sem que eu veja e, depois, eu entro no espaço que ele antes ocupava. Essa experiência simples revela as energias que operam em nossos ambientes supostamente inanimados. As mudanças feitas num dado espaço mostram como a perda de um objeto familiar se caracteriza por um esvaziamento que corresponde, em nível mais sutil, aos sentimentos de perda sobrevindos quando uma pessoa ou animal já não caminham entre nós. Essas experiências confirmam a vida que existe nas coisas materiais e o modo como elas afetam o ambiente.

Quando estamos em sintonia com o nosso ambiente, as mudanças podem ser uma forma de medicina anímica que ressuscita o tratamento popular de mudar as aparências externas para provocar efeitos correspondentes nos espíritos interiores. Eu próprio sinto uma transformação emocional surpreendente depois de lavar e encerar o carro ou de reorganizar a escrivaninha. Muitas pessoas, no entanto, se comportam de maneira diferente: sentem-se perdidas e abandonadas na ausência da bagunça costumeira, confirmando assim a atuação altamente individualizada dos anjos.

Alguns pequenos hábitos traem a maneira como nos relacionamos com o espírito das coisas. Gosto de manter meu dinheiro bem organizado na carteira, as notas agrupadas segundo seus valores, ao passo que minha mulher as enfia de qualquer jeito na bolsa. Meu senso de ordem e coesão psíquica harmoniza-se com as condições de meus bolsos. Minha postura em relação ao mundo sofre enormemente a influência da condição do meu corpo e das coisas com as quais vivo. Quanto ao meu espaço pessoal, não é tanto o objeto de minha atenção quanto o criador de meu ser.

Quando as coisas estão fora de lugar em minha casa ou minha pessoa, sinto-me tenso. Mesmo em meio à barafunda que é minha escrivaninha, cada coisa tem seu lugar. Há ordem sob a aparência de caos.

A disciplina de apreciar os espíritos domésticos equivale a um devaneio poético. Há nisso um elemento de "arranjo do lar", mas não se trata literalmente de um método para organizar as coisas. Os reparos têm mais a ver com a renovação da imaginação. Se revivermos os espíritos de nossos atos mais corriqueiros, o fluxo da imaginação se espalhará por outras coisas com efeitos correspondentes.

Ao percorrer, de mau humor, o quarto de minhas filhas e notar dois animais empalhados encarapitados juntos numa cadeirinha, meu ânimo logo se recobra. Rio-me dos pensamentos lúgubres. Nesses momentos, percebo que o anjo da terra é uma fagulha de paixão avivada pelas coisas que nos cercam, e me dou conta de que esses espíritos renovam a alma.

Mesmo os objetos aparentemente mais fixos da nossa casa refletem o processo de mudança. Toda vez que dou com uma coisa familiar, nossa relação se altera. Somos moldados pelos sentimentos do dia, pelas coisas a serem feitas, pelos acontecimentos que nos arrastam para seu vórtice. A feição do momento utiliza tudo que cruza o ambiente para manifestar sua aparência eternamente mutável num só e mesmo lugar.

Quando observo os quartos de minhas filhas e mergulho na imaginação de seus espaços, não me sinto voltando à minha infância pessoal. Os objetos, ali, trazem em si mesmos as imagens da infância. Os quartos são campos psíquicos repletos de expressões que respondem ao campo das lembranças infantis que trago comigo. Quando penetro neles, sou envolvido pelas qualidades imediatas, frescas e imanentes de sua presença.

Os quartos das crianças pequenas evocam saudades dos quartos de meu filho e de minha filha mais velha antes que o furacão da adolescência os arrebatasse. Há, realmente, espíritos fascinantes naquele caos de bugigangas atiradas a esmo por toda parte, em desafio ao controle adulto durante os últimos anos de meninice. Há muita imaginação nas pilhas de roupas que se recusam a ir para os armários — e num filho dormindo até o meio-dia no meio da confusão. Nós, adultos, aferrolhamos esses espíritos, nós os relegamos aos cantos mais remotos da casa e preferimos a atmosfera de museu dos quartos das meninas pequenas, onde ainda podemos interferir nos arranjos. Queremos voltar aos ambientes e objetos dos primeiros anos, quando adultos e crianças brincavam juntos. Aqueles eram os locais de encontro, de pura fantasia, entre as gerações, um tempo de mútuos afetos e esperanças antes de os adolescentes irem embora.

O lar é onde alimento a maior parte de meus relacionamentos pessoais, onde me sinto bem e à vontade. Mas mesmo nesse lugar especial a intimidade apresenta alguns resquícios do hábito e das ações inconscientes a ele ligadas. Por isso experimento modos diferentes de caminhar pela casa e novos lugares para sentar e refletir.

As rotinas desempenham um papel importante na vida anímica, mas também suscitam contraposições, pequenos atos e variações que contribuem para enriquecer o que antes parecia insignificante. A mínima mudança de perspectiva gera vida nova, e a cada dia a jornada propicia panoramas nunca vistos. Assim, em vez de esperar que uma pessoa, local ou época desapareça para eu sentir saudade, apego-me ao que tenho, sonho com o que me cerca e desejo a vida que já vivo em casa.

A Edificação do Santuário

Santuário: Lugar santificado por objetos venerados e suas associações. Templo: Local onde se guardam objetos sagrados.

Uma amiga que ultimamente vem passando o tempo a visitar outras casas conta-me que leva consigo um retrato dela em companhia do pai, cartas de entes queridos, uma caixa de CDs e uma pequena lembrança do festival de Woodstock, ocorrido há vinte e cinco anos. Afirma: "Levo tudo isso quando viajo, pois me faz lembrar o passado e as pessoas associadas a cada objeto."

Quando viajo, não carrego intencionalmente coisas que me ligam aos outros. Não levo sequer fotografias de meus filhos. Locomovo-me com a bagagem mais leve possível e assim me defendo do esquecimento, receando deixar para trás algo de precioso. Entretanto, há sempre uma coisinha que, indiretamente, me evoca a vida doméstica. Levo em geral dois ou três livros que ponho na mesinha do quarto, junto com um bloco de papel, um lápis e uma caneta. Mantenho há muito tempo uma coleção de notas, registros de sonhos e outras reflexões garatujadas de próprio punho, minhas marcas mais secretas e expressivas lançadas no papel. Esses apontamentos me são familiares e logo estabelecem, de modo sutil, minha presença no recinto.

Tenho um colega que está sempre na estrada. Mal entra num quarto de hotel, procura o local propício para edificar seu altar com objetos pessoais cuidadosamente dispostos sobre uma toalha: uma pedra, um tabuleiro de tarô, uma vela, um copo, incenso, uma flor ou qualquer outro produto da natureza. Estou tão acostumado a esses arranjos do quarto dele que, se um dia eles não estiverem lá, vou achar que parte do ser do meu amigo desapareceu. A presença desse amigo é mais que uma condição física ou mesmo um corpo espiritual: é uma constelação ou campo de coisas. O mesmo princípio se aplica àquilo que vestimos, em consonância com o velho adágio: "O traje faz o homem." As pessoas não podem ser avaliadas sem levar em conta suas "coisas".

O homem a que acabo de me referir é um "artista". Tenho muitos outros amigos que firmam sua presença dependurando seus ternos e respectivas gravatas: suas coisas pessoais são mantidas em armários e gavetas, longe do olhar alheio, em contraposição ao altar de tarô com suas chamas e aromas no local mais destacado do recinto.

Os armários estão cheios de espíritos. Jamais esqueceremos os sapatos de Imelda Marcos. Na época, considerei como simples loucura a obsessão de acumular centenas de pares. Mas agora percebo que a alma viceja nessas obsessões materiais. Estou certo de que vários homens que zombaram de Imelda Marcos têm o mesmo número de gravatas no guarda-roupa, casacos cuidadosamente guardados e uma profusão de bonés de beisebol. Uma câmera pouco amistosa pode facilmente distorcer o modo como a alma busca certos objetos para colecionar e exibir. Conheço um homem que aprecia estatuetas de sapos. Compra-as quando viaja, e amigos e familiares sempre lhe mandam algum exemplar de presente. Sem nada planejar, elegeu o sapo como seu espírito doméstico: o sapo, para ele, oferece o tema e o rumo pessoal ao ato de colecionar.

As coisas que estão à nossa volta, ou a ausência daquelas que nos são íntimas, constituem o nosso ser. Tenho algumas amigas freiras que me impressionam pela escassa bagagem que trazem quando nos vêm visitar, ao contrário da pessoa que chega para uma estada curta com o carro abarrotado de coisas e atulha o quarto de hóspedes.

Penso que o modo de dispor as roupas denuncia o tipo de relacionamento de uma pessoa com o mundo quase tanto quanto as roupas em si mesmas. Contudo, está fora de minhas preocupações determinar os traços de caráter de alguém pela maneira como ele organiza ou não suas coisas. A psicologia se emaranhou a tal ponto nesses diagnósticos diferenciais que esqueceu a significação ritual dos atos arquetípicos e como *estes* modelam a pessoa. Os atos que inadvertidamente praticamos todos os dias cultivam a alma dos lugares onde nos movemos.

Hoje, os armários embutidos imperam nas casas dos que podem dar-se a esse luxo. Espaçosos, às vezes verdadeiros quartos onde se pode até entrar, tornaram-se locais sagrados. O modo como cada coisa ocupa seu lugar num armário diz muito a respeito da necessidade espiritual de guardar cuidadosamente os objetos pessoais.

Damos atenção especial ao arranjo de objetos pessoais nos banheiros e penteadeiras. Quando visito a casa de alguém, percebo fortemente a presença dos santuários locais. Se eu viesse de uma comunidade selvagem, ignorando o conteúdo e a utilidade das coisas contidas em caixinhas de cosméticos, escrínios de jóias e estojos de maquilagem, pensaria tratar-se de altares e coleções de talismãs. Utilizamos essas ferramentas de transformação para influenciar os acontecimentos futuros e propiciar a sorte, invocando a presença de entidades protetoras e benevolentes.

Quando morei em Connemara, reparei que os aldeões guardavam suas roupas, toalhas e cobertas em prateleiras fixadas perto do aquecedor de água. O clima úmido da região determinava esse modo de agir e proporcionava os prazeres simples daí decorrentes. Os aldeões não construíam esses armários como santuários: eram espaços meramente práticos. Mas, como eu disse, os anjos são um modo de ver o mundo, um modo de descobrir os espíritos em meio ao cotidiano. Ora, tais espíritos não raro se mostram mais vivos nas coisas informais e inconscientes que fazemos, nas ações e ritos domésticos, fora da esfera da espiritualidade consciente.

Será possível formular uma definição prática de "santuário" que interligue o espectro de ações que descrevo?

Um santuário é um local que contém objetos especiais e sagrados a que damos atenção e valor. Essas coisas trazem recordações e nos ligam a outras pessoas ou experiências passadas e futuras. Se temos mais de um santuário na casa ou no quarto, cada qual apresenta atributos que o distingue dos demais. São lugares cuidadosamente conservados que nos ligam à especificidade dos seus seres e, às vezes, a coisas que estão além deles próprios. O santuário é uma coisa viva que gera sentimentos. Ele atua sobre nós, ele nos transforma, nos acalma, nos dá prazer e orientação. É um local onde os espíritos se manifestam e se congregam para uma tarefa de regeneração.

Por muitos anos, a pilha de lenha tem sido um dos itens mais meticulosamente conservados na minha propriedade. Uma grande pilha de lenha seca produz pensamentos de abundância. Posso contar com a madeira para o aconchego e a beleza das chamas durante o inverno. Os espíritos da lenha prendem-se aos ritos de Héstia e à manutenção do fogo aceso no centro da casa ou da alma.

Para mim, cortar e estocar lenha é muito mais que uma tarefa doméstica. Essa atividade tem uma dimensão prática, mas nela estão também envolvidos vários outros espíritos: a textura e o cheiro da madeira, o trabalho primitivo, a estética de empilhar e apreciar o arranjo final, sabendo-se que aquela agradável configuração é um dos aspectos mais funcionais da casa, a segurança de que haverá madeira suficiente para as pessoas reunidas no inverno. Sinto o mesmo em relação ao lixo. Quando eu morava em duas casas, achava difícil, numa delas, jogar fora o lixo orgânico que eu aproveitava na outra. Assim, mesmo os ritos da limpeza lembram a edificação de um santuário.

É provável que, inconscientemente, eu esteja interpretando os deuses do panteão helênico no meu cotidiano. Os gregos viam deuses em tudo, sendo responsabilidade do homem cultuar essas divindades quando praticava jardinagem, cozinhava, lavava, consertava, comia, bebia, divertia-se, ia e vinha. A pessoa comungava com Héstia na lareira, com Jano na soleira da porta, com Dioniso na parreira e com Saturno num recanto sombrio do jardim.

As divindades manifestam suas qualidades por meio de coisas e lugares. Por outro lado, um estado de espírito é evocado pela presença de substâncias físicas que lhe correspondam. O mesmo é verdadeiro para as pessoas, que se distinguem pelas roupas e atavios ao mesmo tempo que são por estes modeladas. Esses objetos correspondem a espíritos familiares e talvez proporcionem uma identificação mais cabal do que a entidade abstrata conhecida como eu. Quando alguém menciona Babe Ruth, vejo-o em conjunto com o seu uniforme, o boné à antiga, o brasão dos Yankees e o taco de beisebol. Billie Jean King aparece de óculos, tênis brancos e raquete em punho. Logo que ouço falar em óculos, vêm-me à mente Roy Orbison e Buddy Holly. Georgia O'Keeffe é inseparável dos objetos de sua arte oriundos do Novo México: adobe, cabeças de boi e espaço aberto. Os ícones culturais muito conhecidos, em suas imagens públicas, cercam-se de atributos constantes, mas sem dúvida suas relações pessoais se caracterizam por espíritos de coisas particulares.

À relação íntima com uma pessoa juntam-se sempre imagens igualmente íntimas de coisas. Tanto os objetos quanto as pessoas nos unem a outros. Quando penso em alguém de minha intimidade, visualizo as coisas que participam de nossa relação e estabelecem conexões entre nós. Esses objetos são mantidos secretos, como um tesouro num cofre, ou então se mostram abertamente, para comunicar o afeto.

Duas das melhores amigas de minha filha são gêmeas idênticas, e é praticamente impossível distingui-las. Por ocasião de seu oitavo aniversário, a mãe presenteou-as com dois colares diferentes, que se tornaram os símbolos distintivos de cada uma, para a família e os amigos. Minha filha diz: "Quando penso nas gêmeas, vejo seus colares e não necessariamente seus rostos."

A construção de santuários fundamenta-se nessas intimidades das associações de objetos. O espírito da pessoa surge pela presença de artefatos pessoais. Mantenho vivo um relacionamento ou lembrança concedendo às coisas que os evocam um lugar na minha vida.

Muitos santuários aparecem ao acaso, sem nenhuma ligação direta com outras experiências. Posso ligar-me a certos objetos unicamente por gostar deles. Uma coisa aparece sobre a mesa ou dentro de uma gaveta e toma conta de mim. Não a jogando fora, mantenho-a entesourada como algo que merece a minha atenção. O santuário pode não se referir a nada além de si mesmo: os próprios objetos se tornam íntimos da pessoa que os contempla.

Eu mesmo não saio por aí montando intencionalmente altares domésticos e exposições de objetos: isso acontece naturalmente no dia-a-dia. Os santuários se fazem por si mesmos, sem planejamento, mas com um propósito que corresponde aos movimentos invisíveis da alma num dado ambiente.

Muitas pessoas fazem isso em suas casas. Um amigo me diz: "Você precisa ver o que eu coloquei em cima do televisor. Tenho uma estatueta azul de Ganesha (o filho de cabeça elefantina de Shiva, que é o Senhor dos Obstáculos), feita por mim mesmo. Ela atraiu uma multidão de companheiros: um grupo de figurinhas de freiras com um monge, comprado na Espanha, um cavalinho branco, a miniatura de um bebê adormecido num sapatinho vermelho e de salto alto tirado a uma boneca Barbie... Achei o sapatinho numa cafeteria de Bombaim, às três horas da manhã."

O tampo da penteadeira da criança está coberto de artefatos que geram auras e marcam o espaço particular habitado por uma alma cercada de vários objetos. A mãe, ao arrumar o quarto, repara que existem ali objetos aparentemente esquisitos: uma braçadeira de borracha cor-de-rosa, um pente verde, uma aranha de borracha, um limpador de cachimbo e uma moeda. Mas o que parece bugiganga pode ter sido carinhosamente carregado de significado emocional pela criança, encerrando em si os espíritos de acontecimentos especiais.

Quando minha mulher tinha dezesseis anos e interpretou o papel principal numa peça da escola, alguém lhe deu um buquê de flores. Ela conservou uma das rosas até murchar e, quando as pétalas se desprenderam, guardou-as numa caixinha da qual nunca mais se separou. Hoje, quando as ligações emocionais com a peça se desvaneceram, a relíquia é importante porque a tem acompanhado há muito tempo.

Minha filha mais velha é uma "estocadora". Guarda todas as cartas que recebe e sempre que usa uma jóia qualquer lembra-se da pessoa que lha deu. Quando alguém parte, usa alguma coisa com que essa pessoa lhe presenteou. Todo objeto no meio da bagunça aparente de sua penteadeira tem um significado especial. Diz ela: "Não consigo jogar nada fora. Se alguém me dá uma blusa que nunca uso, mesmo assim conservo-a no guarda-roupa porque, toda vez que olho para ela, lembro-me da pessoa de quem a recebi e do momento em que isso aconteceu. Quando fazia a mala para voltar à universidade, deparei com coisas que não via desde os nove anos, e elas ativaram parte da minha memória. Adoro fotografias e as tenho pelo quarto todo, pois me fazem sentir a presença das pessoas. Odeio quando tentam arrumar o meu quarto: aquilo que tomam por bagunça está devidamente organizado na minha mente."

Lembro-me da última residência de meu avô. Depois que minha avó morreu, ele se mudou para um pequeno apartamento. Deixou para trás a mobília e os objetos pesados, mas levou as pequenas coisas que evocavam lembranças. Todas as prateleiras e peitoris estavam cobertos de objetos. Havia alguns de natureza religiosa, mas sua sacralidade não era maior que a de outros espalhados por ali. Tanto o crucifixo quanto os galgos de porcelana conviviam com ele como companheiros especiais.

Na casa de minha infância, objetos formalmente religiosos estavam espalhados pela sala, pelos corredores e quartos: estampas da Virgem com seu Filho, um Menino Jesus de Praga em trajes de seda e as onipresentes cruzes. Entretanto, o santuário mais vivo era a sala de estar com suas paredes cobertas de cartas de colegas da escola, os certificados da All American de minha irmã, uma da minhas primeiras pinturas, fotografias dos filhos e de meus pais, de casamentos e de netos brincando na praia. Quando uma coisa aderia à parede, lá ficava para sempre. Havia também, na outra extremidade da sala, um quadro de avisos onde pregávamos recortes de jornal, recados e por aí além. São essas coisas informais e instintivas que realmente mostram a alma de uma família, coisas que quase nunca são intencionais: elas acham seu próprio caminho para as paredes. O santuário começa com o esforço para reunir umas poucas coisas; com o tempo, outras lhe são acrescentadas até que o local adquira uma aura de plenitude e abundância.

Quando minha irmã se mudou para a nossa casa com a família, lamentei a mudança que as paredes da sala de estar iriam sofrer; entretanto, como qualquer outro "santuário vivo", aquele devia também alterar-se com os espíritos dos recém-chegados. Eu não poderia esperar que minha irmã preservasse um museu no coração de sua casa: a família dela tinha de cobrir as paredes com seus próprios espíritos, estabelecer de vez sua presença e transformar a moradia num local íntimo da alma.

Como já disse, a sala de estar foi um dos primeiros lugares a serem modificados pela nova família. Uma coleção de coisas do passado lá estava para homenagear as tradições de minha família, mas agora tinham, a seu lado, retratos da família do meu cunhado. Isso pareceu estranho a princípio naquele lugar tão nosso, mas logo me acostumei à presença dos novos espíritos. O ato exterior de instalar as novas fotografias precisava ser executado para consagrar o santuário. As duas famílias e a nova geração uniam-se assim nas paredes, e um bom espaço foi aberto para acolher as imagens que surgirão de suas vidas.

Numa conversa recente, Vincent Ferrini afirmou que toda a sua casa era um santuário. Eu disse: "Vincent, você reuniu obras de arte, objetos achados e objetos que as pessoas lhe deram de presente e os dispôs por toda a casa. Ela é inteira um santuário."

"Sim", concordou ele. "Eu moro aqui. Cultivo os anjos por meio da dedicação à vida das coisas que possuo. Na minha casa, cada coisa tem uma relação especial e duradoura com uma pessoa ou lugar. Uma relação viva. Todos esses objetos são imagens de uma experiência específica com as pessoas. A coisa e a pessoa estão muito próximas."

A declaração de Vincent corresponde à noção de Henry Corbin segundo a qual todo pensamento tem um anjo. Embora Vincent veja "cada poro" de sua casa como domicílio de anjos, muitas pessoas tendem a concentrar sua energia física em certos recantos domésticos. Os cômodos são hierarquizados, segundo os sentimentos pessoais, de sacralidade relativa. Com as épocas históricas costuma acontecer o mesmo. O estilo neogrego transformou o pórtico em templo e consagrou o espaço onde a frente da casa confinava com a rua. A casa se abria para o mundo exterior habitado por uma comunidade humana; a passagem entre os espaços públicos e privados era sacralizada. O quintal era plano e aproveitável. Hoje nos preocupamos mais com acomodar nossos carros, e o santuário está nos fundos da casa, onde se abre para a natureza e mantém o público a distância.

Dentro das casas, elevar santuários no banheiro tornou-se hoje um rito universal. Os corretores de imóveis podem atestar que um banheiro bem-equipado é um excelente apelo para a venda. Se, arquetipicamente, pensarmos nas funções dos atos de lavar-se, vestir-se e ataviar-se, que operam a transformação do corpo, não estranharemos que o banheiro tenha se tornado mais significativo como um espaço valorizado. A tecnologia instalou água corrente e piscinas em nossas casas, onde misturamos a sauna setentrional com a luz e as flores dos Trópicos.

Uma amiga que acaba de comprar uma nova casa confidenciou-me que sua primeira preocupação foi reformar os banheiros. "Sou obcecada por eles", garantiu. Outra amiga me diz que toma banhos aromáticos à luz de velas e dispõe de modo inteiramente pessoal os objetos do banheiro. É realmente um local sagrado.

As banheiras decoradas e dotadas de pés, do século XIX, estão reaparecendo em conseqüência do desejo de mais imaginação e menos praticidade nesses espaços. É mais provável ver hoje um tapete oriental ao lado da banheira do que um carpete funcional — e vasos de plantas invadiram esse que era outrora o local mais austero da casa. Outra mulher dependura o lustre que antes decorava a sala de sua mãe diretamente acima da banheira. Em obediência à tradição dos santuários, as qualidades cambiantes da luz atualmente são tão essenciais aos banheiros quanto a luz branca em si. Já que os banheiros internos e os lavabos constituem uma conquista relativamente recente na vida das pessoas comuns, não espanta que venham sofrendo rápidas mudanças como locais de culto da alma. As casas hoje incorporam ritos lustrais que antes se restringiam aos palácios e templos. À medida que os ritos lustrais invadem o lar, a alma se transforma e, em caráter privado, realiza o que era outrora uma experiência comunitária.

Pessoalmente, aprecio as pias de mármore, os sólidos adornos de bronze e a porcelana bem-conservada que vejo nas velhas casas. Quando me comunico com esses objetos, sinto os espíritos da qualidade, do zelo, da durabilidade, além do apelo permanente do desenho clássico que funciona tão bem quanto, ou melhor que, as mais modernas tecnologias. Um banheiro antigo pode estimular mais esses espíritos que um mobiliário velho, pois aumenta seu lustro à medida que é usado.

Noto que esses pensamentos e sentimentos são gerados pelos espaços nos quais penetro. Não os trago comigo. O banheiro é, dentro do templo da casa, um cômodo diferente dos outros cômodos. É um espaço íntimo cujas portas se fecham para os atos diários de lavar-se, perfumar-se, estimular os sentidos e praticar outros ritos secretos. Como essas funções são praticadas repetidamente, o espaço começa a absorver o espírito dos rituais. O valor do recinto corresponde ao significado de sua função para a edificação da alma. Como acontece com as cozinhas, os banheiros vêm adquirindo cada vez mais valor cultural devido ao modo como os ritos da alma passaram a concentrar-se neles. O templo se transferiu para os santuários da vida cotidiana. Os lugares sagrados da religião não foram necessariamente abandonados, mas hoje não são mais os depositários exclusivos dos ritos. Sem que se planeje isso, os rituais vão sendo praticados nos mais variados espaços de nosso dia-a-dia. A alma corrigiu a visão esquizóide do sagrado *versus* profano, instando-nos ao mesmo tempo, de um modo sutil, a apreciar as coisas essenciais da vida.

Toda casa tem seus santuários específicos. Há pouco visitei uma cujo quarto de despejo era arrumado como um museu. Cada objeto estava disposto com o cuidado e a reverência devidos a uma obra de arte valiosa. Quando eu era jovem, tinha um amigo que conservava ciosamente seu aparelho de som e seus discos. Caixas de som grandes e caras destacavam-se no quarto, e tomava-se como ponto pacífico que só ele podia mexer naquilo. Como um sacerdote no altar, tinha seus ritos para limpar os discos antes e depois de tocá-los — e entrava em transe com a música.

A geladeira é um dos objetos mais sacralizados da minha casa. Como acontece com muitas outras famílias, costumamos cobri-la com desenhos de crianças, fotos de amigos, convites para festas, recortes de jornal e enfeites imantados. Segundo um amigo, na casa de sua mãe o que tinha importância eram os alimentos guardados dentro da geladeira. "Ela nunca se sentia tranqüila sem uma caixa de leite na geladeira. Ao sair, eu sempre lhe perguntava: 'Mãe, precisa de leite?' Não é só porque o leite era imprescindível no café da manhã; mais que isso, a presença daquela embalagem azul e branca a fazia sentir-se segura, valorizada e *alimentada.*"

O santuário mais destacado de nossa casa é um corredor cujas paredes estão cobertas com fotografias da família, segundo a tradição estabelecida na sala íntima de meus pais. Cada centímetro de espaço é usado para isso. Muitas residências têm esses lugares sagrados, fruto da história da família. Com efeito, as fotografias viraram artefatos primordiais dos altares domésticos pelo mundo afora. Elas têm um modo misterioso de captar e preservar a história da formação da alma, tanto no caso de momentos passageiros que a câmera consegue imortalizar quanto no de rituais cuidadosamente planejados pela família. Elas preservam lembranças e captam detalhes que de outro modo se perderiam, e, despretensiosamente, exercem funções arquetípicas associadas aos santuários.

Esses santuários casuais são manifestações daquilo que chamo de ritos imprevisíveis da alma, com freqüência mais vivos e eficazes que o culto institucional ou a iconização calculada.

A palavra *ritual*, na verdade, assumiu uma conotação popular que sugere o ato convencional destituído de propósito intrínseco. Nós "praticamos rituais" sem nenhum sentimento profundo. Thomas Moore radica a origem dessa palavra no grego *rheo*, "fluir", "escorrer", "correr", esclarecendo que "o objetivo do ritual é patentear as intenções"; ele nos ajuda a ver o mundo com imaginação[2]. Quando nos encontramos na esfera do ritual, os conteúdos fluidos nos atravessam, e as imagens mais espantosas são as que surgem inesperadamente quando nos achamos em plena corrente, mergulhados no chamado "fluxo de consciência". Para a pessoa comum, que não escreve nem pinta, a corrente é o fluxo das coisas que diariamente transitam, como cartas, presentes, acontecimentos e objetos guardados. Os objetos emergem desse jorro de vida, e aqueles que tocam as nossas almas são conservados e de alguma forma dispostos em nossos espaços vivos.

As ações mais dotadas de alma são praticadas instintivamente, "daimonicamente", como se proviessem de uma inteligência alheia. No caso das acumulações não-intencionais que povoam os altares domésticos, não fico muito impressionado com elementos isolados: agrada-me, antes, o acúmulo de vida que aparece sem planejamento ou esforço aparente. A totalidade da configuração é que impressiona, sendo uma presença única composta de diversas ações e espíritos. Sempre que contemplo essas coleções na casa de alguém, cada objeto me parece perfeitamente localizado, mas é provável que encontrem seu caminho para a prateleira ou o aparador sem que a pessoa que os instala se dê plenamente conta disso. As coleções formam composições bonitas que encerram em si numerosos movimentos, como se a alma do santuário soubesse o que quer e para consegui-lo recorresse à ajuda humana. Tudo se reúne graças a um sentimento de cooperação. Todas as partes, por mais diferentes que sejam, se encaixam como as estranhas combinações de sonhos, onde os elementos se congregam por si mesmos e as pessoas são os agentes.

Perguntei ao meu filho de dezenove anos se ele constrói pequenos altares ou santuários em seu quarto e ele me respondeu jocosamente: "Claro que não!"

Insisti: "Você nunca junta coisas numa gaveta ou sobre a escrivaninha?"

Ele replicou: "Todos fazem isso. Pegamos os objetos de que gostamos e os reunimos."

Isso me fez indagar até que ponto eu próprio não faria o mesmo, da mesma forma. No meu escritório, toda uma coleção de coisas foi-se formando com o passar dos anos. Há ali uma foto que tirei de James Hillman dançando na festa de seu sexagésimo aniversário e, ao lado, uma de meu amigo Vincent Ferrini. Sei que ambos são mentores da minha vida anímica, mas não coloquei suas fotos lá com esse pensamento. Tenho outros mentores, mas esses dois homens representam minhas conexões com a tradição poética, o que hoje só percebo ao refletir sobre a localização não-planejada de seus retratos no meu escritório. Os objetos me transmitiram essa mensagem.

Os outros objetos que existem no escritório participam do mesmo campo de conexões. O pequeno carro de bombeiros é um brinquedo que eu trouxe da Europa para o meu filho, e sempre o mantive a seu alcance sobre a mesa, quando ele era menino. Ele não brincava muito com o carrinho, e por isso o objeto se tornou um elo de ligação com os espíritos da infância e com a pessoa de meu filho. O busto de *papier mâché* foi feito por um velhinho que freqüentava diariamente as sessões de terapia artística promovidas por mim num hospital de doenças mentais, no início da década de 1970. O rinoceronte de madeira entalhada foi presente de uma paciente do hospital. A taça de prata é uma das muitas que ganhei quando criança em torneios de golfe entre pai e filho. Quanto à salva de prata, é um prêmio conseguido recentemente. Levar prata para casa significa estabelecer um vínculo com meu pai e com o esporte. A taça de champanha faz parte de um par presenteado por um amigo. Tenho também um candelabro judaico de bronze que comprei num mercado de Tel-Aviv, e, bem à esquerda, uma obra de arte dada por uma de minhas alunas.

Essa obra aproxima-se muito, em espírito, das ligações nostálgicas que descrevo. Ela pegou um guardanapo dado pela avó e costurou-lhe uma peça de seu bracelete-talismã, juntamente com outras coisas evocativas. Ganhei várias obras assim ao longo da vida, mas essa é especialmente valiosa devido às suas qualidades pessoais. Parece uma coisa viva, uma relíquia que tenho de guardar, um santuário dentro de outro. O objeto de arte me comove visual e sentimentalmente, mas gosto também da mulher de quem o ganhei. Há uma dimensão dupla em sua aura, e sou plenamente capaz de imaginar uma situação em que eu não exibiria uma obra-prima em virtude de suas más vibrações.

De tempos em tempos, remexo nos objetos do escritório para mantê-los todos à vista. Quero a sua companhia e a graça que emitem sempre que olho para eles. São evocadores das visões que orientam o meu trabalho, espíritos guardiães que me mantêm no caminho certo como uma medalha de São Cristóvão, ícones que não me deixarão esquecer a base anímica de minha vocação. Gosto sobretudo do modo com que se dispõem na bagunça, gerando sentimentos de plenitude que vêm sempre que diversos espíritos interagem. As coisas são definidas por suas mútuas relações "íntimas". Elas representam para o meu escritório o que uma estátua de São Francisco representa para um jardim, ajudando a alma a abrir-se para todos os espíritos que acorrem.

Catarina, a Grande, da Rússia, dizia assim a respeito das coisas que lhe apaziguavam a alma no seu palácio de inverno: "Subo as escadarias de mármore e percorro salas após salas repletas de objetos que amo e me deleitam." Nem todos dispomos em nossas casas dos três quilômetros de corredores que Catarina podia percorrer na sua, mas também vamos de uma coisa a outra, observando e absorvendo seus espíritos. Do mesmo modo, dispomos os objetos para que possam nos afetar quando cruzamos com eles: algo do lado de fora da porta, representando um rito de passagem; coisas que nos chamam a atenção quando pisamos um tapete; coisas que preservam o espírito de nossos filhos ou pais, ainda que não estejam fisicamente presentes na casa. E, em nossos sonhos, caminhamos de recinto em recinto como Catarina fazia em seu palácio. Se não temos esses lugares na vida real, nosso desejo por eles é satisfeito em sonhos.

Logo que penso no modo como as coisas se juntam nos lugares habitados por pessoas, Sigmund Freud vem-me à mente. A imagem dele que mais me intriga é a coleção de artefatos que ele mantinha no gabinete de trabalho. As qualidades de seu ambiente pessoal e os santuários que erguia mostram, em definitivo, que Freud cultivava a vida da alma. Essa observação me leva a perceber até que ponto os lugares e as coisas se comunicam comigo e modelam a minha vida.

Postos de gasolina, fábricas, laboratórios, clínicas, bancos e repartições burocráticas nunca me atraíram. Quando jovem, ao entrar no estúdio de um artista ou na biblioteca de um escritor, eu pensava: "Eis o que eu quero fazer." O espaço atua sobre mim e eu penetro em sua imaginação. Não preciso ver as pessoas trabalhando: a presença de seus pertences é mais evocativa e influente. Posso facilmente imaginar a pessoa em ação, e talvez a ausência do artista ou escritor faça eu me relacionar mais livremente com as suas coisas.

Quando comecei minha carreira de decano universitário, o modo como o meu mentor organizava sua escrivaninha constituiu importante influência sobre as minhas atividades diárias. Nunca houve uma conversa a respeito daquele móvel, embora fosse completamente diferente de tudo o que eu vira antes: ela atuava em mim de maneira silenciosa.

A "escrivaninha" não era realmente uma escrivaninha, era uma mesa antiga que assumira essa função. Larga e leve, era uma peça dotada de alma, que não isolava o dono das pessoas. Ela não dominava o ambiente como o fazem em geral as escrivaninhas atulhadas de objetos, com profusão de gavetas, puxadores de metal e tampos de imitação de madeira. Aquela escrivaninha participava natural e graciosamente da vida do recinto.

Havia pouca coisa sobre ela, um ou dois objetos pessoais e apenas os papéis com os quais meu mentor trabalhava no momento. O restante ficava arquivado fora das vistas. Quando fui decano, tomei-a como imagem-guia e pratiquei a disciplina de despachar rapidamente os papéis. Eu ficava com eles o mínimo possível e logo os encaminhava, sem formar as conhecidas pilhas de documentos.

Além desse modo de lidar com a papelada, meu orientador mantinha o escritório como se fosse um recinto vivo ou um refúgio particular, com lareira, móveis confortáveis e persianas de madeira nas janelas. Reinava uma atmosfera de cultura, reflexão, tranqüilidade. Durante aqueles anos, na escola, mudava-se freqüentemente de edifício, e ele ia deixando atrás de si um rastro de persianas de madeira. Quando o encontrava, seu modo de arrumar o escritório e seus objetos reforçavam a organização instintiva que ele dava às coisas. O ambiente material do orientador tinha influência direta no trabalho da comunidade e na formação da nossa cultura. Notei que o meu escritório e os dos outros decanos da escola pareciam-se com o dele. Orientavam-se todos para as pessoas, e não para os papéis. Não menosprezávamos nem odiávamos os papéis, mas eles tinham de ficar no seu devido lugar, porque as organizações costumam empenhar-se naquilo que não é sua missão primordial. As coisas secundárias tendem a devorar tudo à sua volta. Nos escritórios, a papelada se espalha por toda parte, mesmo nesta era da eletrônica. Um visitante vindo das selvas perguntar-se-ia que deus ou espírito estaria sendo adorado ou propiciado por meio dessa substância.

Não pretendo amesquinhar os locais e práticas especificamente religiosos; mas, quando penso em santuários, minha mente, de um modo um tanto perverso, vai além das formas intencionais e padronizadas, como as grutas da Virgem nos jardins, os pequenos altares domésticos com a foto do guru bem à vista, as estatuetas de Jesus em painéis de carros, muito comuns nos anos 50, e os santuários públicos de religiões, nações e comunidades, tão próximos daquilo que descrevo. Meu intento é expandir nosso conceito do fenômeno e o instinto sacramental das pessoas, de sorte que prefiro falar mais sobre aqueles locais a que normalmente não damos tal feição.

No fim de uma palestra que proferi em Galway sobre as qualidades sacramentais da expressão criadora, um homem disse: "Aqui na Irlanda, separamos nitidamente sacramentos e vida diária, e nunca os misturamos." Percebi então até que ponto semelhantes distinções limitam a função do espírito criador no cotidiano.

Quanto mais pessoal e reservado é um altar, mais impacto ele tem sobre mim. Os clubes esportivos de todos os tipos montam santuários com troféus, fotografias e outros objetos destinados a homenagear os espíritos do jogo e a história particular ou existência do local. As escolas, acampamentos, retiros e quaisquer outras instituições que tenham história também exibem santuários que expressam a continuidade do empreendimento. Sempre que visito um desses locais, impressiona-me o modo como os arranjos de objetos veiculam a crônica cultural do grupo: pessoas, datas e acontecimentos especiais aparecem como outros tantos símbolos da presença da comunidade. Sinto-me atraído por velhas fotografias de equipes esportivas, diretorias de empresas, presidentes de clubes, diretores de escolas e membros honorários de organizações.

Minha filha fez um trabalho de férias num acampamento dos Montes Apalaches, no Maine, onde impera uma tradição de jovens atuando "em equipe". Na cabine ocupada por quatro ou cinco membros, as paredes de madeira estavam cobertas de lembranças e desenhos de anos anteriores. O grupo de minha filha também marcou presença logo ao início do verão, deixando suas inscrições nas paredes. A menção do ano, de seus nomes e características pessoais ligou-os à tradição do acampamento. Aquelas paredes eram santuários erguidos ao exuberante espírito da adolescência e davam aos jovens distanciados de casa a sensação de uma nova família, comunidade e continuidade.

Os "santuários locais" tendem a encerrar espíritos íntimos. Um menino das vizinhanças morreu atropelado no ano passado. Isso aconteceu numa ponte sobre o rio, e dias depois alguns amigos colocaram uma cruz e guirlandas de flores num poste próximo ao local do acidente. Agora os carros, quando passam, costumam buzinar. Desse ato brotou uma reação em cadeia centrada na perpetuação de sua memória. O lugar e os objetos ali deixados passaram a concentrar os sentimentos de toda uma comunidade.

Os altares domésticos a Elvis Presley, tão comuns hoje em dia, são fascinantes porque atravessam as fronteiras convencionais entre o sagrado e o profano. Seu perfil é atraente: eles mostram quão imprevisível pode ser o apego espiritual da psique coletiva. Os santuários de Elvis são expressões do eterno anseio pela alma perdida, a era perdida que ele representava, a recordação que a morte inspira. A imagem e a música de Elvis despertam em mim a nostalgia, experiência que compartilho com uma geração inteira. Ele é a conexão entre as nossas almas individuais e a alma coletiva.

Intrigam-me os altares consagrados a figuras universais, desde que construídos de modo pessoal e idiossincrático. Se um santuário da Virgem combina objetos convencionais com ítens bastante pessoais, é provável que me atraia. Não existe distância entre Deus, os santos e o lar. Esses santuários colocam os aspectos mais particulares da vida em contato com as figuras arquetípicas e explicam-me de que modo seu construtor imagina a presença do divino nos atos mais corriqueiros do dia-a-dia.

Os altares domésticos erguidos por mulheres sicilianas e portuguesas aqui na cidade de Gloucester, Massachusetts, traduzem esse senso de individuação. Percebo a mão do construtor na obra. Imagens de Jesus e da Virgem misturam-se a fotografias de parentes falecidos e objetos a eles associados. Essas exposições personificadas exprimem uma ligação com pessoas reais e com a terra, que não transparece nos altares compostos apenas de produtos manufaturados. Os santuários nascem diretamente da vida material da família, da casa e da região, embora ao mesmo tempo encerrem as qualidades arquetípicas do altar doméstico.

Meus espíritos se comovem com os aspectos sutis e velados dos santuários em que a linha divisória entre o sagrado e o profano não é nítida. O altar convencional faz distinções claras entre as coisas divinas e as corriqueiras, ao passo que, para mim, a casa de uma pessoa constitui o mais sagrado dos templos. Minhas mais de trinta visitas à Terra Santa, que adoro e respeito juntamente com todas as suas tradições religiosas, confirmam esse senso instintivo. Não posso dizer que o Santo Sepulcro seja mais sagrado para mim do que minha sala ou os compartimentos da prefeitura de Gloucester, que guardam recordações de vidas passadas e da divindade que permeia, sem gradações, todas as coisas. O que mais respeito são as coisas comuns vistas de perspectivas inusitadas. A impossibilidade de isolar o sagrado do profano constitui a base da minha visão do anjo terrestre e dos altares domésticos.

Christopher Cook é um artista que também trabalhou como diretor de museu. No começo de década de 1970, ele reuniu num só campo todos os seus interesses, administrando o Instituto de Arte Contemporânea de Boston, qual verdadeira obra de arte, e promovendo uma mostra em resultado dessa experiência. Na mostra está exposta a sua escrivaninha, bem como muitos lápis, memorandos, cartas e uma pilha de artefatos documentais que incluíam fotografias e videoteipes.

Para mim, sua criação mais comovente foi uma instalação intitulada "Pescando Arte". Como acontece com a barreira entre administração e criação artística, a mente literalista distingue nitidamente entre arte e pescaria. No trabalho de Christopher, porém, as duas estavam juntas. Ele recriou, num dos espaços da galeria, o recinto de sua própria casa onde mantinha sua parafernália de pesca. Acrescentou outras coisas como pinturas referentes ao tema e bonitos arranjos de iscas e anzóis. O ambiente mostrava como as divisões são criadas, na vida, pelas atitudes herdadas. Elas podem, no entanto, ser eliminadas assumindo-se uma perspectiva nova como a de Christopher Cook, para quem a arte não precisa ser isolada da pesca, do trabalho ou de qualquer outra atividade.

"Pescando Arte" reproduzia intencionalmente um espaço que foi tomando corpo ao longo da existência de uma pessoa, graças a um acúmulo de ações. Revelou-me que criamos as nossas obras mais significativas *em conjunto* com o ambiente. As cidades e as culturas crescem de modo parecido.

Meu senso criador opõe-se à iconoclastia que permeia as noções convencionais de arte e religião. A imagem sagrada está em toda parte e não apenas naqueles lugares e coisas entronizados pela cultura institucional. Como artista, sei que o espírito criador atua através de mim. Não posso barrar sua influência, e ele está tão presente para mim numa mostra de apetrechos de pesca quanto num altar.

Quando pinto, o processo pode ser comparado ao da pintura de ícones. Meu estúdio é um *temenos* reservado unicamente à criação. Não tem outra finalidade. Esse exclusivismo de função leva-me a concluir que em geral não vislumbramos o sagrado como presença sutil nas coisas de finalidades mais práticas, como por exemplo o arranjo de um tampo de penteadeira. A idéia do anjo terrestre ajuda-me a perceber os aspectos espirituais de cada objeto material. O estúdio é um santuário e as coisas ali contidas lembram talismãs ou amuletos que espalham o espírito criador por outros lugares.

Quando digo que a minha pintura é um santuário, pretendo evocar a sua existência como uma reunião de espíritos. O modo como apresentamos os quadros e as palavras que usamos para descrever objetos afetam significativamente nossa fruição deles. Lembro-me de Mark Rothko refletindo sobre as qualidades espirituais de suas paisagens coloridas e dizendo: "Não são pinturas."

Costumo empregar palavras sagradas a fim de acentuar as qualidades espirituais de imagens e coisas. Minha linguagem amplia os movimentos da alma em vez de limitá-los. Se tenciono restaurar os ícones do lugar-comum, tenho de tomar liberdades com a linguagem. Quando utilizo o termo *santuário*, levo em consideração seu sentido essencial — um lugar santificado pela presença de objetos venerados — e contemplo o espectro total da vida a partir desse ponto de vista. A idéia de santuário não tem fronteiras: transmite-se, em toda parte, a tudo o que contemplo por intermédio dela. O ato de edificar santuários constitui a expressão de um propósito arquetípico ou divino que é tão importante quanto os santuários em si.

As características físicas das imagens são concentrações de energias e espíritos, um campo de forças. Para mim, a pintura é como um ícone, que defino como uma imagem sagrada. A santidade é uma qualidade da coisa em si, não o resultado de sua referência a algo mais. Não adoro a imagem como divindade; entretanto, suas qualidades espirituais me ajudam a valorizar a presença do divino em tudo o que existe. Para mim não há objetos mais sagrados que outros, mas reconheço que, como em nossos relacionamentos pessoais, apegamo-nos a uns de preferência a outros.

Minha ênfase na disseminação do espírito criador por todos os aspectos da vida induziu-me a uma espécie de "trabalho anímico" no qual oriento grupos interessados nessa questão. Passamos de dois a cinco dias num local retirado cuja atmosfera se transforma, toda ela, num *temenos*. As pessoas conseguem perceber a chegada dos espíritos quando a comunidade se empenha nisso.

Praticamos pintura e outras artes plásticas, respondendo a elas por intermédio da meditação silenciosa, da reflexão poética e do diálogo imaginativo. A arte performática tornou-se um dos elementos mais importantes de nossos cursos, talvez pelo modo como veicula os arquétipos do ritual grupal. Quando o corpo e o espaço físico constituem os veículos de expressão, mesmo os tipos mais terra-a-terra mergulham em sentimentos sagrados e numa presença ritual. Se coloco um objeto no palco designado para espaço da ação, ele se torna partícipe do evento. A experiência me diz que a criação de um espaço sagrado e sua manutenção como santuário são atos que energizam qualquer pessoa ou coisa que o penetram. A energia é o principal. O objeto entronizado parece receber sua força do local venerado, ao mesmo tempo que contribui para sua aura sagrada.

Em recente representação, três mulheres dependuraram seus quadros e alguns artefatos no palco. Pediu-se ao público que entrasse no teatro e se assentasse antes de. a ação começar. Costumo pedir à platéia que pare para refletir em silêncio, para fazer cessar a tagarelice antes do início da representação. Mas nessa vez eles se calaram prontamente à vista das imagens no palco. Assim, a primeira fase do espetáculo ficou inteiramente a cargo dos objetos expostos.

Os objetos, aliás, às vezes parecem mais expressivos do que o corpo na criação do ambiente teatral e no modo como atuam sobre o público. E quando os atores entram em cena, também se deixam imbuir dos espíritos ali presentes. Eles podem até escolher de antemão, cuidadosamente, o que vão usar no palco; mas, uma vez iniciada a ação, tornam-se agentes dos espíritos do momento, que sempre os motivam de forma inesperada.

Se a determinação do espaço cênico por parte do grupo implanta um sentimento de santidade de maneira tão clara, parece que a preparação de lugares especiais em nossas casas também pode ajudar a estabelecer a presença do sagrado. Sandy, amiga de minha mulher, dispõe os objetos de sua casa à moda de "exposições" estéticas. É professora primária e introduz o mesmo tipo de atividade em suas aulas. Mulher religiosa, não associa entretanto seus "arranjos" com as disciplinas sagradas, como eu faço. Como acontece a muitas outras pessoas, para ela a religião tem seu âmbito próprio, ao passo que eu insisto em juntar ambos.

Segundo minha definição, Sandy é uma inveterada construtora de santuários. Ela tem seu ponto de vista a respeito dessa atividade e eu tenho as minhas interpretações, mas, como diz Martin Heidegger, "O conceito do fenômeno é apreendido, de início, como aquilo que se mostra em si mesmo."[3] A coisa se manifesta tanto para Sandy quanto para mim, e um e outro temos opiniões diferentes sobre ela.

Há um aparador entre a cozinha e a sala de estar de Sandy, todo atulhado de objetos que representam ligações pessoais. O "arranjo" não é nem um pouco funcional ou utilitário — traço que constitui um de meus critérios para chamar algo de "santuário". Aquelas coisas estão ali para serem vistas a toda hora, ao passo que os objetos práticos são guardados fora das vistas.

Pedi a Sandy para me contar o que faz com o aparador.

Ela explica: "Ponho nele coisas para as quais gosto de olhar, coisas que acho interessantes. Gosto do azul-cobalto; por isso coleciono objetos de vidro dessa cor. Eles absorvem a luz e eu fico a observar como os raios os atravessam. Tenho um azulejo antigo, que alguém descobriu no meu sótão. Se um amigo me manda um bonito cartão postal, guardo-o. Tenho também uma verdadeira galeria de fotografias de crianças, filhas de amigos e não apenas minhas. As imagens delas são visualmente agradáveis e me ligam às suas famílias. Passo, olho-as e digo para mim mesma: 'Como são lindas! Faz algum tempo que não as vejo. Vou telefonar.' Tenho ainda um par de candelabros translúcidos. Descobri-os numa loja de antiguidades e mencionei o fato a um amigo, que os comprou para mim. Insisto em dispor todas essas coisas num lugar onde possa vê-las em conjunto."

Pergunto: "Como essa mostra tomou forma?"

"Comecei com uns poucos objetos de estimação", responde ela, "e, como sempre acontece, a bagunça se instalou. Não foi nada intencional. Cada vez mais coisas iam aparecendo. Numa fotografia tirada há cinco anos, o aparador aparece quase vazio, com apenas dois objetos. O primeiro foi um menorá de bronze com a figura de uma estola de prece e uma passagem do Novo Testamento atada a ela."

"Interessante", pondero eu. "Mas por que a mostra, *que não é um altar*, começou com objetos sagrados? O primeiro objeto encerra tradições religiosas. Há um propósito claro nesse acúmulo aparentemente casual."

"Faço questão de lugares cuidadosa e esteticamente arrumados", explica Sandy.

"Somos influenciados pelas qualidades desses lugares", digo.

"Tenho uma amiga joalheira que costuma fazer mostruários organizadíssimos de suas peças, mas sua casa é um pandemônio de coisas jogadas por toda parte."

"O caos equilibra a psique dela tanto quanto a ordem", opino. "Ela talvez precise de ambas as coisas. Pode ser que prefira o caos, já que povoa com ele seu espaço privado. Minha filha, cujo quarto nunca está bem arrumado, diz que o modo como guarda suas bugigangas é um modo pessoal, e ela capta um sentimento de ordem complexa naquilo que para mim parece confuso. Tenho um primo em cuja casa as coisas se amontoam por todos os lados. Esse local me impressiona porque, na verdade, minha tendência é para a extremidade ordeira do espectro. A casa dele me parece tão estranha quanto uma exposição de arte. Desafia o que eu entendo por espaço."

"É exatamente assim que me sinto na casa de minha amiga", declara Sandy. "O ambiente dela me faz pensar em como somos diferentes. Ela não precisa de ordem em casa, como eu. Não consigo viver e trabalhar num local que não me estimula e não me oferece ao mesmo tempo áreas de harmonia. Como professora, crio um ambiente onde se podem sentir diferentes energias. Também na escola monto exposições. Disponho sobre a mesa objetos relacionados com a aula. Acho importante dispor as coisas em níveis diferentes de importância. Fico maluca quando alguém coloca um livro, um clipe ou uma régua onde não deveria. Não digo nada, mas discretamente removo o objeto intruso para outro local. Detesto ver a exposição interrompida. Ela foi montada segundo um propósito. Se as crianças mexem nela e modificam o arranjo, tudo bem. Podem também trazer coisas de casa. Mas com objetos estranhos é diferente."

"A integridade do local não é respeitada", declaro.

"Enquanto falamos", continua Sandy, "começo a perceber o quanto significa isso na minha vida. Jamais pensei no assunto antes. Tenho exposições no meu quarto. A penteadeira tem o arranjo que me agrada, com vidros de remédios e grampos misturados com fotografias. Gosto de efeitos visuais pela casa toda."

"Será uma necessidade puramente sensual ou um comportamento arcaico que leva os seres humanos a desejar a companhia das coisas? Pode ser as duas coisas e muito mais."

"Por isso as casas têm aparadores", replica Sandy. "Mesmo as pessoas que não montam exposições costumam colocar objetos sobre o aparador da lareira. Em toda casa há espaço para isso."

"E há também o estilo minimalista japonês", acrescento, "onde a ausência de coisas é um dado. O espaço mostra-se aberto e despojado. Mas quando as coisas penetram no recinto, como os objetos da cerimônia do chá, o espaço lhes dá toda a atenção. O recinto pode parecer vazio, mas está cheio de energias prontas para serem captadas. Não digo que um arranjo é melhor que outro. Muitos são os estilos e cada qual contém espíritos correspondentes à sua estrutura."

Sandy diz: "Tenho de criar espaços de beleza em casa e no ambiente de trabalho. Eles podem ser tranqüilos ou dotados de muita energia. Quando pouso o olhar numa mesa, não quero ver um monte de frascos de pílulas."

"A própria beleza é um espírito", atalho eu.

"Preciso dela na minha vida", continua Sandy. "Por isso crio espaços que a fornecem para mim."

O método de Sandy, ao fazer arranjos, consiste em escolher deliberadamente determinados locais, ao passo que eu não sou tão intencional nas minhas criações. Não faço distinções claras entre espaços sagrados e profanos, e procuro vislumbrar espíritos por toda parte. Se alguém me perguntasse onde erijo santuários em casa ou no escritório, seria para mim difícil identificar áreas específicas, porque considero todo o meu ambiente um santuário dotado de diferentes aspectos.

Perguntei à minha filha Kelsey se, dentro da nossa casa, ela acha certos lugares mais sagrados que outros.

"Meu quarto", respondeu ela. "Todas as minhas coisas estão concentradas num único local."

Isso me lembra que as crianças não podem conservar suas bugigangas onde bem entenderem. Se começam a acumulá-las na sala ou na cozinha, os pais logo lhes pedem que levem aquela bagunça para o quarto. Portanto, a montagem de santuários tem algo a ver com os lugares que podemos controlar e que preservarão intactas as nossas coisas.

Perguntei a Kelsey:

"E no seu quarto, há áreas mais sagradas que outras?"

"Minha penteadeira. Tenho também um estojo de vime onde guardo todas as minhas cartas e miudezas que as pessoas me dão: de bilhetes a bichinhos de porcelana, de exemplares da revista literária do colégio a um distintivo que ganhei numa feira, quando tinha oito anos."

"Para você existem áreas que não são especiais?"

"A escrivaninha. Preciso mantê-la desimpedida para poder trabalhar. E nunca coloco nada sobre o criado-mudo."

"Então o sagrado tem a ver com os locais onde você guarda objetos?", pergunto.

"Sim, porque os lugares que conservam mais lembranças é que são os mais importantes."

"Então você tem mesmo lugares especiais!"

"Mas não é nada consciente. Vou juntando coisas, não sei como. A mãe me deu um bracelete de contas na Páscoa e, quando fui guardá-lo no quarto, coloquei-o automaticamente numa das três gavetas da penteadeira, junto com outras bijuterias que ganhara. Outra gaveta contém jóias que eu mesma comprei e, na terceira, só coloco presentes de amigos. Mas nunca arrumei intencionalmente as gavetas dessa forma. Mesmo dentro do estojo, algumas áreas são mais sagradas que outras."

"Você faz também esses arranjos quando viaja?"

"Quando entro num quarto de hotel, minha primeira providência é desfazer as malas. Algumas pessoas 'enrolam', mas eu não: ponho os sapatos no armário, os livros na mesinha. Procuro reproduzir a disposição de minha casa. Sempre reservo um espaço — uma penteadeira ou uma mesa de cabeceira — para as coisas importantes. Tudo começa com uma escova e algumas jóias, mas quando vou embora lá estão cartões postais, canhotos de entradas de museus, rolos de filmes, presentes, mapas. Esses objetos me fazem sentir ligada a um espaço que antes não passava de um quarto onde milhares de pessoas haviam dormido. Mas enquanto estou alojada nele, transformo-o com umas poucas coisas que o tornam mais pessoal. Durmo melhor quando estou familiarizada com o ambiente."

"Você está falando de espíritos familiares", sugiro eu.

"Exatamente. Quando estou na casa de uma amiga, sinto-me ligada ao lugar porque conheço todas as coisas que ela coleciona e sei por que são importantes para ela. Isso me afeta fisicamente quando estou ali. Sinto-me à vontade. No entanto, se vou ao quarto da irmã dessa amiga, não me sento em sua cama, não folheio álbuns de fotografias nem vasculho suas gavetas. Apenas me sento numa poltrona e fico observando, pois do contrário estaria me metendo no espaço dela. É como dormir. Nunca durmo bem em lugares estranhos. Tenho examinado as pessoas que vêm à nossa casa pela primeira vez: ficam hesitantes, silenciosas, estacam à porta. Trata-se de uma combinação de coisas: elas não conhecem o ambiente e nós o conhecemos muito bem."

"É verdade que as coisas e lugares emitem vibrações?"

"Sem dúvida", replica Kelsey. "As coisas carregam sentimentos e não apenas lembranças. Quando estou cercada de objetos familiares, sinto-me mais segura e descontraída. Nunca pensei nesse assunto antes; nunca notei que eu arranjava meus pertences de um modo especial. Eu sabia que certas coisas tinham significado para mim, mas nunca reparei que as organizava tão religiosamente."

Conversei com meu amigo Truman Nelson, autor de romances históricos, e ele me falou a respeito da santidade dos lugares e de como sente seu lar como um santuário. Afirmou que a casa palpita como seu próprio corpo, com movimentos circulatórios distintos que partem da cozinha (estômago) para a biblioteca (cérebro), o quarto (sono e sonhos) e a sala de estar (entretenimento).

Disse ele: "Vivo assumindo riscos o tempo todo, mas minha casa envolve minhas vulnerabilidades como uma pele protetora. Posso refugiar-me nela como a tartaruga no casco. Preciso manter a vulnerabilidade para continuar sensível e criativo, sem me sentir ameaçado. Essa noção de santuário é o que os lugares representam para mim. O caráter do lugar tem de ser preservado tal qual o corpo e a consciência."

"Você tem um lugar especial?", pergunto.

"Sim", responde ele, "a biblioteca. Ela guarda a totalidade dos meus interesses. Os títulos são uma paisagem. Quando me sento ali e passeio os olhos pelos sermões de Theodore Parker, colho reverberações dele. A mesma coisa acontece com as obras dos Transcendentalistas. Disponho meus livros cronologicamente. Minha vida intelectual começa na Revolução Inglesa de 1640, no canto esquerdo, e avança para a direita até a Revolução Americana, os Transcendentalistas, o movimento antiescravagista e, daí, para os tempos atuais. Quando me afundo na poltrona, um olhar casual percorre o acervo todo e me dá uma sensação de continuidade, como as pinturas rupestres. Preciso de pontos de referência.

"No entanto, meu conceito de lugar não se restringe a um espaço único. Para que esse conceito seja completo, necessito de mais de um recinto. Tem de haver uma paisagem ampla e uma noção de coerência. A cidade americana precisa abrir-se para os campos e não para um anel de *shopping centers.*"

"A alma", digo eu, "corresponde à sua paisagem."

"A dissolução de uma correta noção de lugar provoca a esquizofrenia. Há uma paisagem mental que precisa ser alimentada pela paisagem real."

Nós absorvemos os espíritos dos locais que habitamos e nossa alma corresponde às coisas que ela percebe. Entretanto, as tentativas políticas de construir um mundo perfeito, à imagem e semelhança de uma determinada visão moral, têm uma história triste, porque as necessidades individuais variam muito. Um caminho mais produtivo seria atentar para as necessidades básicas da alma em toda a sua complexidade e diferenciação. Se nos tornarmos mais conscientes dos espíritos sutis que orientam a vida humana, uma reconstrução deliberada do mundo talvez nem se imponha, pois poderemos vê-la operar-se por si mesma independentemente da nossa intenção. A cada instante o mundo nos convida a colaborar com ele na modelagem da vida.

O processo de construção de santuários para preservar e entronizar experiências vitais, conforme foi ilustrado pelas palavras de Truman, de Kelsey e de Sandy, é um antigo modo de cultivo da alma. As reflexões dessas pessoas mostram como, instintivamente, entronizamos os nossos ambientes pessoais, marcando assim a nossa presença e os nossos sentimentos. Da mesma forma, em escala mais ampla, o mundo a si mesmo se constrói.

Os santuários pessoais evocam os nossos ambientes e nos fazem sentir ligados a eles, mas também funcionam como companheiros, como anjos da terra. Nesta era psicológica, é espantoso que essa esfera criativa da expressão anímica tenha passado despercebida. Temos nos ocupado tanto de nós mesmos e de nossos relacionamentos que passamos por alto uma parte substancial de nosso ser: as interações íntimas com as coisas. As próprias aparições angélicas se dão sempre sob forma humana, segundo se diz.

Nós consideramos os objetos como inanimados, destituídos de alma, e no entanto repelimos o materialismo como algo imoral enquanto o fascínio da alma pelas coisas continua a modelar o mundo! Quando nossa visão do sagrado deixar de abarcar exclusivamente a salvação das almas individuais e compreender que somos inseparáveis do ambiente material, reaparecerão os anjos, que são os espíritos das coisas. Sublinho a idéia de renovação porque nossos ancestrais compreendiam essas verdades. A alma ficou perdida por algum tempo, o que condiz com a sua natureza, que exige uma separação provisória capaz de alimentar o desejo de um retorno e de uma cooperação mais completa.

A alma sempre *se salva* e preserva sua vitalidade. Não importa o que se pensa sobre a presença de espíritos nas coisas, crença que discorda das doutrinas do racionalismo científico; o fato é que o ritual dos santuários sobrevivem em praticamente todos os lares. A despeito das nossas intenções, a vida da alma perdura.

COISAS A FAZER

• Sente-se em qualquer parte de sua casa e observe a aparência do recinto, os móveis, os utensílios, as paredes, o teto, o piso, as portas e janelas. Perceba como eles interagem entre si.

• Mude alguma coisa de lugar e repare na diferença provocada no espaço.

• Apanhe um objeto e tente "ouvi-lo" por três a cinco minutos. Que lhe diz ele de si próprio na língua de sua forma e substância?

• Passe para outro objeto próximo e repita a experiência. Você percebe como são radicalmente diferentes as expressões num espaço onde jamais suporíamos que houvesse personalidades tão diversas? À medida que vamos nos tornando conscientes desses pormenores, harmonizamo-nos mais com a ecologia dos ambientes maiores.

• Contemple as coisas que existem nos aposentos da sua casa como se você fosse um ávido observador de pássaros. Encontre novas espécies. Use um binóculo pequeno para enxergar melhor quando estiver distante. Localize objetos em que nunca reparou antes. De que modo essas descobertas afetam seus sentimentos em relação ao espaço?

• Caminhe pela casa e à volta dela. Procure não planejar nada. Não selecione objetos para observação. Deixe que eles mesmos se imponham à sua atenção. Repare bem nos detalhes de sua percepção e no modo como as coisas se ligam a você.

Saí para o jardim e contemplei uma trepadeira em flor enroscando-se na gelosia que eu mesmo instalei. Eu nunca tivera tempo para ir além da primeira impressão da planta. Esmiucei os espaços e as sombras entre as flores, folhas e hastes, com a sensação de profundidade que sobrevém quando deixamos de reparar nas superfícies e passamos a considerar os espaços como objeto de reflexão. Do mesmo modo analisei outras plantas e arbustos, sempre insinuando o olhar por seus espaços. Fiquei espantado por descobrir tantos aspectos novos em coisas conhecidas.

• Apanhe um objeto simples: um copo, um sapato, uma colher, qualquer coisa que chame a sua atenção. Examine cuidadosamente sua cor, forma e brilho. Imagine-se pintando esse objeto. Note como ele é influenciado pelo ambiente. Transfira agora a atenção para a superfície onde ele está pousado — assoalho, tapete, mesa.

De que modo esse objeto se apresenta a você?

Imagine outra pessoa refletindo sobre ele. De que modo ele se apresentaria a essa pessoa?

Imagine o objeto em outro país ou em outra época. Como ele se apresentaria?

Imagine o objeto diante de um grupo de artistas malditos. Deixe que ele diga coisas espantosas a respeito de si próprio.

Agora contemple o objeto em seu relacionamento com pessoas conservadoras.

Terá ele um espírito ou personalidade que permanece constante ao longo de todas as situações, ou essa personalidade se modifica em conformidade com o contato estabelecido? A percepção que você teve das qualidades físicas do objeto mudou de acordo com o espírito das diferentes situações?

• Prosseguindo na reflexão sobre o objeto, passe a considerá-lo como uma entidade sem nenhuma função. Não pense sequer em sua composição física: pense nele como mera presença.

Que mudança o espírito dele sofreu?

E os seus sentimentos, mudaram com esse ponto de vista?

Você é capaz de imaginar o espírito do objeto existindo independentemente do arcabouço físico?

• Sente-se na poltrona do vovô e imagine o seu avô sentado lá. Como se sentia ele?

A poltrona ainda guarda ecos da voz dele?

Coloque o colar de sua avó e imagine-o em torno do pescoço dela. Ele lhe lembra as conversas dela, o ritmo de sua respiração, o perfume, a música que ela dançava, o calor das velas sobre o piano enquanto ela tocava?

• Tire do armário os seus álbuns e velhas fotografias de família.

Olhe para essas imagens como se fossem ícones. Suponha que a alma seja um material fotossensível apto a captar os raios de luz e as auras das coisas. Selecione uma série de fotografias especiais para você e separe-as como se fossem as coisas mais sagradas em sua vida.

• Caminhe demoradamente pela casa, apartamento ou quarto. Olhe suas coisas e seu espaço como se estivesse visitando um museu ou templo. Certas áreas são mais sagradas que outras?

• Se existirem locais de relativa sacralidade em sua casa, permaneça algum tempo em um deles. Ele está arranjado como um altar? Os objetos estão à vista ou escondidos?

• As fotografias constituem hoje o material universalmente preferido para a montagem de altares domésticos. Observe como elas são exibidas na sua casa e analise a localização de algumas delas. Estão elas em seus devidos lugares? De que modo afetam o ambiente e você mesmo quando você olha para elas? São sempre fotografias de pessoas? Existem imagens de lugares e coisas que você aprecia? Se não houver, considere a possibilidade de montar um pequeno altar com algumas fotografias desse tipo, para descobrir de que forma elas afetarão os seus sentimentos e o seu ambiente.

• Vá até um lugar dos menos sagrados. Por que você o vê dessa maneira?

Tente modificar sua atitude para com esse lugar e dote-o de profunda santidade. Que espíritos ele transmite agora a você?

Imagine que o lugar esteja imaginando você. Como se sente ele em relação à sua pessoa? Está apreciando a mudança de sua atitude para com ele?

• Sinta sua dependência em relação às coisas do ambiente que o cerca: o carro, a geladeira, a máquina de lavar, os sapatos, a escova de dentes, os copos, o assoalho da casa, a cama, as janelas. Reflita no que cada uma dessas coisas faz por você no dia-a-dia.

• Haverá, na sua casa ou comunidade, um lugar que o aborreça? Vá até lá e deixe que ele se apresente a você. Examine-o como pura forma, cor, luz, sombra, composição estética de elementos. Note como qualquer alteração eliminará o espírito específico do lugar. Ponha de lado o desgosto e observe como a estrutura dele o impressiona.

• Você consegue se lembrar do ambiente de trabalho de seus pais? Até onde você é capaz de recuar no tempo? Que objetos lhe acodem à memória? Que roupas seus pais usavam? Que fazia você no ambiente de trabalho deles?

• Você se lembra da cama de seus pais e da colcha que a cobria?

Que havia nas paredes, nas janelas, no assoalho? Você tinha preferência por algum objeto no quarto deles? Existia nesse quarto um cantinho que o atraía mais que os outros? Você entrava sempre no quarto deles quando estava sozinho?

• Imagine-se de mudança. Que coisas levaria e que coisas deixaria para trás? Que objetos, além dos imprescindíveis, você desencaixotaria ao chegar na nova residência?

• Ouça os ritmos do seu ambiente. Esta manhã, durante o café, passei inconscientemente a marcar com batidas de mãos e pés os giros da lavadora. Minha esposa e nossa filha de quatro anos aderiram à brincadeira e me despertaram para o que eu estava fazendo. Improvisações vocais logo se acrescentaram, e fizemos uma batucada em diálogo com os diferentes ciclos da máquina. Relógios e lava-louças são outras fontes de ritmo que nos convidam a juntar-nos à sua expressão.

• Confeccione caixinhas para guardar miudezas ligadas a pessoas ou lugares de que você gosta. Reserve espaços nas prateleiras para expor coisas que conservem os espíritos de locais ou de entes queridos. Só o que você tem a fazer é preparar o espaço, pois com o tempo as coisas vão se acumulando ali. Faço pequenas coleções nas áreas onde trabalho ou sobre a mesinha de cabeceira — postais com imagens estimulantes, enviados por amigos, cartas especiais, quinquilharias, um desenho de criança. Você pode montar exposições relativamente permanentes, fazer arranjos provisórios ou combinar ambas as coisas. Se examinar bem os objetos, eles próprios lhe indicarão seu lugar adequado. O que mais importa é a qualidade da atenção que você lhes dispensa e a disposição para um relacionamento cada vez mais intenso.

3

O Espírito Criativo

O mundo inteiro se transformou para mim, tornando-se uma coisa viva e celestial, de excelsos gozos e tormentos.

— Edith Sitwell

Os Anjos Emanam de Todas as Coisas...

Fomos acostumados a pensar que as pessoas é que instilam vida nas coisas por meio de suas percepções. Não apenas o mundo dos objetos, mas também a própria natureza sofre com a crença de que só o homem tem alma. Quando percebemos que todas as coisas têm alma e integram o processo de criação, a construção da vida se torna um complexo de ecologia participativa, e não apenas a ação de uma pessoa isolada.

Embora o modo pelo qual olhamos determinada coisa influencie sua expressividade e significado pessoal, os objetos por si mesmos são expressivos. Quando vejo um tronco de madeira incandescente, isso não quer dizer que a condição dele expresse os meus sentimentos. A vitalidade dos troncos, pinturas, casas e ambientes existe independentemente das percepções humanas. Eles expõem sua natureza e projetam seus espíritos nas pessoas. Como cantou Homero na *Odisséia*, "a alma emana das coisas".

Os objetos transmitem energia, forças espirituais e bálsamo medicinal para os observadores suficientemente abertos. O mundo está cheio de remédios em potencial para quem aprende a ter acesso a eles.

Quando paramos de achar que os anjos são espectros e passamos a vê-los como a forma pela qual os objetos apresentam a própria alma, esse envolvimento ativo do espectador se torna essencial para a comunhão. As noções populares sobre o relacionamento entre pessoas e anjos ensinam que as entidades espirituais surgem sem necessidade da participação humana. O homem é visto como um anfitrião passivo da visitação. Não admira, pois, que anjos e espíritos assim definidos sejam visitantes raros. Aqueles que nunca foram visitados por uma figura alada podem ver anjos por toda parte. O mundo está sempre ostentando qualidades espirituais por intermédio de seu ser físico. Para vê-las, precisamos olhar com mais atenção e imaginação.

Quando eu era estudante universitário, Rudolf Arnheim ajudoume a reconhecer que "a expressão está incrustada" nas estruturas formais. Tudo tem algo a dizer, um espírito a projetar. Ele demonstrou que "aquilo que impressiona os olhos transmite energia vital". Não somos nós que atribuímos vida a objetos criados e a imagens artísticas; ao contrário, a obra de arte exibe sua vida própria por meio de formas, cores e texturas. A ênfase de Arnheim no modo pelo qual os objetos se exprimem inspirou o meu conceito dos anjos da terra. Seus estudos sobre as coisas físicas condizem inteiramente com a crença de James Hillman de que nós nos ligamos à alma das imagens físicas graças a seus "dados sensoriais".[2]

Embora a qualidade de expressão de um objeto não seja determinada exclusivamente por aquilo que uma pessoa lhe atribui, o viço de uma pintura ou escultura é afetado pela capacidade, da parte do espectador, de contemplá-las e de responder à sua expressão. Arnheim explica que os antigos teóricos, inclusive Platão, consideravam a visão uma interação de fogos que brotavam dos olhos e "contrafogos que emanavam do objeto a perceber". A intensidade e acuidade dos fogos do nosso olhar afetam o alcance da nossa visão.

Em seus estudos sobre arte e percepção visual, Arnheim fala do "vetor" como "uma força disparada, qual uma seta, de um centro energético em determinada direção". Quando o ambiente está livre de restrições, os vetores voam para todos os lados "como raios projetando-se de uma fonte de luz"[3]. As teses de Arnheim sobre a física dos vetores correspondem por inteiro à minha concepção de como os objetos e as imagens imateriais transmitem energia psíquica. As pesquisas poéticas, religiosas e científicas não precisam ser separadas. Como disse o poeta Charles Olson, "A imagem, portanto, é vetor".[4] Imagens e coisas se exprimem.

Eu não estava muito familiarizado com a física dos vetores, por isso examinei a palavra e descobri que ela denota uma força ou influência; o latim *vector* significa "veículo". Relendo o livro do meu antigo professor, ele volta para esclarecer minha noção do anjo da terra como um veículo do espírito criador. A idéia do anjo empresta um sentido poético e sagrado às mensagens e expressões que estão constantemente sendo transmitidas no mundo físico.

A psicologia convencional insiste ainda em localizar os sentimentos e outros fenômenos psíquicos exclusivamente "no interior" da pessoa. Dá-se atenção ao que está dentro da pessoa e à "fixação" literal da química do corpo, ao passo que o agente de cura indígena prefere regular o campo físico no qual a pessoa vive. Se prestarmos atenção no modo como somos modelados pelas coisas físicas, lugares e eventos, a psicologia se transfere para o mundo físico. Artistas, naturalistas, historiadores e mesmo publicitários estão por aí há anos, mas a psicologia se aferra à noção de que a vida psíquica é um dom humano.

As idéias sobre energias que emanam das coisas prendem-se a tradições muito remotas. As antigas filosofias de correspondências ensinam que a reflexão a respeito do mundo exterior revela o que existe dentro de nós. A ação executada numa esfera influencia o que acontece na outra. Os predecessores das modernas idéias ecológicas, crenças holísticas e teorias morfogenéticas concebiam tudo no mundo como uma expressão de relações mútuas. Havia remédios na água, na terra e nas estrelas. Cabia aos curadores aprender a interpretar esses fenômenos para haurir seus benefícios. No início do século XVI, Paracelso, médico e filósofo suíço, dizia: "O médico deve partir das coisas externas, não do homem... Pelo exterior ele vê o interior."

As novas idéias sobre auras curativas são também reminiscências de antigas concepções. Os anjos são como auras emanadas de objetos. São impressões, qualidades distintas e a *Gestalt* expressiva da configuração total. A palavra *aura* deriva do termo latino para "brisa". Nesse sentido, as auras são "sopros" que se evolam das pessoas, coisas e lugares. A ênfase incide sobre o movimento, o estremecimento da alma quando as coisas a atravessam.

A aura é uma presença distinta, mas, por definição, é um "sopro invisível" que emana de uma coisa. Esse sentido poético da aura vem se perdendo à medida que cada vez mais se enfatiza a visão literal de luzes coloridas ao redor de pessoas e objetos. Esse conceito ignora a expressão das próprias coisas. Minha noção do anjo da terra começa com aquilo que qualquer um pode ver. Então, prestamos atenção nas qualidades que a coisa expressa, sua radiância, que estão disponíveis a quem quiser perceber uma presença mais completa e sutil dessa coisa. A aura é exatamente aquilo que se apresenta aos sentidos. E apresenta-se a quem quer que tenha a capacidade de observar minuciosamente a aparência da coisa da qual ela emana.

Tudo é uma fonte potencial de expressão, e a física confirma que o que existe num ambiente afeta de diferentes maneiras a atmosfera. Assim, quando examino as qualidades de uma substância, o que vejo estimula uma condição interior correspondente. Quando medito a respeito de um jardim, entro em contato com as diversas qualidades espirituais transmitidas por cada planta e pelo ambiente como um todo. Cada detalhe da minha percepção é uma fonte de expressão oferecendo seus dons particulares.

Não é precisamente isso que fazemos quando decoramos os espaços de nossa casa? Escolhemos quadros, objetos e cores em razão dos sentimentos que eles geram, das lembranças que evocam, das características calmantes ou estimulantes de sua expressão. A maneira pela qual os objetos se relacionam entre si é outra consideração importante na montagem de um ambiente. Algumas pessoas gostam de harmonia, uniformidade, suavidade. Outras preferem a diversidade, o contraste, a ousadia. Há também uma aura gerada pelo espaço total e o modo como as diferentes expressões dos objetos atuam umas sobre as outras e sobre as pessoas presentes.

O mesmo se aplica aos jardins de meditação. Zela-se pela maneira como as plantas se inter-relacionam, produzindo um efeito geral ou ambiente que é mais que a soma das suas partes. O jardineiro leva em conta os diferentes ciclos vitais das plantas a fim de preservar o colorido e a exuberância do conjunto. Alguns jardins são cuidadosamente desenhados para suscitar sentimentos de ordem e harmonia, ao passo que o estilo *cottage* oferece uma profusão de vegetação espontânea onde as plantas têm mais liberdade de organizar-se em padrões interativos.

Assim, quem ou o que se exprime em primeiro lugar quando contemplo um objeto ou planta? Voltemos à questão de saber se o que eu contemplo é um prolongamento de mim mesmo ou uma manifestação autônoma que me impressiona quando a percebo. Será que, como diz Homero, gestos e energias emanam das coisas?

No século I a. C., o filósofo e poeta romano Lucrécio afirmava que os objetos se exprimem lançando de si "imagens" através do ar. Ele falava sobre como os toldos de lona dos teatros irradiavam as cores de sua superfície. Cada coisa existente num determinado ambiente provoca algum impacto no campo energético.

Lucrécio tentou combater as superstições de seu tempo divulgando as doutrinas epicuristas num texto poético, *De Natura Rerum* ("Da Natureza"). As coisas são o que parecem aos sentidos; quanto mais nossas percepções se tornam aguçadas e criativas, mais conseguimos ver. A promiscuidade não estava nos planos da tradição epicurista. Eles advogavam uma educação dos sentidos, uma sensibilidade maior, uma fruição estética. A vitalidade era tida como a "conjunção" da mente e do corpo. Santo Agostinho, fazendo eco aos epicuristas, afirmou que a alma "percebe por meio dos sentidos".[5]

Meu sentimento em relação ao anjo lembra muito o de Lucrécio. Os espíritos, como dizia ele, "emanam incessantemente dos objetos e se projetam de sua superfície". Ele descreveu as "películas" invisíveis que esses objetos criam à guisa de imagens. Lucrécio antecipou a física moderna ao descrever o modo como as partículas luminosas reagem aos objetos, os quais "projetam múltiplas imagens" de sua superfície. Tudo está relacionado num universo em movimento. Na concepção de Lucrécio, as imagens estão "voejando por toda parte, extremamente finas na textura e individualmente invisíveis".[6] Uma percepção mais aguda das coisas físicas capta o vôo das imagens invisíveis descritas por Lucrécio. Ele apresentou a imaginação como a influência mútua entre essas imagens movediças, a qual resulta em outra imagem: por exemplo, um homem e um cavalo se fundem num centauro.[7] Ele não hesitaria, sem dúvida, em atribuir nossa visão contemporânea dos anjos a um amálgama semelhante de pássaro e ser humano. Dessa forma, Lucrécio, sustenta que os centauros são fruto da imaginação. Podemos presumir que ele diria a mesma coisa dos parentes angélicos deles.

Como e onde os anjos estão alojados é matéria de preferência pessoal, estilo e cultura. Algumas pessoas têm propensão a senti-los como forças dentro do corpo ou vibrações sonoras e cinéticas no espaço, que podem configurar-se em espíritos que tomam forma unicamente graças às qualidades específicas de suas relações com os indivíduos. O anjo, como o *daimon* grego, é um fluxo ou corrente de energia que se move dentro da pessoa, como os sentimentos. Tudo é uma questão de abordagem. Nossa sensibilidade biológica e estética tem papel muito maior na modelagem das figuras do reino angélico do que costumamos supor.

Depois de reconhecermos todos os fatores subjetivos da cultura, do gosto, da empatia e da criatividade, ainda defrontaremos com o problema de como *uma coisa se exprime para nós e como nós entramos em contato com ela.* Toda percepção, interior ou exterior, apresenta em si mesma uma vitalidade dinâmica que interage com a sensibilidade da pessoa que a experimenta: é a comunhão platônica dos fogos. O elemento daimônico constitui a qualidade de uma emoção que sentimos como alheia a nós mesmos. Nas palavras de Lucrécio, trata-se do espírito que "emana" de uma coisa. Imaginando os anjos, personificamos as expressões do mundo e aprofundamos nosso diálogo com elas. Talvez as árvores, os animais, as rochas, os ventos e as águas estejam fazendo o mesmo em relação a nós.

A prova positiva é alheia à experiência dos anjos. Insistir em que "ele estava realmente ali" na verdade nega a realidade do reino imaginário e limita suas contínuas criações. A fixação na "realidade" exterior de uma dada aparição é no fundo uma expressão de descrença, uma obsessão com determinada figura que bloqueia novos contatos, pois abandona o campo da imaginação. Será que importa realmente provar ou negar a existência dos espíritos? Isso não vai melhorar o nosso contato com eles. Estou certo de que os anjos não gostariam de renunciar ao mistério que constitui a própria base de seu ser. Eles zombam dos esforços insensatos para "provar" sua existência como uma "realidade exterior" que pode ser, ela própria, uma expressão da imaginação. A preservação dos anjos cria santuários nos quais a imaginação pode florescer e mandar seu lenitivo de volta para o mundo.

A capacidade de manter contato com os anjos não é um dom especial ou um poder parapsíquico, e há muitas maneiras de chegar até eles.

Para certas pessoas, é impossível "ver" anjos, já que eles só podem ser imaginados e contatados nos recessos da alma. Eles são acessíveis apenas pela meditação, pelo devaneio e pelas imagens de nosso mundo interior. Assim, por sua própria natureza, eles permanecem invisíveis à experiência sensorial "direta". Mostram-se unicamente graças à faculdade sutil da imaginação. Os puristas acham que essas imagens interiores ou fantasiosas, que gozam de uma longa e objetiva tradição na psique universal, nada têm a ver com a percepção de objetos.

Quanto a mim, não vejo razão para operar uma dicotomia rigorosa. Os espíritos invisíveis e as coisas do mundo precisam uns dos outros. São parceiros obrigatórios. A percepção e a imaginação colaboram em todo ato criativo.

Também há quem considere os anjos como qualidades tangíveis que são sentidas como espíritos: o entusiasmo de alguém, a docilidade de um animal, a curva graciosa de uma colina, o murmúrio de um regato, a massa de um rochedo, a umidade do musgo, a força do vento, o ímpeto das marés, o golpe perfeito, o salto recorde. Máquinas, edifícios, móveis e objetos de arte também têm características que podem ser imaginadas como anjos. Esse modo de ver o mundo é estético e em nada se opõe à ciência. Os anjos apenas oferecem uma nova forma de imaginar o mundo material.

Nas diferentes tradições universais da angelologia, os próprios pensamentos são considerados anjos. Mestre Eckhart (*Sermões*) disse: "Uma idéia de Deus: eis tudo o que um anjo é." Mary Baker Eddy (*Science and Health with Key to the Scriptures*) escreveu que os anjos são "pensamentos de Deus enviados aos homens". As idéias são anjos que orientam nossas vidas e prodigalizam alívio poético.

Minha filha de quatro anos me disse: "Eu sei como os anjos nascem."

"Como?", perguntei.

"Quando a pessoa morre, ela vira anjo", explicou ela.

Repliquei: "Sim, concordo com você. Entretanto, sinto também os espíritos das pessoas vivas e das coisas."

A maneira angélica de ver o mundo sustenta que nós, homens, não estamos aqui sozinhos. Todo ambiente pulula de vida, fora do alcance da mente raciocinante e suas descobertas. Todavia, eu não vejo anjos no sentido literal e, pelo que sei, não possuo poderes sobrenaturais, apenas os recursos de uma imaginação comum.

Poetas e artistas ajudaram a manter vivos os anjos na cultura do Ocidente numa época em que a imaginação caíra ao nível da "fantasia irreal". Eles floresceram também no folclore: fadas dos campos, bosques e jardins; espíritos do céu e do mar; inteligências celestes; e em inúmeras superstições. Estão sempre presentes e acessíveis, mas nós olhamos na direção errada e perdemos os seus dons. A crença de que os nossos sentidos propiciam somente imagens parciais de uma realidade bem mais vasta contribuiu para impedir que os anjos se apresentassem por intermédio das qualidades da vida física — acessíveis a todos, mas vistos por poucos. Ocupamo-nos tanto em adivinhar o que existe além do mundo que não enxergamos o que está diante dos nossos olhos.

Por que não supor que tudo se manifesta fisicamente, mas nem sempre é percebido? Nada é escamoteado. A tese de que as profundezas da vida estão ocultas não passa da projeção de uma perspectiva humana que destoa da generosa auto-expressão do mundo, a qual exige interpretações mais imaginativas.

Os anjos são figuras pessoais e sua aparência varia de acordo com a imaginação da qual eles brotam. Essa diversidade enriquece a ecologia angélica. Para uns, o anjo é um guardião invisível; para outros, um ente amado que faleceu, uma imagem onírica recorrente, um objeto inestimável. Os anjos podem ser pessoas, coisas ou imagens interiores com as quais alguém estabelece um relacionamento íntimo. A conexão com a figura angélica pode ser mantida por longo tempo ou não passar de um vislumbre momentâneo durante a meditação.

O olhar atento, o ouvido aguçado e o corpo sensível invocam os anjos sempre que há correlação entre uma pessoa e algo mais. Diz-se às vezes que o envolvimento com os anjos é egocêntrico, mas essa idéia ignora a autonomia das figuras psíquicas. Os anjos são a seu modo rebentos de nossa imaginação, mas talvez a própria imaginação seja filha dos anjos. A vida psíquica é um misterioso jogo de influências no qual o anjo se mostra àqueles que lhe reservam tempo nos sonhos, na meditação, na atividade criativa, na prece. Quando leio um poema, misturo a imaginação dele à minha. Faço o mesmo ao apreciar um quadro, ao ouvir música, ao assistir a uma peça, ao passear pela cidade, ao captar a imaginação da água quando nado.

Dirão alguns que a minha associação de anjos com a imaginação desacredita-os e nega-lhes a existência. Mas eu creio que os anjos existem no âmbito da esplêndida e misteriosa "realidade" da imaginação. Não precisamos lamentar que Gabriel, Miguel ou Rafael nos visitem. Há também uma realidade do mistério divino, inacessível à razão ou a qualquer outra expressão humana. Eu cultuo essa esfera e seus espíritos invisíveis; todavia, posso contatar ativamente os anjos da terra. Todos podemos praticar a disciplina da meditação e captar as imagens, ou anjos, que emanam das coisas que contemplamos. Meu trabalho de criação é "anulado" quando fico esperando que algo apareça de acordo com uma preconcepção. A criação, como os movimentos dos anjos, é dinâmica e cheia de surpresas que alteram o modo de ver as coisas. O mundo apresenta uma face nova a cada momento.

O cético duvidará de que haja realmente um anjo em todas as coisas. Que dizer das substâncias repugnantes?

Os ecologistas explicam que tudo tem seu lugar no esquema geral. O problema é o mau uso das substâncias por parte do homem. A culpa não é dos materiais. No diálogo íntimo das *Confissões*, Santo Agostinho diz a Deus que todas as coisas "vêm de Ti". E repete muitas vezes: "Compreendi Tuas coisas invisíveis pelas coisas que foram criadas."[8]

Pergunto-me o que Santo Agostinho diria do isopor. Como imaginaria o ser espiritual do isopor?

Sustentaria ele que todas as coisas, em seu estado natural, são boas, nascidas perfeitas, mas capazes de corrupção? Ou aceitaria o isopor, apiedar-se-ia dele, pressentindo em sua substância o anjo anelante por volver à antiga condição? Talvez, se nos sintonizarmos com o ser essencial da substância, ele nos confidencie o que devemos fazer com ela. E se os fabricantes mantivessem diálogos com os produtos a respeito do lugar destes no ecossistema? Ou se o isopor, guiado pelo espírito do santo, abalasse minhas virtuosas inclinações, pedindo-me para aceitar sua perversidade e a complexidade dos espíritos que habitam todas as coisas, os quais se manifestam por intermédio dos mais "humildes de coração"?

Fazendo eco a Santo Agostinho, o espírito do isopor diz: "Bom Deus, como se dá que as pessoas exultem quando uma alma se perde e depois é redimida? Como se dá que a alma folgue antes no resgate de seu quinhão do que em sua posse ininterrupta? Por que não podem elas ver os anjos das coisas mais humildes, mas apenas os das mais excelsas?"

A preferência unilateral pelas alturas ignora os dons das regiões baixas, o anjo do isopor. Hoje, concebemos os anjos como caucasianos alados, bonzinhos, de vasta cabeleira, vestindo alvas túnicas e dedilhando a lira. Nossa imagem mental típica é a mistura de uma mulher de Botticelli com o modo de ser vitoriano. Ela adeja por um cenário aristocrático de pétalas douradas e estofos coloridos. Não admira que D. H. Lawrence abominasse "esse negócio de anjos". Até posso ouvi-lo vociferar contra a traição às sombras.

Os espíritos estão em tudo, no luminoso e no escuro. Os anjos maus e imundos são tão essenciais à vida da alma quanto os bons e imaculados. Para mim, a moralidade é um jogo vivo entre anjos e demônios. Seus conflitos e interações constituem o drama íntimo da consciência.

Entretanto, correm tempos em que as pessoas bem-intencionadas procuram livrar a sociedade de tudo quanto seja ofensivo: não admira, pois, que os anjos puros e gentis dominem a cultura popular. Contos de fadas e cantigas de ninar vão sendo reescritos em versões mais amenas e aceitáveis — os "três ratinhos amáveis" substituem os ratinhos cegos. Será Édipo o próximo?

Não consigo imaginar uma rica vida da alma sem o concurso de todas as coisas, sem amar até os demônios como a nós mesmos. Convido Jano a postar-se na soleira de minhas reflexões, de onde ele olha em direções opostas. Jano, o deus do começo e do fim, também encarna os lados bom e mau de uma mesma coisa, a reciprocidade necessária.

Adoro os anjos de um belo dia de outono à beira-mar, as visões de meus filhos vivendo num mundo ideal, os rituais de uma comunidade fraterna, as lembranças de antigos feitos esportivos. Na minha vida, essas belezas vão de par com os espíritos dos equívocos, dos desconfortos e confusões, das bolas mal passadas nos jogos. Posso conviver com esses momentos tristes e ainda assim levar a busca adiante? Descobrirei um dia a abençoada comédia de erros, a serenidade da aceitação? Rio-me dos outros, mas por que não de mim mesmo? Tudo o que desafia a imagem idealizada de mim mesmo e o meu controle sobre os acontecimentos traz consigo o anjo da humildade.

Perversamente, a alma não exige só sentimentos bons, mas também os maus. À noite, nós não perseguimos apenas os espíritos bondosos e etéreos, mas também os cenários sensuais, perturbadores e complicados que combinam com o nosso íntimo, com o anseio da alma por imagens contundentes. Enganamos a nós mesmos ao pensar que essas forças podem ser dominadas e não percebemos que as obsessões negativas aumentam o poder de seus objetos. Assim se dá a polarização. Por intermédio da inquietude, a alma nos ensina a aceitar a necessária tensão criadora.

O mundo das coisas boas e más está constantemente nos modelando, por mais que fujamos dele e nos defendamos de suas incursões. O conceito grego de *daimon*, precursor cultural de nossos anjos ocidentais, abrange forças de luz e de treva e considera o conflito entre elas como benéfico para o exercício perene da vida virtuosa.

Na Grécia antiga, o *daimon* podia ser muitas coisas, mas era concebido essencialmente como uma força divina que se manifestava contra a vontade humana, tomando o homem de surpresa e confundindo a mente habitual. Jung gostava de frisar o modo pelo qual o ser humano é "tomado" pela irrupção do sagrado. Ele definia Deus como aquilo que cruza, "violenta e impiedosamente, o seu caminho", alterando a natureza da vida.

Percebe o leitor de quantos modos diferentes podemos lidar com os intrusos de nossos sonhos e com as tribulações de nossas vidas? O objetivo básico da mente habitual é reprimir tudo quanto contrarie sua linha de ação. Nós queremos as aparições maravilhosas, mas guardamo-nos dos hóspedes irrequietos e indesejáveis. Na imaginação grega, exaltada por Nietzsche e mais tarde pela psicologia profunda, os deuses se manifestavam tanto por meio da boa fortuna quanto por meio da doença e da tragédia. Também havia anjos nessas coisas.

Ao imaginar os anjos, o melhor é acolher nesse processo da imaginação todas as energias da vida. Assim, nada fica sem o seu lugar na ecologia geral. Em vez de negar essas forças, aprendemos a trabalhar com elas e a transformar os poderes que elas veiculam. A "demonização" dos sentimentos desagradáveis mantém-nos sob controle, ao passo que a repressão só faz incrementar sua energia e transformá-los em monstros. Muitas vezes, as imagens perturbadoras são as que mais têm a oferecer, porque desafiam os modos de vida habituais que tendem a sufocar aquilo que não se enquadra nos esquemas prescritos. Preservando as imagens inquietantes, talvez venhamos a descobrir que elas estão tentando nos mostrar onde erramos. Concluí que os demônios ou anjos negativos têm sido meus melhores instrutores ao longo da vida. Eles me protegem e orientam com suas irritações e conflitos, os quais de fato chamam a minha atenção e mostram quando estou magoado, preocupado ou relutante em dar o próximo passo.

Na psicologia, Jung restaurou o antigo sentido do sonho como um anjo que freqüentemente abala a mente consciente com experiências alarmantes e desagradáveis. Disse ele: "O fato de o sonho ser a voz e o mensageiro divino, e ao mesmo tempo uma fonte de tribulação, não perturba a mente primitiva."[9] Em vez de tentar dominar e controlar aquilo que nos contraria, por que não aceitá-lo como estimulante para novas obras criativas?

Às vezes, os anjos aparecem contra a vontade da pessoa; são então como intrusos nos sonhos, talvez procurando ajudar o sonhador a encarar coisas que ele evita. Também surgem sob a forma de ansiedade. Uma jovem, às vésperas de casar-se, sonhou que um bando de homens invadiu a casa de sua mãe. Ela fugiu por um "cofre" embutido na parede e foi encontrar o noivo, que esperava do lado de fora. Os homens chegam e a mulher perde a segurança de seu lar de infância; ou então já não é seguro permanecer em casa e ela é expulsa pela força abusiva do macho; ou talvez a estreita passagem pelo umbral xamânico, rumo a uma nova vida, seja acompanhada de conflito e medo.

O homem que está prestes a vender o negócio da família sonha com complicações terríveis — tetos ruindo, o esgoto dos sanitários invadindo os escritórios, compradores exigentes aborrecendo-o. Ele reage ao sonho concluindo que os espíritos do negócio familiar, dentro de sua alma, exigem atenção. Não se trata apenas de comprar e vender. Ele não pode simplesmente afastar-se, sem complicações, dos fantasmas familiares e dos rituais de amparo à família. Quando fazemos grandes mudanças na vida sem executar conscientemente os ritos de passagem, nossos sonhos manifestam os ritos primitivos da alma.

Aceitar os demônios e dar-lhes atenção transforma as nossas relações com eles. Quando uma de minhas filhas estava com três anos, ela tinha medo de dormir sozinha em seu quarto, onde a sombra de três robustos carvalhos a assustava. Levei-a até junto das árvores e expliquei-lhe que elas estavam ali para protegê-la: "São anjos que vivem diante de sua janela, fortes o bastante para velar por você todas as noites, enquanto você dorme." Tocamos os troncos e demos à casca um beijo de boa-noite. Depois disso, como parte de seu ritual noturno, nós lançávamos um olhar às árvores-anjos e lhes agradecíamos por vigiar a menina adormecida.

Anos depois, descobri que minha filha mais velha, que ocupara o mesmo quarto em criança, pensava que havia bruxas naquelas árvores. Como os antigos pioneiros da Nova Inglaterra que abatiam florestas, ela achava que existiam demônios nos bosques. Tinha um medo terrível deles, mas nunca conversou comigo a respeito. As crianças, como os adultos, muitas vezes precisam de ajuda para mudar as figuras de sua imaginação em consonância com o princípio de que essas "pessoas" não vêm para nos molestar. Mais tarde, minha filha mais velha chegou a escrever histórias maravilhosas de bruxas, de sorte que essa "permanência" do medo na psique acabou por beneficiá-la como criadora.

Com minha filha mais nova, o medo instalado "entre" ela e as árvores foi reestruturado numa forma nova de viver esse relacionamento. Não subestimamos o medo como "imaginário" nem tentamos explicá-lo racionalmente dizendo: "São apenas árvores e árvores não machucam ninguém." Ao contrário, penetramos a imaginação da situação e criamos outra história, uma outra maneira de estabelecer vínculos entre a criança e a árvore.

Os espíritos das coisas nem sempre são "bonzinhos". Quem já não teve um pneu de carro estourado ou não praguejou sonoramente quando o motor se recusava a pegar? Logo que uma coisa deixa de se submeter à nossa vontade, ela se torna um "ser" de direito próprio, alguém a quem podemos agredir ou solicitar ajuda. Sempre que uma "coisa" age ou deixa de agir contrariamente à nossa vontade, torna-se imediatamente animada. Nós esbravejamos ou imploramos: "Por que você está fazendo isso comigo?" Eu confio no carro até que ele falhe, e então fico absorvido pelo ser dele. As pessoas que ironizam a idéia de conversar com plantas ou pedras não têm nenhuma dificuldade em dirigir-se apaixonadamente a um mecanismo dotado de mente própria.

Fazia muito tempo que eu não rezava uma Ave-Maria, talvez trinta anos, mas quando o meu computador avisou que eu poderia perder dez horas de trabalho inspirado, apressei-me a proferir a oração da infância. Que mais eu podia fazer? Não caí de joelhos, mas recorri a forças acima do meu poder. A prece não mudou aparentemente nada, mas foi bom rezá-la. Talvez seja assim que funcionem as curas mágicas: não atuam diretamente nos processos externos, mas alteram o campo energético da pessoa, o que por fim afeta o ambiente.

O episódio do computador mostra como os objetos podem contrariar a nossa vontade. A máquina não quer o nosso mal. Atribuir-lhe más intenções é uma expressão da frustração da pessoa. Como em qualquer outro relacionamento, a influência recíproca entre uma pessoa e uma coisa envolve um equilíbrio delicado e uma disposição para dar e receber.

Os problemas surgem da idéia de que a coisa com a qual me relaciono está absolutamente sob o meu controle. Nossos laços com as coisas se estreitarão e se tornarão mais produtivos se forem permeados pelo espírito de colaboração e reciprocidade.

A CADA INSTANTE, UMA NOVA MÁSCARA...

Em se tratando dos anjos da terra, nada é permanente.
Eles são redescobertos a cada instante.

Minha tendência é imaginar os anjos em vinhetas, esboços ou episódios rápidos, momentos de possessão daimônica. Essas formas espontâneas correspondem à minha noção do anjo. Quando tento invocar os espíritos angélicos por meio de um discurso mais sistemático, tudo o que me resta são palavras e pensamentos obscuros, e os espíritos voam para o próximo pensamento espontâneo. A pluralidade dos esboços, o modo como nos visitam um após outro, corresponde à antiga idéia das hostes angélicas. Para evocar o anjo, tenho de usar um estilo e uma forma que correspondam à sua natureza. Por isso, os anjos sempre foram estreitamente associados à poesia e à expressão da imaginação.

Os movimentos criativos da alma estão mais próximos de uma vívida comunhão entre vários seres do que de uma série de etapas lógicas de desenvolvimento. Como os sonhos, as ligações criativas vão arregimentando as coisas, atraindo fenômenos diversos e até então separados para um novo propósito criativo que escapa à análise de uma seqüência linear de causas. Os anjos da terra se movimentam como um fluxo de conversação solta, que estabelece conexões novas e surpreendentes entre as coisas, mergulhando a todos num campo espontâneo de criação.

Em seus estudos da religião islâmica, Henry Corbin vê os anjos à luz da crença num Deus único que não só aceita, mas exige o pluralismo dos fenômenos espirituais. Também a espiritualidade dos índios norte-americanos postulava a existência de um só Criador, sem com isso negar um mundo complexo de espíritos em cada animal, lugar ou coisa. O *um* e o *múltiplo* não se contradizem porque o Grande Espírito, ou Criador, engloba em si todos os espíritos do mundo. Os conflitos entre singularidade e pluralismo são expressões da mente humana, ao passo que na esfera psíquica o paradoxo é bem-vindo como a essência de uma espontaneidade a partir da qual todas as mudanças acontecem.

Nos estudos de Corbin, sobre o sufismo medieval, encontrei a correspondência mais exata com a minha concepção pessoal dos anjos. Os místicos sufis acreditavam que "toda coisa sensível possui um Espírito criado segundo o qual sua Forma é constituída", e que o espírito da coisa, por sua vez, é constituído pelo Espírito Santo. Escreve Corbin: "A perfeição do Espírito Santo se individualiza em cada objeto dos sentidos ou do intelecto."[10] Em vez de polarizar a vida nas esferas sagrada e profana, a visão sufi acredita que o espírito das coisas participa do ser de Deus. A multiplicidade dos espíritos não se opõe à unidade da presença divina, que transcende as contradições da mente racional.

Para os sufis, a prece é uma interpretação perpétua, um *ta'wil*, da "Face divina" ostentada por todas as coisas, e a conexão dos anjos com as formas físicas é análoga à relação entre as palavras e seus significados. Onde outros vêem apenas uma substância física, o místico percebe um corpo espiritual real, que é a alma ou essência da coisa.

A imaginação criativa torna-se o instrumento da prece. Os sonhos e objetos reais do mundo físico são necessários para a presença divina porque, sem eles, "não existe nada para interpretar". Assim, o anjo e a coisa física dependem um do outro. Sua parceria é a base da prece criativa do místico, que exige um *diálogo íntimo* "entre dois seres". A interpretação do mundo físico torna-se uma meditação graças à qual o Ser da Criatividade essencial se manifesta.

Uma vez que o Divino é ilimitado e, de certo modo, "indeterminado", imagina-se Deus como o fluxo incessante da criação, "manifestando-se a cada instante com uma nova máscara".[11] Para Corbin e os místicos sufis, há o Deus Único cujo ser se expressa por meio da necessária "diversidade ou pluralidade" de epifanias. Essas reflexões nos levam de volta às crenças arcaicas num mundo animado sem, contudo, ameaçar as relações diretas com um Deus pessoal e seu Espírito Santo.

Corbin mostra como as imagens são moldadas no mundo intermediário da imaginação, onde "seres imateriais assumem seus 'corpos aparicionais' e as coisas materiais se desmaterializam para se tornar 'corpos sutis'". As imagens são manifestações de Deus, "correspondentes ao ser mais entranhado do místico, que se vê como um microcosmo do Ente Divino; uma Forma limitada como todas as outras... mas uma Forma que... projeta uma aura, um 'campo' que está sempre aberto a 'novas criações'".[12]

As visões dos artistas e pessoas criativas são essencialmente teofânicas. Sempre percebemos a presença do anjo quando alguém nos conta como um poema, uma pintura ou uma música emanaram da alma por entre as fagulhas esvoaçantes do espírito criador. O artista é o agente ou instrumento "ativo" por meio do qual a alma se expressa e concretiza seus objetivos. Por isso mesmo, as artes criativas estão sempre associadas à religião e à espiritualidade. Quanto mais livre for o espírito do artista, mais ele exprimirá a energia divina. Os artistas polêmicos, aqueles que muitas pessoas gostam de desprezar e censurar, estão ironicamente mais próximos da natureza sacramental da experiência criadora. Eles desafiam barreiras e forjam novas realidades obedecendo aos instintos criadores.

Os espíritos criativos não podem tolerar formas fixas; para eles, a interpretação é um "movimento" transformador que jamais cessa. A sensibilidade do artista é agredida por interpretações que a si mesmas não se vêem como criações. Quando tipos autoritários fazem declarações inapeláveis sobre a natureza das coisas, o artista instintivamente se rebela, pois as idéias fixas interrompem o fluxo criador. Assim como os anjos da imaginação, os artistas vivem numa esfera criadora onde o espírito assume formas físicas e as coisas materiais se tornam "corpos sutis". O artista se acha profundamente envolvido tanto no mundo espiritual quanto no material, e a fricção entre ambos costuma ser o anjo de suas transformações recíprocas.

Também as culturas orientais consideram que toda coisa física tem seu correspondente espiritual. No Japão, há o espírito do bule de chá. Os tibetanos acreditam em espíritos locais, ou "donos da terra", que habitam certos sítios, coisas e elementos naturais, bem como em "deuses domésticos", deuses ancestrais, além dos espíritos familiares da pessoa, bons e maus.

O grande interesse atual pelos anjos contribui para o pluralismo das noções do que vem a ser um anjo. Se pesquisamos as culturas, vemos multiplicar-se a natureza dos anjos; eles assumem os nomes de espíritos, trasgos, demônios, bodhisattvas, jinns, devas e devis, etc. O leque infinito de interpretações é reflexo do corpo imaginário do anjo. Não importa quão definitivamente uma religião procure classificar e controlar a esfera dos anjos, a imaginação individual insiste em sua relação íntima com os espíritos.

Um crítico poderia apartear: "Você está falando de animismo primitivo e não de anjos. A mente pagã via espíritos por toda parte. Os anjos são os mensageiros de Deus."

E eu responderia: "Na verdade, a idéia de mensageiro condiz em tudo com a minha concepção da presença de um espírito em cada coisa. O mensageiro angélico corresponde ao modo pelo qual os objetos se manifestam a nós. Eles transmitem e infundem espírito. Presumo que a sua idéia dos mensageiros de Deus limita-se aos anjos bíblicos, como Gabriel e Miguel. Aceito esses anjos da tradição religiosa e não acho que contradigam a vida espiritual contida no vaso de gerânios brancos e vermelhos que tenho à porta. Também isso é um mensageiro de Deus para quem sabe perceber sua natureza espiritual."

A função de "mensageiro" é apenas um dos aspectos dos anjos. Mesmo na esfera restrita dos espíritos antropomórficos da cultura ocidental, os anjos também atuam como guardiães, guias, protetores, companheiros e colaboradores. A palavra "anjo" deriva do grego *angelos*, correspondente ao hebraico *mal'akh*, que significa "mensageiro". Fica claro, pois, que "anjo" é apenas um dos muitos nomes possíveis para a face espiritual das coisas. Gosto da palavra porque ela evoca os primeiros sentimentos espirituais da minha infância. Os anjos são espíritos pessoais e íntimos.

Um segundo crítico, bem no tom do iluminismo protestante, diria: "Toda essa conversa sobre anjos não passa de fantasia poética. Os anjos são apenas produto da nossa imaginação."

E eu replicaria: "Concordo inteiramente com você. Os anjos são produto da imaginação poética, que o místico vê como a mente de Deus. Ele sente cada imagem, cada idéia, cada sentimento como se fora um anjo. A imaginação é a faculdade que nos abre para o espírito criador e suas manifestações específicas."

Não há limites para as formas que os anjos da imaginação podem assumir. A experiência do espírito criador é uma eterna interpretação em que a história, a cultura, o lugar, as inclinações pessoais e o contexto específico de cada contato interagem no seio de um movimento que a antiga China chamava de Tao, a total espontaneidade e criação de todas as coisas existentes.

"Ah, ah", volve o segundo crítico, "agora você se faz de poeta taoísta pagão para expelir de nossa tradição monoteísta os anjos que servem ao Deus único e verdadeiro!"

"Talvez", concordo. "Sua necessidade de etiquetar-me e classificar o que digo exprime o modo como os anjos trabalham por seu intermédio. O meu modo, porém, é diferente. O espírito criador tem muitos nomes, muitas formas, e logo que experimento uma, outra logo aparece. Estou à vontade no fluxo da corrente."

Esse diálogo mostra as dificuldades que tenho para engolir doutrinas autoritárias. Na verdade, eu não contesto o que elas pregam, pois vejo isso como outra máscara do anjo. Se eu rejeitar tais doutrinas, cairei nas malhas das negações que procuram limitar as formas do espírito criador.

Talvez Lao-tsé quisesse responder ao crítico que repudia a poética taoísta. Diz ele: "Cavalgo o vento onde todas as coisas são uma só. E ali me dissolvo."

Tudo contribui para a manutenção dos vínculos recíprocos do espírito, cada folha, cada sentimento. Trata-se de uma visão mística e poética graças à qual as pessoas vêem a si mesmas e às suas idéias como manifestações da divindade. Como disse Corbin, todos somos formas limitadas, mas cada qual "projeta uma aura" ou anjo que estimula outros e assegura o ciclo da criação. É uma ecologia de espíritos, de coisas miúdas que participam de uma inteligência que aceita todas as contribuições, o elenco completo de atores no drama perpétuo da divindade.

Quem quer que já se tenha empenhado seriamente na auto-análise sabe que a confissão, ou auto-revelação, envolve o contar histórias a respeito de si mesmo. Isso é especialmente verdadeiro quando tentamos descrever experiências passadas. Li certa vez a respeito de uma pessoa que escreveu vinte e cinco autobiografias, cada qual diferente da outra. Os temas, sentimentos e ambientações de um determinado momento escondem conteúdos diversos.

Ainda que eu conte várias vezes uma história que parece ser a "mesma", ela estará sendo influenciada e modificada por pessoas e ambientação diferentes. A nova narração corresponde ao fluxo dinâmico que constitui a nossa natureza. Se as pessoas parecem inteiramente coerentes, isso se dá porque talvez estejam vivendo de acordo com visões rígidas e mecânicas do mundo, avessas aos constantes movimentos e influências do ambiente. A fixidez tende a caracterizar inúmeras formas graves de distúrbio emocional, com as quais a pessoa procura defender-se a todo custo da cooperação e da influência ambiental. A pessoa criativa, ao contrário, acha-se num processo constante de transformação interativa com o ambiente.

Essa base cinética da realidade é a razão pela qual os místicos e os artistas criativos insistem na importância dos "momentos". Eles vivem o instante porque compreendem quão efêmero é o processo criador. As oportunidades vêm e vão num átimo.

Presença

Se eu me faço presente para a coisa que está diante de mim, ela me transforma em mim mesmo e no nosso ser recíproco.

Minha concepção dos anjos da terra é inseparável do espírito criador, que para mim consiste numa parceria com o mundo e não em algo que brota apenas do íntimo.

Li uma passagem de Hermann Hesse em *Die Märchen* (Contos) que a princípio julguei relacionada com o tema dos anjos da terra; hoje, porém, vejo que é sua antítese. Diz ele: "Todas as coisas são portas abertas pelas quais a alma pode penetrar no mundo interior quando está pronta para isso." E prossegue conclamando-nos a renunciar às "doces ilusões deste lado" a fim de experimentarmos a "realidade interior".

As respostas da imaginação às expressões artísticas são bloqueadas pela convicção de que a verdade e o significado estão aferrolhados "dentro" da matéria ou mantidos "no íntimo" da alma, a qual, por sua vez, é imaginada unicamente como um reino interior. Não vou aqui negar a existência de uma vida recôndita, mas essa perspectiva ignora os magníficos panoramas dos anjos da terra e a profundidade que jaz sob a superfície das coisas. A gnose também está do lado de fora. Manifesta-se por intermédio das coisas e acontecimentos, surge nas conversas casuais e está à disposição de quantos realmente ouvem, vêem e sentem a sua presença.

Para muitos, o conhecimento está sepultado nos arcanos da psique; não viceja em campo aberto, na nossa expressão facial e corporal. Temos medo de desvendar segredos e não percebemos que revelamos a nossa alma a cada gesto. Essas atitudes modelaram a experiência que temos dos anjos, que supomos residir em algum outro plano e não nas manifestações múltiplas deste mundo, quando vistas por olhos sagazes e cheios de imaginação.

As coisas do mundo são vistas como máscaras da verdade que se esconde por trás delas. Grandes poemas e influentes teorias psicológicas basearam-se nessa suposição, que não obstante amesquinha a natureza angélica das coisas imediatas. Cada expressão é uma revelação quando nos abrimos para ela. As próprias máscaras são espíritos. A idéia de desvelamento é um ponto de vista que atenta para o que *não* é mostrado; ele imagina a psique como um cofre, ao passo que eu a vejo como uma flor. Os homens podem ocultar suas experiências, mas a natureza não. Aquele que adota o ponto de vista da ocultação ignora a expressão contínua dos gestos, das superfícies e da maravilhosa profundidade de matizes nos mais corriqueiros contatos entre pessoas e coisas.

A criação brota da imersão disciplinada e plena numa determinada coisa. Esse é o único caminho para a zona da vitalidade criadora. Se me preocupo com algo além do que estou fazendo, interrompo o vôo dos espíritos. Os bloqueios à criatividade surgem quando se está longe de onde se está. Eles tomam a forma de perfeições inatingíveis e de esperanças que interferem com o estar presente naquilo que nos agita num determinado instante. Se fico "paralisado", não posso acompanhar as correntes da situação na qual me encontro.

O anjo da terra é um estado de presença, uma sintonia com os instantes mutáveis, o amor pela coisa específica que está acontecendo e uma percepção forte de como uma pedra num regato, ou um objeto num quarto, se apresenta. Martin Heidegger descreveria esse processo como um "presenciar" das qualidades inerentes às coisas, que só podemos ver quando abrimos mão da nossa expressão e absorvemos a expressão delas.

A psicologia da criatividade e os nossos métodos de educação colocaram toda a ênfase no que se passa dentro dos "tipos criativos". Minha experiência revela que o espírito criador evita responder à disciplina intencional que quer obrigar as coisas a acontecer. Ele floresce melhor pelo hábil contato da pessoa com as circunstâncias inesperadas. O ato criador sempre atenta para os gestos e indícios das situações que atraem as pessoas para a sua órbita. Quando eu estou na zona da criação, deixo que a inspiração me permeie e com isso me torno mais consciente de mim mesmo. Transformo-me num agente da vontade da alma, sutilmente sintonizado com as oportunidades passageiras.

A criação é uma parceria entre a pessoa e as forças daimônicas; mas costumamos tomar a criatividade como um dom estritamente individual, esquecendo os elementos de reciprocidade e esforço coletivo. O ato criador exige relações mútuas, e os criadores talentosos sabem interagir com os espíritos que se movem pelo ambiente e com os dos materiais que utilizam.

As pessoas às voltas com a criação freqüentemente dizem: "Não consigo chegar lá" ou "Hoje não é o dia". A experiência me diz que essas condições brotam da falta de empenho na situação imediata.

Conheço um curador kiowa que me contou como só trabalha com os artefatos nativos do lugar onde se encontra. Se está em Massachusetts, não usa as mesmas ferramentas que usa em Oklahoma. Seleciona substâncias do ambiente natural local e objetos familiares da casa da pessoa sob seus cuidados — pois os espíritos criadores e colaboradores são sempre locais. A transformação de uma condição acontece por intermédio dos espíritos do ambiente, com a cooperação do Grande Espírito. Quando queremos modificar a vizinhança, o escritório, um relacionamento, uma pintura, um manuscrito ou um jardim, temos de invocar as divindades que os habitam.

Os espíritos criadores não voam de Tulsa para fazer um trabalho anímico em Cambridge. Do mesmo modo, não podemos perseguir espíritos pelo mundo afora na esperança de encontrar, numa reserva indígena do Novo México, aquilo que não encontramos em Vermont. Os espíritos criadores se aninham no mundo material local e estão sempre prontos a ser liberados por uma consciência aberta à sua presença e desejosa de interagir com suas expressões nativas. Se pudermos estar presentes num dado local, seremos capazes de contatar seus espíritos. Marsilio Ficino, para quem todo o ambiente material tinha relações com o firmamento, dizia que primeiro temos de "agradar" a substância física, devotando-lhe a nossa atenção, para que ela libere suas forças daimônicas.[13]

Minha idéia de criação envolve a presença de um agente externo ou estímulo para mudança, que estabelece uma relação operacional entre a pessoa e os espíritos da situação imediata. O material, ou contexto, encerra o potencial espiritual para sua própria transformação. O criador é o instrumento da liberação das forças locais. Os visionários sabem o que é necessário para que uma situação se complete e fazem-se agentes da realização desse propósito.

O modo pelo qual os agentes humanos facilitam a criação pode ser comparado aos movimentos de um parceiro de dança. O par entrosado troca energia. Parece que ambos os parceiros são levados mansamente pela música que os envolve. Quando um se impõe ao outro, interrompe-se o fluxo, desperta a autoconsciência e perde-se a espontaneidade, a destreza.

Descobri que o ato de pensar demais acerca do que devo fazer antes de fazê-lo sempre interfere com o espírito criador. Posso estar possuído por uma idéia, uma imagem ou o desejo de trabalhar, mas a criação em si só ocorre graças ao ato de realizá-la. As idéias brotam das conversas, da movimentação ou da escrita. Do mesmo modo, as imagens pictóricas surgem do processo de pintar. Quando quero receber os espíritos da criação, trabalho com disciplina e empenho, mas sem esforço excessivo nem planejamento rigoroso. Situo-me num ambiente onde os anjos possam atuar por meu intermédio. Penetro a vida do livro, do quadro, da dança ou do estúdio e dedico o meu ser à sua manifestação. O espírito criador vive no movimento e brota de maneira mais surpreendente dos gestos espontâneos.

Ajuda muito imaginar que os lugares, grupos de pessoas e materiais encerram os espíritos criativos que quero contatar. "Mergulhar em mim mesmo" não parece funcionar tão bem. Ando de mãos dadas com o ambiente, que, no entanto, nem sempre é um parceiro benigno. Robert Frost sustentava que o mundo material pode pressionar o criador. Ele pode ser um algoz ou um guia amável — mas, em última instância, o acicate do mundo exterior é que impele o criador, forçando-o a responder.

Ensino aos meus alunos de pintura e composição literária que, para criar, eles precisam começar a pintar e a escrever. Se puserem mãos à obra, os espíritos criadores aparecerão por intermédio da própria obra. Os achados na escrita têm muito a ver com o ato de deslizar a pena sobre o papel, com o ritmo dos dedos no teclado, com o fluxo do pensamento. Encorajo a inspiração que vem da parte inferior do corpo e dos ombros, que sobe dos pés e, por intermédio das mãos, projeta-se na tela. Quando as imagens artísticas fluem apenas do cérebro e passam para as mãos e os dedos, nós ficamos limitados à cabeça, que não é o único centro de criação. O corpo inteiro tem de estar presente no ato criativo.

As idéias nascem daquilo que chamo de presença total no artefato. Quando estou mergulhado na paisagem anímica dele, as formas, aspectos e novos direcionamentos se apresentam por si mesmos.

O tempo é necessário para que a criação latente no projeto se manifeste livremente por meu intermédio. As emanações são osmóticas; elas aos poucos penetram e se difundem em mim por meio dos materiais, idéias, influências e vislumbres que, de alguma forma, encontram lugar na receptividade abrangente do projeto. A criação tem irrupções súbitas e visões surpreendentes, mas minha experiência se aproxima mais de um movimento crescente graças ao qual as coisas vão se situando no processo. Ao fim, o projeto geral perfaz sua própria forma, a qual foi como que transportada nos genes da situação.

O criador habilidoso está presente nos instantes, observando os outros e a si mesmo em ação, reconhecendo as distrações sem perder a fé na sabedoria do processo que o leva para onde deve ir. O ato criador está sempre em movimento. É fluido (adjetivo) e fluido (substantivo). Os sonhos são os nossos melhores guias para os fluxos da paisagem psíquica e seus modos de transformação. Eles se movem constantemente, uma imagem se seguindo a outra. O ato de criação envolve um mergulho meditativo numa coisa, num sentimento, numa situação, num gesto, num som, num ritmo. Penetro no mundo da imagem e algo surge de nossa interação. O anjo da terra é o fluxo, a impermanência búdica, a presentificação heideggeriana,[14] o perpétuo vir-a-ser.

A agressão, a perturbação e o choque são muitas vezes os meios graças aos quais mergulho numa dada situação ou sentimento. A presença não é uma condição exclusivamente positiva. Se as imagens, coisas e ambientes veiculam expressões, devem também veicular ansiedades e não apenas espíritos sublimes. *Objectus*, palavra latina que no português virou "objeto", é aquilo que "se atira" contra nós. Além dos objetos de amor e desejo, também as ansiedades animam objetos que se nos impingem, abalando o nosso controle ambiental. Aparelhos quebrados, goteiras, panes de computador que devoram textos e pensamentos, canos furados, impostos leoninos, chaves perdidas, problemas familiares, queixas no trabalho e outros objetos desagradáveis atiram-se contra nós com extraordinária velocidade e absorvem completamente as nossas energias.

Aquilo que mais poderosamente desafia o meu controle é o que mais me atrai. Em vez de lutar contra o turbilhão, procuro encontrar a energia do seu fluxo negativo, que ativou cada fibra de meu ser emocional. Uma mulher sonhou *que o pneu de sua bicicleta estourou num parque. Dirigiu-se a uma borracharia para consertá-lo e o funcionário acariciou-lhe petulantemente o ventre e meteu a mão debaixo de sua saia. Sentiu-se ultrajada, indignada com a agressão.* No sonho, ela começou pela sensação de ofensa, mas, à medida que mergulhava no ambiente onírico, essa sensação começou a mudar. A moça renunciou ao papel de vítima e viu no homem aquilo de que precisava para superar a repressão da energia pélvica e da sexualidade. Aquele homem aparecera para "consertá-la". O demônio trazia agora uma mensagem de transformação. Ela entrara na oficina para consertar o pneu e voltar a pedalar, reativar o movimento de suas partes baixas. O sonho mergulhou-a na energia criadora.

A imaginação criativa costuma dotar os objetos de malevolência — o caminhão-fantasma que persegue um homem pelo país afora, o ancinho de jardim que espera ser pisado para golpear com o cabo a cabeça do incauto, o espelho sinistro que traz má sorte a quem se contempla nele. Quando um dado objeto é associado com uma experiência adversa, ele carrega a lembrança do evento. Os maus espíritos assombram a coisa ou lugar. Há mais de vinte anos, quando estive em conflito com uma mulher, construí um muro em minha propriedade e uma das pedras, de alguma forma, foi contaminada pelo conflito, identificando-se com ele. Sempre que eu olhava aquela pedra, tempos depois, quando já me esquecera do problema com a mulher, os sentimentos imediatamente retornavam. A pedra se tornara uma extensão da memória.

A medicina popular e a superstição atribuem aos objetos um papel primário na transferência de espíritos. Se a pedra do muro da minha casa é capaz de absorver maus sentimentos sem nenhuma intenção de minha parte, então é de crer que substâncias físicas podem ser usadas de propósito para expelir uma presença indesejada. Na cultura popular, quem quer se livrar de uma doença passa-a para uma pedra ou outra coisa qualquer, que depois é enterrada ou atirada ao mar. O método é às vezes cruel e egoísta, como a prática de transferir o problema para um objeto que é em seguida deixado num lugar público: a próxima pessoa a apanhá-lo adquirirá a doença! O uso de talismãs benignos originou-se sem dúvida dos negativos, que sempre chamam mais a atenção.

Os povos antigos, que percebiam a alma tanto na vida orgânica quanto na inorgânica, estavam sutilmente sintonizados com os objetos que transmitem forças. Os talismãs e amuletos permeavam cada aspecto da vida diária. Mesmo que não acreditemos no poder mágico das coisas para alterar situações, podemos considerar essas práticas como extensões de uma visão universal em que as coisas físicas possuem espíritos capazes de afetar as pessoas. Dá-se cuidadosa atenção ao ato de tocar ou usar o amuleto do modo correto. Raramente as coisas do mundo são tomadas como simples presença corpórea.

Será que este mundo racionalista de fato é melhor? A perspectiva da razão é complementada por uma terra cheia de espíritos. Talvez seja preciso uma dose generosa de superstição para chegarmos a compreender que, quando tratamos mal as coisas, elas nos machucam.

Compare-se a ecologia poética dos espíritos com o modo indiferente ou puramente funcional com que tocamos e observamos as coisas hoje em dia. A magia não é apenas a arte de controlar os acontecimentos: é um modo de reencantar o mundo graças à contemplação da beleza. Compare-se a vitalidade, a perícia, o apelo estético e a completa individuação dos objetos fabricados por uma cultura animista com os artefatos produzidos pelas manufaturas modernas. As coisas e suas atmosferas estão vivas no mundo animista e insuflam vitalidade naqueles que entram em contato com elas.

Não afirmo que os objetos produzidos em série careçam de alma. Todo objeto saído de uma linha de montagem tem seu ser específico. Até as monstruosidades podem tornar-se relíquias preciosas, como os Edsels e os Chevrolets rabos-de-peixe do final dos anos 1950. Talvez as plantas de plástico da década de 1990 sejam cultuadas no futuro. A fabricação à mão não é pré-requisito da presença de alma numa coisa. Tenho visto muitas pinturas e artesanatos com menos apelo estético do que produtos da cultura industrial.

Volto à idéia de que o olhar pelos olhos do anjo determina a espiritualidade de um objeto ou lugar. Hoje, ao ver pessoas instalando em casa ou usando no corpo efígies de serpentes e pássaros, quando não pintando-as em seus quadros, procuro descobrir o que essas expressões revelam a respeito das necessidades da alma. Considero-as indícios de que novamente estamos criando atmosferas sagradas em nossos lares, observando espiritualmente as coisas do mundo, estabelecendo relações íntimas com seres não-humanos e criando junto com eles. A celebração dos totens e dos espíritos animais não desafia as religiões ortodoxas; pelo contrário, exalta a presença da vida divina em todas as coisas.

O uso de talismãs na prece e na cura não precisa ser uma invocação literal de propriedades mágicas existentes nas coisas. O ressurgimento do interesse por objetos sagrados, amuletos e locais de cura é um retorno aos antigos métodos de tratar problemas da alma por intermédio da expressão imaginativa.

A expressão das coisas modela nossos pensamentos, ações e futuros. Elas falam por si mesmas, a despeito de nossas melhores intenções. A maneira como digo alguma coisa pode ter mais impacto do que aquilo que eu acho que estou dizendo. As estruturas do pensamento são muito limitadas e tendem a repetir-se ao longo da história, ao passo que as sutilezas do estilo e da forma expressiva são bem mais variadas. Os anjos da terra e os demônios vivem nesses matizes e na infinita variedade da apresentação.

A atmosfera de um lugar é uma ambiência ou qualidade particular que associei ao anjo da terra. É uma presença que se recusa a ser explicada, mas que se manifesta poderosamente à pessoa que se abre ao seu espírito. Toda situação tem uma atmosfera ou *Gestalt* espiritual que só pode ser conhecida graças a uma sintonia com sua freqüência. Do contrário, passa despercebida. A realidade de uma pintura é apreendida por meio de sua natureza material, a dança pelos seus movimentos e configurações visuais. O anjo da terra é a contemplação da presença pura de uma coisa, de suas qualidades originais e intransferíveis, de sua natureza singular — daquilo que o budismo chama de qüididade ou ipseidade, e os fenomenologistas de ser essencial. Em suma, os diferentes estados de plenitude que sinto ao entrar numa floricultura, numa livraria, num posto de gasolina ou num teatro em que, como na noite passada, quarenta crianças e um grupo de adultos estavam ensaiando a produção de *Oliver* deste verão.

Todo lugar, toda coisa encerra um espírito próprio. Será que a forma de uma coisa que faço veicula o efeito que desejo obter? Por exemplo, acabo de ler um número de uma revista de terapia artística que mais parecia um periódico de engenharia mecânica do que uma publicação destinada a inspirar a expressão artística. Será que o meu tom de voz e a minha expressão facial dizem mais do que eu acho que estou dizendo? O que as características físicas de minha pessoa e do ambiente estão exprimindo?

Em lugar de ver apenas os conteúdos literais do que digo, é fascinante investigar o que a atmosfera de minha presença comunica aos outros. De que maneira eu modelo o ambiente da conversa e as vibrações nele geradas? A mensagem essencial tem algo a ver com o que penso estar dizendo? Imagine-se a diferença de estilo entre minhas reflexões sobre a alma e as de Jeru, o Damaja!

É possível que essas considerações apenas me bloqueiem e despertem em mim uma inibição, dando-me coisas demais em que pensar; mas, por outro lado, elas podem ser exatamente aquilo de que preciso para sair de mim mesmo e de minhas preocupações, permitindo-me assim reconhecer que o ambiente é que encerra as forças primárias da expressão. Como hei de cooperar melhor com ele e mergulhar numa ecologia criativa com as energias que ele encerra? Toda atmosfera exprime-se a si mesma e, inconscientemente, afeta a nós e a nossas emoções. Com demasiada freqüência tentamos impor-nos aos lugares e coisas — e isso não funciona.

Ao afirmar que as qualidades físicas dos lugares têm um impacto tão grande sobre as pessoas, não deixo de reconhecer que muitas vezes os ambientes geram auras repelentes e forças perturbadoras. Vem-me agora à mente um exemplo colhido de meu trabalho com terapia artística. Minha prática exige que eu estabeleça imediatamente relações operacionais cooperativas com ambientes não-destinados à criação artística em grupo. Já montei centenas de estúdios nômades em meus vinte e cinco anos de profissão. Sinto-me como um beduíno que vive armando e desarmando sua tenda, e jamais trabalhei no que poderia ser chamado um espaço ideal.

Certa feita, promovi um seminário de um dia durante uma conferência num hotel de Washington, D.C. Eu precisava de um local amplo, de sorte que fomos instalados numa área subterrânea separada de um grande refeitório por cortinas. Havia canos de aquecimento e de ar condicionado acima de nós e, quando começamos a falar, eles também começaram a rugir. Meia hora depois, soou o alarme de incêndio e, duas horas mais tarde, quando eu estava concentrado nos trabalhos de um dos participantes, os funcionários do refeitório apareceram para arrumar barulhentamente as mesas para o almoço. Todas aquelas interferências me perturbavam porque eu era o responsável pelo espaço, mas esse dia ensinou-me uma grande lição. Minha ansiedade não era partilhada pelos participantes: eles estavam completamente absorvidos no trabalho.

Embora eu prefira trabalhar no melhor espaço possível, sei que a vitalidade de um estúdio tem mais a ver com a qualidade da *presença* criativa ali gerada do que com a perfeição das acomodações. Distrações e imperfeições podem até mesmo, perversamente, alimentar o espírito criador, porque não são muito diferentes da nossa psique, às vezes tão desarvorada. Um extraordinário poder medicinal se libera quando um espaço pouco atraente é preenchido com expressões da alma. Nós "curamos" os lugares barulhentos, e essa transformação espacial tem efeito correspondente em nós.

É estranho, mas a manifestação de um interesse estético pelas situações vulgares tem imenso poder de ativar a presença do espírito criador. Aprendi que, quando eu não quero estar em determinado lugar, essa condição se revela em todas as coisas que empreendo.

O processo de estar presente em lugares de que não gosto e ainda assim cooperar com eles ensinou-me muito sobre a disciplina do desejo. Meus gostos e desgostos costumam ser apenas um diálogo interior, junto com uma queixa genérica da vida, às vezes neurótica. Se estou numa dada situação, então estou. Ambos estamos ligados naquele momento. A situação me possui, por que então tentar estar em outra parte? A experiência do hotel de Washington realmente passou essa mensagem. Eu estava em parceria com um espaço que jamais teria escolhido.

Aprendi a duras penas quão penoso é ir a um lugar a contragosto, fazer um trabalho aborrecido e depois ficar com a sensação de ter trabalhado mal. Essas agonias passadas continuam a dizer-me: "Você devia ter estado presente ao chegar, pronto a encarar o que quer que se apresentasse." Raramente escolho o local e as pessoas com quem vou trabalhar, e isso está sempre me ensinando que a criação é um jogo entre as forças presentes num dado lugar e num dado momento.

Como aconteceu em Washington, às vezes eu me sinto assoberbado ou assustado, mas aprendi que a única maneira de transformar um problema é aceitar as condições imediatas, o que sempre as faz transformar-se por si mesmas. Trata-se de uma disciplina constante da alma que por fim me permite relaxar, acatar os limites de um lugar e, simplesmente, fazer o melhor que posso.

Digo a mim mesmo: "Este é o momento mais importante da minha vida" — quer esteja passeando com o cachorro, arrumando coisas, varrendo o chão ou dando uma aula inaugural. Isso se aplica a qualquer situação imaginável.

Mas não é tudo. Não estou falando de força de vontade. Estar presente me permite — a mim, o ator — entrar em contato com as forças que estão sendo transmitidas pela situação. Meu desejo de estar ali permite que eu me abra para *elas* e para a nossa necessária cooperação. Há aí um aspecto de Eros, uma troca de afeições, um processo recíproco. Quando me dou à situação, ela me infunde com os seus espíritos.

Talvez as pessoas achem fascinante criar arte no subsolo de um hotel durante um dia. O lugar, por certo, transmite mais espíritos originais do que um estúdio convencional. Se o meu objetivo final é santificar o corriqueiro e dilatar as fronteiras do espírito criador, então aquele subsolo é o cenário apropriado para o trabalho. Nós, artistas, podemos ser as criaturas menos imaginativas deste mundo quando alimentamos expectativas quanto ao sítio do processo criativo. Nós nos preocupamos tanto com o controle de nossos ambientes idealizados que não percebemos que todo lugar oferece seus espíritos particulares para o jogo cooperativo da criação. Os locais inusitados são mais propícios para conduzir a expressão artística rumo a novas áreas de descoberta.

O estúdio de Washington ofereceu-me um ambiente no qual tudo acontecia de modo contrário à minha visão de como as coisas devem ser. Preocupava-me o modo como o espaço atuava à revelia de minhas intenções. As forças do ambiente rompiam o meu equilíbrio, deslocavam-me — porque eu queria criar um ambiente familiar num local onde isso não era possível. Eu queria alguma coisa que eu já trazia dentro de mim, mas o contexto externo tinha idéias diferentes. Compreendo o que o Buda queria dizer quando nos instava a fazer cessar o desejo a fim de estarmos presentes. Sinto isso quando meu trabalho caminha bem: toda a minha psique se dispõe a aceitar qualquer coisa que é lançada contra mim, pois tal é a natureza imutável daquela situação particular. Aceito que o processo arraste a mim e aos outros. A disciplina é antes de presença que de controle. Entretanto, gostaria de conversar com o Buda a respeito do desejo, a respeito de como este poderia ser transformado na disciplina de estar apaixonadamente presente aonde quer que se vá.

Em se tratando da prática da presença, tenho os maiores problemas com reuniões em faculdades. Alguém me disse certa vez: "A política universitária é confusa porque ali não há nada em jogo."

Talvez por eu ser tão profundamente avesso a tais reuniões, consigo renunciar à técnica de tornar o encontro a coisa mais importante para a "minha" vida, naquele momento, e concentrar-me em seu significado para as pessoas com quem estou envolvido, para a instituição ou mesmo para a sala onde nos encontramos. Quando consigo abandonar a perspectiva egocêntrica e evidenciar as conseqüências da reunião para os outros, os sentimentos se libertam. Não fico mais prisioneiro da atitude negativa. Se é difícil sentir compaixão pelas pessoas presentes, pela organização ou até pelo espaço, posso concentrar-me num objeto qualquer da sala — um móvel, um copinho de café — e imaginar-nos ambos juntos na situação. A compaixão pela condição dos outros, quem ou o que quer que sejam, transforma os sentimentos mais empedernidos. Como criar em consonância com esse contexto? De que modo ele pode conduzir-me a áreas inexploradas de minha vida anímica? Que acontecerá se eu tentar trabalhar com ele, e não contra ele?

Sinto que é assim que se deve praticar a presença do amor: ver o outro como foco de minha atenção. Não quero dizer que a pessoa deva se perder no outro, na reunião, na instituição, na causa, esquecendo-se das suas próprias necessidades; nem procuro fugir à posição pessoal a partir da qual inevitavelmente atuo. Todas as danças da vida são um jogo recíproco. Para criar, precisamos de parceiros receptivamente ativos, sintonizados com o trabalho.

Muitos são os lugares em que não gostamos de estar presentes. Agora, porém, estou falando daquelas condições que não podemos evitar, as estruturas essenciais da vida em que não estamos presentes por inteiro ou as lembranças de coisas desagradáveis que reprimimos. Se algo vive em mim, tenho de estar presente à sua expressão, às suas necessidades, pois trata-se de um elemento vital e imprescindível na ecologia do meu ambiente anímico. Essas situações difíceis mostram que a disciplina não é tanto uma questão de "eu" estar presente; é, antes, uma questão de eu ser capaz de reconhecer a presença da condição imediata em que me encontro. Quando me concentro na presença do outro, adquiro uma noção revitalizada do meu próprio ser. O mais importante é a sensibilidade à alteridade numa dada situação — a presença da alma nos copinhos de café na mesa de conferência, as diferentes expressões dos corpos nas cadeiras, a coreografia espontânea do evento, a configuração dos papéis nas mesas, a luz que se filtra pela janela e se derrama sobre os objetos e espaços existentes entre eles, as auras sutis das conversas, as energias que circulam entre as pessoas e a minha visualização de seus movimentos invisíveis. Distancio-me dos sentimentos e juízos pessoais sobre o que as pessoas estão dizendo e considero a conversa, em si e por si mesma, como uma expressão da alma.

Quando há dificuldade de relacionamento e situações problemáticas, como a minha ansiedade no hotel de Washington, aceitar é a condição necessária para a transformação. Quando eu chegar ao ponto de amar o local ingrato, estarei realmente em condições de captar-lhe a energia.

As religiões antigas têm muito a nos ensinar sobre o amor e o tédio inevitável da existência. Frei Lourenço (1611-1691), o monge carmelita francês que escreveu o clássico *A Prática da Presença de Deus*, disse: "Meu método mais usual é a atenção singela, a apaixonada consideração geral de Deus... Quando me entrego à oração, é como se meu espírito e toda a minha alma se alçassem sem nenhum empenho ou esforço de minha parte."

Na idade de cinqüenta e cinco anos, depois de uma vida de soldado e lacaio numa família nobre, frei Lourenço tornou-se cozinheiro num convento e fez-se mais íntimo de Deus executando tarefas humildes do que se entregando às orações tradicionais e aos exercícios espirituais. Para ele, a disciplina espiritual consistia em apreciar a presença sagrada de todas as coisas. Frei Lourenço contou como sentiu a presença de Deus "na azáfama e barulheira da minha cozinha, em meio de várias pessoas pedindo coisas diferentes".[15] Tudo na vida era por ele abraçado como algo sagrado. Ele achava que as aflições do corpo são "enviadas para curar as feridas da alma". Quando o sofrimento nos esmaga, a resistência e a raiva só fazem aumentar a amargura: Lourenço fala do "amor que suaviza as penas".

A magia da criação brota quando viramos a mesa do infortúnio. O mundo se transforma quando visualizamos cada condição possível como um parceiro em potencial. Criamos em cooperação com tudo aquilo a que nos entregamos. Como murmura o capitão Acab em *Moby Dick*: "Alguém aqui meteu estas cartas nas minhas velhas mãos; e jura que devo jogar com elas, não com outras."[16]

Mas, e se não quisermos estar num determinado lugar? Sentimentos não se evitam. Aprendi que, se eu aceito a minha relutância em participar, submetendo-me ao fato de que efetivamente estou ali sem levar muito em conta a minha atitude negativa, o processo sempre me leva a outro estado de ser. Em brevíssimo tempo, faço-me presente e entrosado. Aprendi em meus primeiros trabalhos com terapia de grupo que os maus sentimentos, no começo da sessão, sempre se transformavam ao final se eu me deixasse levar pelos fluxos psíquicos. A energia do momento atuava em mim quando eu conseguia me esquecer do que levara de fora para a sessão. Se "mergulhamos de cabeça", qualquer que seja a atividade, ela nos absorve. A prática da presença consiste em aprender a mudar de atitude, como na disciplina xamanística de vagar entre os mundos. Percebo, em meu trabalho, que os sentimentos rígidos não apenas nos isolam do remédio da presença como nos esgotam. A resistência é sempre o umbral para um lugar onde acabamos depondo toda essa bagagem.

É difícil livrar-se de todas as atitudes rígidas antes de enfrentar situações desagradáveis. Minhas hesitações em reuniões, minha impaciência com interrupções súbitas como as do hotel de Washington, ensinaram-me que a disciplina da presença consiste em entrar nos lugares com uma atitude receptiva. Se tudo for estabelecido de antemão, não haverá espaço para o movimento criativo, para a profundidade. As surpresas e o inesperado não terão acesso. As situações sempre me ensinam a ir aonde os espíritos de uma dada situação me levam num momento específico.

Esse conselho de seguir a liderança do espírito criador, em vez de tentar dirigi-lo, tem inúmeras aplicações na vida.

Um repórter de jornal interessado em terapia artística perguntou-me: "Que faz você com uma pessoa portadora de câncer?"

Respondi: "Trato-a como a qualquer outra no estúdio. Sua pergunta baseia-se no modelo médico, que primeiro diagnostica e depois prescreve. Eu não faço isso, mas talvez a alma o faça em minhas sessões, pois tanto o câncer quanto a alma por ele afetada sabem mais a respeito de suas necessidades do que eu. Tento criar um espaço no qual a alma possa tratar de si mesma. Entretanto, procuro deixar a pessoa à vontade, presente e aberta ao ambiente, que busco do melhor modo possível encher de espíritos de vida. O remédio da arte nos vem *daimonicamente*, às vezes quando menos o esperamos e até mesmo contra a nossa vontade."

Uma vez que a vida da alma afeta o corpo, a arte tem algo a oferecer ao tratamento do câncer e de outras moléstias físicas. Como Sócrates disse a Cármides, jamais trate o corpo sem antes considerar a alma. Começamos por criar um clima no qual a alma esteja presente e em seguida lhe damos a liberdade de agir de acordo com a sua inteligência instintiva.

As pessoas que fazem peregrinações contam que as impressões da jornada sempre superam as expectativas. As coisas sobrevêm ao peregrino de modo inesperado. Há, porém, uma exigência universal: quem quer a transformação tem de pôr-se a caminho e demandar novos ambientes. Os velhos hábitos precisam ser quebrados, o que altera a química da pessoa. Ao passear num ambiente natural predileto, ao caminhar por uma rua da cidade, ao visitar um amigo ou ao ir à igreja, cultivamos uma força salutar que encontra o seu caminho para nós de diferentes maneiras. Colocamo-nos num ambiente com o desejo de receber aquilo que ele tem a dar, o que raramente se sujeita ao nosso controle.

Como encarregado do estúdio, minha primeira função é aliciar a alma do lugar, manter sua vitalidade e sua capacidade de atrair as pessoas de diversos modos. Ir a um estúdio é como procurar um oráculo, um templo, um centro de cura de Asclépio, onde a pessoa adormece para receber em sonhos os conteúdos da mensagem noturna, quaisquer que sejam. Ali penetramos inteiramente abertos aos espíritos do lugar e ao modo como nos afetarão. Ambientes e substâncias diferentes geram remédios segundo a sua própria natureza.

Quando leciono, procuro iniciar o movimento e depois me ponho de lado quando já avançamos um pouco. Aprendi que, se eu ficar demasiado envolvido com aquilo que estou pensando, ou aquilo que a situação aparentemente exige, não atinarei com os conteúdos reais do momento quando estes se revelarem. Existe autocontrole no ato de seguir a outra pessoa, a conversa, os movimentos mais gerais do lugar. Temos aqui a arte paradoxal de controlar e não controlar ao mesmo tempo.

Como parteiras, ajudamos a alma a revelar seus conteúdos e a renovar-se constantemente. É da natureza da alma estar sempre em movimento e manter-se fora de alcance mesmo quando passa através de nós. Gosto da metáfora da parteira porque esta traz novos seres para junto de nós.

O processo, entretanto, envolve também a captação das coisas quando chegam. Sigo o aforismo simples da psicologia dos arquétipos: "Apegue-se à imagem." Nada me tem ajudado tanto. Essa frase é o anjo-guia de meu trabalho. As imagens que emanam de nossas almas têm firmeza de propósito e aguçado senso de direção. Seguir a liderança das imagens e situações não é reconhecer-se perdido. É, antes, uma oração de presença. Tento ficar em contato com a coisa que está diante de mim, com o lugar onde me encontro. Eles me revelarão aquilo de que precisam e aonde devemos ir, se eu de fato me concentrar em seu ser e nele depositar confiança.

CRIAR COM O MUNDO

Todos os objetos e acontecimentos do mundo existem para que pensemos junto com eles.

— Elizabeth Sewell

A criação é uma participação mística de diversas coisas. Contudo, ainda pensamos a criação como algo que provém quase exclusivamente de dentro do artista. Segundo a minha experiência, a realidade é muito diferente. O criador fértil é aquele que se mostra sensível à expressão e aos espíritos sugestivos dos ambientes, objetos, gestos, relações e acontecimentos. A idéia de que o espírito criativo está contido dentro de nós é a mais limitadora de todas porque desencoraja as relações ousadas e indagadoras com o mundo material.

A contemplação de qualquer coisa física torna-se uma abertura para a criação. As crianças são muito engenhosas nisso. Basta observá-las na areia, na água, no gramado. Elas "dançam" com os materiais, ao passo que os adultos inibidos não conseguem se despojar de suas restrições para seguir a liderança das tintas, da argila, dos cubos de madeira. Nós, adultos, damos importância demais ao controle e não sabemos como deixar que os materiais movimentem o movimentador. Praticamente toda criança de cinco anos é capaz de pintar com espontaneidade e imaginação, ao passo que há poucos adultos capazes de entrar livremente em contato com essas expressões. As crianças podem nos ensinar a olhar com deleite para o ser de uma coisa e nossa presença recíproca, sem jamais perguntar: "Que diz ela da pessoa que a fez?" A criança vê pelos olhos do anjo.

Se olhamos por outros olhos que não os nossos, o objeto de nossa contemplação torna-se um parceiro, um anjo da terra que nos ajuda a entrar em contato com o fluxo livre do espírito criador. Quando mergulho no fluxo da criação, descubro como ele liga as coisas umas à outras de maneiras novas.

Posso olhar as coisas do ponto de vista de um abacate, com suas formas arredondadas, seu conteúdo macio, a casca e o caroço.

Posso absorver na alma qualquer objeto — um poema que escrevi ou que outro escreveu, uma série favorita de fotografias, uma carta recebida, uma peça musical, uma coleção mantida por vários anos.

Como no caso do abacate, posso trabalhar com a primeira coisa que se me depara e que, aparentemente, não tem nenhuma relação com a minha psique. O relógio de parede pode ser mais útil que o mais precioso objeto porque, no caso, poucas são as preconcepções e o objeto de contemplação adianta-se para estabelecer novas conexões com a minha vida.

O anjo da terra vive na presença simultânea da imagem, de sua essência e do modo pelo qual se relaciona com outras experiências, coisas feitas antes e ainda por fazer. Como um sonho, é um "agregado" presente em si mesmo e, no entanto, relacionado com o que foi e com o que será. A qualidade que chamo de anjo da terra existe nesses liames entre as coisas. Uma coisa brota da energia de outra e o criador é o intermediário. Nada surge no mundo como uma entidade pré-fabricada e completa. Os sonhos talvez sejam construídos da mesma forma. Lembranças, sentimentos, lugares e a arquitetura singular da alma de cada um se mesclam em eventos psíquicos que chamo de paisagens anímicas.

Como se dá com os sonhos, a mescla ocorre fora do alcance da consciência e nós raramente lobrigamos as conexões sutis e íntimas que esse agregado tem com a nossa vida. Filtramos a multiplicidade dos estímulos oferecidos pelo mundo exterior segundo a mescla instintiva da paisagem anímica, e esses atos raramente são intencionais. A paisagem anímica constrói-se a si mesma e, como um organismo doente ou sadio, absorve aquilo que alimenta o seu ser. As cenas são móveis e sempre se apresentam sob um novo aspecto.

Às vezes a mescla exige um esforço material correspondente, que afeta a alma por intermédio do corpo. Isso requer muito mais que uma conversa casual com o abacate ou o relógio de parede.

Não faz muito, senti-me deprimido com a falta de rumo e objetivo na vida. Saí para o quintal, pus abaixo uma pequena colina (toneladas de terra) e construí um grande muro de arrimo. Uma escavadeira poderia ter limpado a área em poucas horas, mas eu precisava manter meu corpo ocupado. O carteiro sorriu e disse para minha esposa: "Ele está possesso."

Durante e depois do trabalho, examinei esteticamente a construção de todos os ângulos possíveis. Os amigos acharam que o muro fora construído por um profissional, portanto existe alguma relação entre qualidade artística e gratificação terapêutica. Numa parte qualquer de meus genes deve haver um pedreiro celta ansioso para retomar o trabalho. Alimentei até certas fantasias sobre uma nova carreira.

Meus filhos aderiram à minha fixação e me estimulavam sempre que nos dirigíamos à obra de granito. Diziam: "Vejam esse muro! É impressionante!" Com o tempo, o "muro" tornou-se uma das figuras mais exaltadas e animadas de nossa casa. Estava cheio de espíritos e fluidos terapêuticos.

Insisto na imagem do muro. Meu apego a ele era inusitado. Meus filhos o perceberam. Guardei na alma a imagem do muro tanto quanto o próprio muro. Havia uma interação vital e imaginativa entre ambos, um entrelaçamento estético. Contemplei-o de todos os ângulos possíveis, do chão e de cada um dos três andares da casa. Cada janela propicia uma visão distinta.

Já faz três anos que construí o muro. Vendemos a casa e nos mudamos para outra — mas aquela imagem vive ainda, com singular intensidade.

Alguém dirá: "Mas é apenas um muro de pedra! Você é obsessivo."

Sim, sou obcecado com muros. Refletindo agora, lembro-me de que no último inverno, num dia frio de janeiro, saí para tirar fotografias dos muros e formações graníticas que circundam a nova casa em que moramos. Nossa casa está situada numa rica área glacial, marcada por configurações naturais e artificiais de granito. Bem diante da janela de meu estúdio, ergue-se um Stonehenge em miniatura. Deixei o muro amado na velha casa, mas o novo lugar é ainda mais bem situado com relação aos espíritos das rochas.

Se olharmos bem no fundo de nós mesmos, veremos como a alma a si própria se constela em imagens materiais que juntam fios variados da nossa vida psíquica. Perceber é materializar e empenhar a plenitude da imaginação na geração de seus espíritos a partir das coisas físicas. Minha experiência com muros de pedra oferece um exemplo de como isso funciona. Posso fazer a mesma coisa com areia, casas, gengibre, carros, nabos ou lápis amarelos nº 2.

A prática de olhar a vida segundo a minha relação com as pedras exige a revisão do mundo por obra da imaginação de uma substância material. Uma vez que ela é diferente de mim, o ponto de vista da pedra invoca uma resposta nova e criativa. Gaston Bachelard achava que existem fantasmas correspondentes às substâncias físicas e que seu poder depende do grau em que "se mostram fiéis à sua matéria".[17] Essa visão lembra o emprego que Henry Corbin dá à imaginação ativa para perceber a terra e todas as suas coisas na presença dos respectivos anjos. O interesse de Bachelard em poesia e filosofia da ciência levou-o a uma "psicanálise dos elementos" que investiga o modo pelo qual as qualidades subjetivas da matéria manifestam a nossa alma.

A imaginação da pedra é uma maneira intrigante de contemplar os anjos da terra porque, aparentemente, nada existe de mais básico, material, aparentemente inanimado e contrário à idéia convencional do anjo como um ser translúcido de devaneio e vôo. Eu gostaria de mostrar que a imaginação pode voar na companhia da pedra densa. Embora a criação de novas vidas e visões seja o eterno e precioso apanágio da imaginação, estou mais interessado aqui na maneira como ela funciona como faculdade de apreciação dos espíritos invisíveis ligados às coisas corriqueiras.

A pedra pesada e comum porá à prova a crença de que os anjos emanam de todas as coisas do mundo físico. Poucas pessoas têm dificuldade em associar o devaneio com uma cachoeira, um regato, uma nuvem flutuante, uma fogueira, uma vela, uma flor, um panorama aberto ou um majestoso rochedo marítimo, talvez porque os seres humanos sejam mais propensos a incorporar os espíritos ligados ao ser dessas coisas. Mas a pedra comum não costuma induzir as pessoas ao devaneio. As pedras existentes em jardins, poços de água e rios são em geral associadas com imagens agradáveis porque absorvem as qualidades do ambiente, que suavizam e embelezam a substância pura.

Quando observo a vida em relação com a pedra, vem-me a idéia de parceria e influência mútua, um intercâmbio de espíritos que é a base de minha compreensão dos anjos da terra. A pedra funciona como um *leitmotiv* na minha imaginação e me abre para o espectro mais amplo do campo psíquico. Ela se torna o umbral do xamã, uma passagem que me conduz a outros recintos da memória e da imaginação. Uma inspiração leva a outra.

Viajo para dentro da imaginação da pedra e deixo-me ir com os espíritos que ela encerra. O mesmo ocorre quando medito a respeito de um quadro, uma pessoa, um lugar. A estrutura da imagem contém expressões que me estimulam quando me abro para sua imaginação. Elas contêm e inspiram imagens. Trata-se de uma relação íntima e segura na qual os parceiros ligam-se um ao outro e concretizam seu espírito. As coisas do mundo exterior integram paisagens anímicas por meio daquilo que Allan Gussow descreve como "o processo de sentir profundamente... Um lugar é um pedaço do ambiente que foi animado de sentimentos".[18]

Herman Melville inicia *Moby Dick* com um devaneio sobre a água. Diz que os "contempladores da água" são eternamente atraídos pelos rios, oceanos e lagos, seus parceiros de meditação. Todos vemos "a mesma imagem na água", que Melville descreve como "a imagem do fantasma esquivo da vida: eis a chave de tudo". Melville explorou os mares, que correspondem ao perpétuo movimento e espacialidade da imaginação, enquanto suas águas insondáveis guardam os mistérios da alma. A mesma vastidão e profundidade espacial podem ser imaginadas em qualquer substância ou objeto capaz de propiciar um fluxo infinito de possibilidades por meio do devaneio.

Gaston Bachelard acha que a imaginação material baseia-se na experiência de atribuir "existência dupla" à matéria[19]. A coisa é, ao mesmo tempo, uma rocha e uma série infinita de correspondências poéticas, ou espíritos, que dela emanam.

O objeto me induz à imaginação. Experimentamos a interioridade psicológica de uma substância por intermédio do devaneio porque, como disse Bachelard, uma pessoa "não suscita sonhos com descrições". Se sonho com uma rocha simples, ela se torna meu parceiro angélico e me liga aos poderes das coisas materiais e aos espíritos nelas contidos.

As pessoas comuns talvez estejam mais envolvidas com os espíritos das pedras do que supomos. Entretanto, esses relacionamentos não fazem parte de nosso discurso cotidiano, talvez porque os fluxos profundos e simbólicos fluam através de nós em silêncio, abaixo dos sons da fala prosaica.

Li recentemente no *Gloucester Daily Times* que um milhão de dólares foram destinados pela prefeitura aos reparos da represa de Lane's Cove, construída de blocos de granito talhados no início da década de 1840. Uma vez que os blocos de cinco a oito toneladas não conseguiram resistir à pressão das águas nos últimos cento e cinqüenta anos, há o projeto de reforçar a parede externa da barragem com concreto. O povo de Lanesville alarmou-se com a possibilidade de ver desfigurada a forma e a face granítica da obra histórica. O parágrafo seguinte da reportagem levou-me a reconhecer que minha atração por pedras talvez seja mais universal que idiossincrática: "O povo de Lanesville recebeu garantias de que os blocos originais, removidos para a aplicação do concreto, serão recolocados exatamente como eram. Parece que muitos dos habitantes conhecem cada bloco da barragem e não os querem deslocados quando o trabalho terminar."[20]

As configurações graníticas da barragem de Lanesville são símbolos da comunidade, onde pedreiras e indústrias marítimas floresceram no século passado. As pedras guardam lembranças do passado para toda a cidadezinha e cada um de seus habitantes, cujas vidas decorreram nas proximidades delas. E a estrutura resiste como força viva, um ambiente estético, um ponto de segurança entre o mar e a cidade.

Todos podemos apanhar uma substância arquetípica, como a pedra, e refletir sobre a vida por intermédio de imagens dela. Contemplo as pedras cinzentas dos edifícios góticos de meu *campus* universitário. A educação é evocada como um tempo de recintos de pedra, prédios formidáveis e solidez por toda parte. O processo não foi leve e flexível. Foi uma disciplina fria e dura. Eu jamais pensara no estudo dessa forma. A pedra proporciona uma perspectiva nova e elementar.

Relembro as rochas grandes e suaves das primeiras pinturas "sérias" de minha infância. Há uma marinha serena, com um homem remando. Lembro-me do paredão rochoso perto de casa; da face de pedra do velho da montanha quando meus avós me levaram a New Hampshire pela primeira vez; de estar sentado com outros garotos na calçada à espera de condução; de velhos paralelepípedos aparecendo sob os buracos do asfalto de uma rua de Salem; dos seixos que me machucavam os pés quando entrei no mar, muito antes de surgirem as sandálias de praia; do rochedo na praia próxima de casa, onde minha mãe gostava de tomar sol (nós o chamávamos o "rochedo da mamãe"); de subir a parede de granito que bordejava o istmo entre os cais de Beverly e Salem; de poças de água nas rochas; de meu jardim pedregoso; das pedras jaspeadas que eu e meus filhos catávamos no Maine; da aura suave das pedras brancas de Jerusalém, que me deixam fascinado quando lá vou; das úmidas pedras cinzentas de Galway e da Universidade Nacional da Irlanda, onde estive por um semestre; e dos muros irregulares de pedra que se erguem por toda a parte ocidental daquele país.

No oeste da Irlanda, meditei longamente sobre os ambientes rochosos. A alma de Connemara é inseparável da pedra e os muros exprimem a interação humana com a terra. Suas formas irregulares e sua cor cinzenta constituem, para mim, as expressões mais características da regiao.

Imitei os espíritos desse movimento natural e livre empenhando-me durante semanas em desenhar muros de pedra enquanto os contemplava nos limites de propriedades e estradas. Cada pedra dava sua contribuição pessoal às configurações que se estendiam pela paisagem. Examinei as formas e localizações das diversas pedras, descobrindo ao mesmo tempo como elas se adequavam ao esquema geral das rochas.

Passeei sem destino pelas colinas e pântanos de Connemara todos os dias, numa velha bicicleta, levando nos bolsos o material de desenho. Passei meses admirando os muros e a analisá-los dos mais diversos pontos de vista, como já fizera com o que construí na minha casa.

Quando tentava conscientemente desenhar as pedras avistadas nas minhas expedições, o trabalho saía canhestro e forçado. Em dada altura, ocorreu-me que eu poderia desenhar os muros com os mesmos gestos e energias espontâneos que constituíam a natureza deles e o modo como haviam sido construídos. Evitei olhar diretamente para eles e passei a evocá-los por meio do sentimento. Quando tentava "descrever" os muros na pintura, não havia vida nem correspondência angélica. As coisas perdem a alma se são pintadas muito literalmente.

Em toda criação, há um encontro de participantes que dão algo de si para uma vida nova. Quando olhamos diretamente um objeto pelos olhos da alma, forçamos os nossos próprios espíritos e os espíritos da atmosfera a uma reunião que chamo de paisagem anímica. Se um objeto é pintado sem essa troca de influências, visíveis e invisíveis, não admira que deixe de criar uma energia de entusiasmo que corresponda à nossa percepção do muro.

A contemplação estética de qualquer objeto é cheia de espíritos e expressões sutis que emanam da sua estrutura física. As observações mais diretas das coisas envolvem a experiência de qualidades que não podem ser descritas literalmente. Se sou inspirado por um muro, faço eco ao seu ser e expresso a mim mesmo de um modo condizente com sua construção. Harmonizo-me com o muro e a minha expressão é uma transformação que conserva traços de nossos respectivos seres. Não se trata de uma imitação exata.

Essa modificação nos meus desenhos de muros ocorreu quando exprimi suas qualidades por meio da expressão imaginativa e dos sentimentos que albergava para com eles. Minha impressão de toda uma vida a respeito da pedra pôde então fluir para os desenhos. As observações imediatas dos muros de Connemara mesclaram-se às experiências pessoais de construir muros de pedra e outras configurações rochosas em Massachusetts, desde a infância até hoje.

Uma expressão animada da pedra não é uma duplicação perfeita ou pintura literal. Ela requer as distorções e exageros que provêm de nossa comunhão profunda com a coisa e seus espíritos. Sob esse aspecto, criamos juntamente com as coisas materiais. Imaginamos junto com elas e com as nossas lembranças. Quando estou inteiramente absorvido num trabalho imaginativo, é como se houvesse um buraco negro sugando todo fio de experiência de vida e todo conhecimento para o centro de seu ser. Não consigo penetrar na zona profunda da imaginação se eu me envolver demais com os negócios e projetos cotidianos. Para que as interconexões espontâneas e os achados daimônicos da imaginação apareçam, tenho de me entregar ao processo, sacrificando-me por inteiro às suas intenções. Renuncio aos apegos e sonho com a obra de criação. Quanto mais fundo vou, mais a minha vida habitual se desestrutura — ou alço vôo com os anjos da exultação ou luto com os demônios do nada espesso. Todavia, mesmo nesse estado de abandono, o processo imaginativo está sempre ligado às iniciativas das coisas e à minha cooperação com elas. Como diz Bachelard, "Todo objeto contemplado, todo nome evocativo que murmuramos é o ponto de partida de um sonho..."[21]

Na expressão criativa, viajamos a partir das coisas e ao lado delas; mas é preciso conservar o estímulo original sem muito apego, dando-lhe ensejo de transformar-se ao longo da jornada que juntos empreendemos. Como me disse um marinheiro certa vez, "Segure de leve a cana do leme!" O controle rigoroso afasta os anjos da imaginação.

As pinturas e outras criações são mundos em si mesmos; não são idênticas nem derivadas, mas apenas correlatas às coisas que as inspiraram. Logo que percebi a impossibilidade de duplicar muros num quadro, tive uma nova visão da expressão e das qualidades dos muros. Vi-os de modo mais completo por meio da minha incapacidade de recriá-los.

Quando renunciei à tentativa de pintar muros, aproximei-me mais de seus espíritos. Eu os imaginava com os traços rápidos e impulsivos do lápis. Havia correspondência entre o meu movimento e os gestos feitos pelas formas das pedras. Em vez de representar os muros, pintei-os como uma criança o faria e "captei-os".

À medida que eu me tornava como eles, tudo mudava. Em vez de "reproduzir" os objetos da imaginação e as coisas do mundo, procurei mergulhar em seus espíritos — pintando de um modo que correspondesse às infinitas variações do contato entre as pedras irregularmente talhadas. Ao descobrir que podia pintar "como as pedras", liberei-me para "captar" continuamente novas formas, em lugar de construir réplicas duras e autoconscientes. Depois que apreendi a casualidade das formações rochosas, tudo se encaixou e não consegui parar de captá-las. Além de "imitar" a formação de cada rocha, foi necessário também perceber o modo como se relacionavam umas com as outras no quadro geral da paisagem, de sorte que as fui acompanhando pelos meandros das estradas e outeiros. Ter acesso a essas qualidades expressivas das coisas equivale a pintar como um sonho em vez de, academicamente, pintar os conteúdos de um sonho. Absorvendo os espíritos da paisagem, suas estruturas se tornaram para mim a base da imaginação.

É assim que os anjos da terra atuam por meu intermédio. Medito a respeito das expressões tangíveis do mundo físico, recebo o influxo de seus espíritos e faço-me parecido com eles. São meus parceiros e guias. Criar é cooperar com as expressões do mundo. A vitalidade de minha criação depende do grau em que me abro para elas e de como respondo a elas.

Lembro-me do prazer que senti desenhando os muros de pedra de Connemara muito depois de deixar a Irlanda. E só depois que a deixei é que captei realmente o sentido das configurações improvisadas daquelas construções. Isso confirma o adágio segundo o qual o desenho de memória consegue expressar melhor a alma do objeto que uma reprodução direta. O distanciamento da coisa literal permite que ela seja reconstituída na imaginação, onde suas verdadeiras características misturam-se às nossas impressões pessoais. A comunhão é mais livre porque já não existem as coações da presença literal. Quando estou muito ligado a uma coisa é que costumo esquecer o modo como funciona a expressão criativa. Eu me apaixono pela imagem que contemplo no mundo e tento preservá-la intacta no meu desenho ou poema, sem me lembrar da impossibilidade de sucesso desse esforço.

Abandono os muros a si mesmos para que possa redescobri-los em minha arte. As estruturas físicas da musa têm de vincular-se ao estilo de meus gestos e aos espíritos da minha expressão para que eu tenha uma nova experiência dos muros de pedra de Connemara.

Desenhos, fotografias e outras meditações reagem à expressão do mundo material que atua sobre mim. Quando observo um muro real, procuro aspirar esteticamente sua atmosfera, e as qualidades da substância material continuam a influenciar meus pensamentos e sentimentos por meio da memória. Sem dúvida, o espírito da coisa parece moldar minha experiência. O mundo está constantemente me construindo.

A realidade é uma colaboração entre a experiência psíquica íntima e o mundo físico exterior. A experiência da percepção é o intermediário. No entanto, para certas pessoas, é a consciência humana que torna as coisas expressivas. John Kensett (1816-1872), pintor americano ligado à escola do Rio Hudson, fez a seguinte afirmação.

> As *coisas* são aquilo que delas faz a *mente* — todavia, quando lhes infundimos o princípio intelectual de nossa natureza, essa humilde habitação transforma-se num santuário de culto perpétuo. Esse culto, de outro modo, passaria despercebido, sem merecer um único pensamento. Assim, a coisa mais indiferente e por si mesma sem valor — um pedaço de rocha, uma ferramenta quebrada, uma roupa velha, um galho caído ou uma simples folha —, depois que recebe o toque espiritual, torna-se um objeto de intenso interesse, uma relíquia inestimável como a lembrança.[22]

Simpatizo inteiramente com a apoteose que Kensett faz das coisas simples, quase sempre ignoradas. Aceito também o papel importante da mente no ato de apreciar e espiritualizar as coisas. Entretanto, sua declaração revela igualmente a atitude parcial de que só a mente transmite o espírito. A animização, ou espiritualização, é para mim um processo recíproco entre a pessoa que percebe e a coisa percebida. Elas se influenciam uma à outra graças à atenção dispensada.

As substâncias materiais do mundo moldam a vida interior. Espanta-me essa insistência em que "as *coisas* são aquilo que delas faz a *mente*", inversão da fonte real da alma na nossa vida. Objetos e lugares constroem o nosso ser estético e os conteúdos de nossa imaginação. Como disse Ralph Waldo Emerson, "As coisas estão na sela e cavalgam a humanidade." Eu sou apenas uma humilde testemunha da manifestação de suas expressões. Como pode uma pessoa "fazer" a expressão de um lugar natural que afeta milhares ou milhões de outras pessoas da mesma maneira?

Mesmo agora, evocando os muros de Connemara, sou arrastado

para *seus* espaços, conduzido ao longo de *seus* caminhos, mergulhado na abundância de *suas* pedras e interstícios. Estou repleto da imaginação que eles trazem em si e oferecem a mim, sua testemunha.

Antecipo o que está além da curva do caminho. Imagino como será dirigir um carro por essas estradas estreitas e poeirentas da Irlanda, os ventos cortando a atmosfera. Estou cheio das brisas do espaço e da solidão. Posso ouvir o vento. Como os bois e os arbustos, achego-me aos muros em busca de proteção. Imagino-me descendo a vereda e apanhando uma pedra. A vereda me convida. Quero ver mais configurações de muros. Gostaria de estar lá, pedalando uma bicicleta pela paisagem ondulada.

Os padrões em serpentina dos muros de pedra levam-me a concluir que as melhores obras de arte ambientais que jamais vi lá se espalham pelas colinas de Connemara. Há tantas pedras, há tantos muros cobrindo a montanha! Para mim, eles exprimem plenitude, o infinito contido em si mesmo.

Contemplo essas paisagens com olhos de artista. Entretanto, posso imaginar um camponês olhando um muro recém-construído com a sensação de deleite visual, como a mim próprio sucedeu ao construir o muro em minha casa. De forma alguma a sensibilidade estética confina-se à consciência da arte. Fico animadíssimo quando vejo uma cerca recentemente pintada, um gramado que acaba de ser aparado, a fruta crescendo num pomar ou um piso bem varrido. Mesmo quando examino as criações mais funcionais, momentos há em que a coisa domina o observador graças à apreciação estética de seu ser puro, aquilo que Emmanuel Kant chamava o sentido da coisa-em-si.

Lembro-me de casas que mostram a habilidade de se trabalhar a pedra. Se os muros do campo encerram espíritos livres, os edifícios de pedra das aldeias irlandesas exprimem contenção, proteção e incidência de energia num lugar especial. As paredes das casas parecem grossas e frias, fazendo-me cogitar o que está por trás delas. As casas se erguem firmes, estacionárias e presas à sua localização, ao passo que os muros do campo dão uma sensação de movimento, ação, ir-e-vir, uma parceria entre a terra e o céu. A alma necessita tanto de seus escaninhos quanto de seus espaços abertos, as pedras fixas das casas e os blocos erradios do campo.

Minhas reflexões sobre os muros de Connemara são um jogo entre suas qualidades estruturais e as reações que evocam em mim. Minha mente não elabora nem a elas nem às suas características. Seu apelo estético deve-se na verdade à inversão da "mente sobre a matéria". Os muros foram construídos de pedras que provavelmente jaziam nas imediações ou acabaram exumadas pelo cultivo da terra. A existência do material sugeriu as estruturas, de acordo com a tese de Sir Herbert Read segundo a qual a imagem precede a idéia.[23] As pedras nos ensinam o que fazer com elas.

No caso desses labirintos irlandeses, não há indício de que a idéia da repartição tenha precedido a existência do material. Enquanto eu vagueava pelas campinas de Connemara, parecia-me até mesmo que os muros poderiam ter surgido como um modo de alinhar pedras casualmente encontradas ou desenterradas pela enxada e pelo arado.

Os muros lembram tanto a matéria pura, em seu estado mais natural, quanto qualquer construção humana que eu tenha visto. Foram erguidos sobrepondo-se uma pedra a outra, livremente, considerando-se antes a gravidade que a aparência como força prevalecente em sua formação. A casualidade de sua construção é seu traço perceptivo mais destacado. O método adotado permite a cada pedra preservar a aparência geral e, ao mesmo tempo, participar do todo. As aberturas não-planejadas entre as pedras reforçam sua estabilidade, permitindo que os ventos oceânicos do Oeste passem através delas.

Sinto-me especialmente atraído pela expressão casual dos muros. Eles não se levam demasiado a sério nem seus construtores estavam muito preocupados com medidas exatas, linhas retas, ângulos precisos e outros requisitos da engenharia matemática. Os muros dão a impressão de ir aonde querem, sem se importar excessivamente com demarcações e limites de propriedade. Aquilo que seria considerado imperfeição de acordo com uma perspectiva meticulosa da construção é o que acaba constituindo seu atrativo formal.

Essa tecnologia primitiva e parca humanização da terra condizem com a minha sensibilidade, junto com o fato de toda uma cultura e uma região inteira serem definidas por tão arcaica continuidade de forma e material. As poucas casas de pedra do campo são construídas com a mesma simplicidade de desenho que as insere perfeitamente na composição geral da paisagem. A reduzida população, tanto de pessoas quanto de árvores, aumenta a preeminência dos muros, que cavalgam à rédea solta por campos e colinas.

Os muros evocam fortes sentimentos estéticos e, contudo, não é esse o propósito de sua construção. São totalmente destituídos de pretensões e de "autoconsciência", em franca contraposição ao modo pelo qual construções artísticas e arquitetônicas modernas se inserem em seus ambientes.

Comparem-se a humildade e modéstia dos muros irlandeses com as coisas que chamam a nossa atenção e regulam as nossas ações por meio das suas estruturas e localização. Toda configuração expressa a sua natureza e encerra traços da consciência e intenção de seu construtor. Os muros irlandeses sugerem uma cooperação instintiva entre seus construtores e a terra, ao passo que muitas de nossas formas contemporâneas são forçadas, inseguras de si, teimosas, tentando impor-se sem absolutamente nenhuma consideração pelo meio ambiente.

Não pretendo estender o "politicamente correto" à arte e à arquitetura postulando uma "lei natural" da construção ambiental que desencoraje a criação de espaços estranhos. De um ponto de vista mais amplo, necessitamos de todo tipo de construção, construções bizarras ao lado de construções de pastoril simplicidade — e o Oeste da Irlanda é o paradigma das últimas. Tem-se ali um santuário preservado onde o comércio fez relativamente pouco para transtornar a paisagem, devido à sua rude e pedregosa constituição. Voltando novamente à imaginação das pedras, podemos vê-las como os protetores ou mesmo os salvadores da alma arcaica do lugar. Sua presença modela não apenas a minha reação estética, mas também a história da região.

Outra pessoa verá coisas diferentes nos muros, talvez semelhantes aos meus comentários, mas essa fecundidade de possibilidades oferecidas pelas configurações das pedras, de par com as variadas posturas interpretativas dos observadores, não deve ser confundida com a noção de que são estes últimos que criam os muros. O ato criador é uma parceria entre as pessoas e as expressões criativas do mundo.

A declaração feita no século XIX por John Kensett, "As *coisas* são aquilo que delas faz a *mente*", está profundamente implantada na psique atual e nas nossas atitudes para com o mundo físico. D. W. Winnicott, psicanalista britânico, escreve: "O indivíduo só se comunica com um mundo autocriado, e as pessoas do ambiente só se comunicam com o indivíduo na medida em que o criam."[24]

Essa visão implica que as pessoas se comunicam principalmente consigo mesmas; nunca, em parceria plena, com as coisas da natureza, num relacionamento em que cada participante entrega sua natureza específica ao outro. Parece natural, para quem começa a mergulhar profundamente na análise de Winnicott, sentir a irrealidade do mundo. "A experiência é um comércio constante com a ilusão" porque o mundo é visto da perspectiva da ilusão. Todo o tecido desse tipo de análise baseia-se num mundo centrado no indivíduo, destacado e alheio. Não é de estranhar que a alienação tenha se tornado um tema psíquico neste século XX.

Eros se vai quando já não fazemos contato com um ambiente material e vivo. A consciência se dobra sobre si mesma. A participação é uma maneira mais sensível de olhar para aquilo que realmente acontece no cotidiano do que a ilusão. A reciprocidade entre os nossos pensamentos e as expressões do mundo fomenta a criatividade, a produtividade e a riqueza. Precisamos da terra, precisamos das pessoas, precisamos das coisas.

Relações íntimas exigem sensibilidade poética e vívido senso de alteridade. Para Gaston Bachelard, a alma "sofre de uma deficiência de imaginação material". Ele gostaria que os cientistas e filósofos pudessem ler os poetas a fim de aprofundar seu contato com o mundo. Diz Bachelard: "Os objetos nos designam mais do que nós designamos a eles... A objetividade científica só é possível quando se rompe com o objeto imediato."[25] A perspectiva da ilusão se cura com um relacionamento mais físico com a terra.

No meu trabalho de ajudar as pessoas a se relacionarem criativamente com a vida, o maior obstáculo consiste no modo como tudo nos sonhos e nas artes se refere ao indivíduo "criador". O eu simplesmente açambarca todo o espaço, não deixando quase nada para os outros. Sempre estimulo as pessoas a dizer às suas criações: "Nesse momento existe você, não eu. De que modo me relacionarei mais criativamente com a nova vida que você traz, para que ela refaça a minha alma?"

Esquecemos que a alma vive no mundo físico e que, quando perdemos contato com as coisas, perdemos a alma. Por meio da reflexão criativa sobre as mais simples substâncias, reconstruiremos o mundo regenerando ao mesmo tempo as coisas e a nós mesmos. Nossos destinos estão unidos.

COISAS A FAZER

ARTE

• A idéia de que a arte é um objeto precioso, raro e particular não precisa opor-se à apreciação estética da experiência comum. A arte são muitas coisas e atende a diversas necessidades. Procure um objeto comum — uma pedra, uma folha, um pedaço de madeira — e coloque-o num lugar especial. Reúna outros objetos e mude-os de vez em quando. Esse ritual prova que cada coisa tem qualidades únicas. Os objetos se tornam tesouros quando lhes prestamos atenção.

• Faça uma abertura retangular num cartão ou imagine que está espiando o mundo por uma pequena moldura. A perspectiva fechada aumentará a percepção bidimensional das coisas, o que o capacitará a vê-las como se fossem superfícies de uma pintura. Quando você olhar um tronco de árvore por essa abertura, verá a textura da casca como uma composição artística. O mesmo acontecerá quando olhar a grama, um muro de pedra, um rochedo, a granulação da madeira, livros na estante ou o lado de uma casa.

• Faça uma moldura maior e, através dela, olhe para partes de uma mesa ou setores de um cômodo. Você perceberá como o artista elabora a composição de um quadro. Olhe para coisas como uma parede e compare-as com corredores e outros espaços que acentuam a terceira dimensão.

Esses exercícios o ajudarão a captar as qualidades expressivas de coisas a que você, normalmente, não costuma dar atenção.

• Imagine-se observando uma coisa ou lugar a partir de uma metaperspectiva que não esteja ligada a nenhuma posição particular no espaço, a duas ou três dimensões, a um tempo específico ou a nenhuma outra restrição da relatividade física. Essa transcendência do tempo e espaço ligará você às qualidades espirituais da matéria, contemplada simultaneamente de diversos pontos de vista. A coisa é muito mais do que aquilo que você vê de uma única perspectiva.

• Use a imaginação poética, perguntando como os objetos se sentem com respeito à atenção que você lhes dá. Eles gostariam que você não se envolvesse tanto com a vida deles e não invadisse o seu espaço? Eles têm consciência de si? Uns gostam mais disso que outros? Ou os objetos são totalmente livres e generosos em sua auto-expressão? Ficam satisfeitos em ser reconhecidos, em ter suas radiações acolhidas, em ser acariciados por seu olhar e toque?

• Caminhe, durante quinze minutos, mais devagar do que de costume. Ao estender a mão para um objeto, faça-o lentamente, concentrando-se no gesto. Perceba cada movimento básico do corpo como uma dança, uma expressão gestual dramática.

• Adquira material de desenho e pintura, cerre os olhos, empunhe o material de sua preferência e faça gestos simples sobre uma folha. Passe para outras folhas e expresse novos sentimentos e movimentos. Varie os materiais utilizados e sinta a diferença. Agora comece a rabiscar de olhos abertos. Não tente controlar os gestos e reproduzir alguma coisa que tenha em mente. Deixe que o movimento flua por si mesmo através de você. Concentre-se unicamente nos sentimentos e suas expressões.

Procure fazer esses gestos sobre superfícies grandes e pequenas. Quando você trabalhar a grande, empenhe o corpo inteiro na obra, pés, pernas, costas, ombros e ambos os braços. Não se restrinja às mãos e dedos: utilize-os em conjunto com o resto do corpo. Tente alcançar a mesma totalidade de expressão corporal quando fizer quadros pequenos.

Medite nessas imagens. Considere cada gesto um espírito exclusivo. Observe como diferentes traços se influenciam mutuamente e a superfície circundante. Imagine cada um desses gestos simples como anjos e eles se transformarão em fascinantes veículos de expressão.

Se você tem a intenção de dedicar algum tempo à arte, ensaie várias vezes um gesto e modele-o numa imagem a partir do movimento original.

O MUSEU

• Os objetos de arte costumam exigir mais cuidados que as coisas comuns, quando se trata de captar sua natureza angélica. A espontaneidade é tida como essencial para o ato físico de modelar uma imagem que nos dê arrebatamentos súbitos e impressões inesperadas, mas as interpretações da arte passam por seguir regras pedantes.

As pessoas não olham para um Volkswagen novo e perguntam: "Que significa?" Instintivamente, sabem como encará-lo e imaginar sua existência. No entanto, se se trata de objetos de arte, tentamos lê-los com o auxílio de Freud ou de um crítico cuja coluna aparece nos jornais. Não precisamos recorrer a esses intérpretes especializados para compreender o céu azul, um vestido de seda vermelha ou uma comida bem-preparada.

Reflita sobre um quadro de sua casa ou de uma loja sem se preocupar com significados. Tente apreendê-lo de um modo puramente sensual. Olhe-o do mesmo modo como você costuma olhar a pedra, a madeira ou outras substâncias naturais, através de seu visor retangular. No caso de uma cena tridimensional, contemple-a bidimensionalmente e vice-versa.

• Vá a um museu e aprecie um quadro que retrate alguma cena, de preferência pintada livremente, como os de Rubens, Delacroix ou Chagall. Tente vê-lo simultaneamente em duas freqüências, como representação e como pura forma e cor. Usufrua o movimento interativo da dupla dimensão que passa de uma maneira de ver a outra. Quando buscamos num quadro apenas um tema ou um relato, perdemos a vitalidade material e os espíritos puramente físicos das tintas, das relações formais e da cor.

Essa noção de presença múltipla é essencial para a minha visão do anjo da terra. As pinturas não podem ser reduzidas a uma dimensão única. Muitas coisas acontecem ao mesmo tempo e cada qualidade contribui para a vitalidade da outra. O modo pelo qual as figuras criam sua expressão visual numa pintura lembra a idéia de Henry Corbin segundo a qual as coisas têm uma dupla natureza, como formas sensíveis e anjos. As figuras e cenas de uma composição — pessoas, campos, animais, ruas, quartos — encerram forças completamente diferentes daquilo que eu chamo de representatividade factual. As expressões angélicas da obra de arte não estão entranhadas nem escondidas nas formas: elas são as superfícies e qualidades aurais que transmitem espíritos sutis ao observador.

Se procurarmos ver a arte "figurativa" dessa maneira, perceberemos o movimento como uma força elementar na pintura. Pinturas que expressam figuras reconhecíveis apresentam-se como estrutura pura, como se fossem "não-figurativas". São os espíritos e expressões genuínas do veículo que dão vida a um quadro. As figuras constituem um modo de captar essas amplas expressões estruturais, porque nenhuma das duas qualidades pode tornar-se despótica: cada um dos parceiros se defende dos excessos do outro. Quando eles realizam plenamente sua dupla função de personagens imagéticos e material expressivo, a dicotomia entre representação e abstração se dissolve.

Aprecie o modo pelo qual uma boa tela se exprime simultaneamente em dois níveis, a imaginação de uma cena influenciando as qualidades puramente formais da composição e vice-versa. Vá e venha entre ambas, como se a pintura fosse um muro de pedra ou uma árvore cuja textura você estivesse observando.

• Selecione uma pintura "não-figurativa" de Mark Rothko, Helen Frankenthaler ou Jackson Pollack. De perto ou de longe, contemple-a como você contemplaria qualquer objeto da natureza, a partir de uma base puramente formal. Desmistifique a obra de arte e veja-a como se ela fosse uma configuração da terra, vista de sua janela; em contrapartida, desmistifique a terra para captar suas qualidades expressivas. Essa mudança de perspectiva é o fundamento do anjo da terra, que desaparece logo que me limito a olhar uma coisa de uma maneira única.

O termo "arte abstrata" é um oxímoro, porque as pinturas são físicas e nos arrastam para dentro do ser essencial da matéria. Elas não "desvelam" necessariamente o que está por trás do mundo material; antes, nos ajudam a perceber a textura de sua face com mais sensibilidade. A idéia de "arte abstrata" requer uma mundivisão dualista. Tudo, da configuração natural das pedras a uma pintura imaginativa, é uma presença ao mesmo tempo material e espiritual. Nós nos deixamos levar pela vida contemplando apenas a idéia superficial da coisa e nunca nos abrimos para as qualidades singulares de seus espíritos expressivos e materiais, tal como os poderíamos perceber por meio da sensibilidade individual. Assim são os anjos da terra, nos quais a matéria e o espírito criam juntos e aprofundam a imaginação do mundo.

Sempre achei que as composições do "expressionismo abstrato", com seu movimento pictórico puro, cores, formas e texturas, carregam em si os espíritos primitivos da terra. Esses quadros constituem a forma mais física de pintura, pois expressam a substância essencial e os rudes anjos da terra, espíritos sem nenhuma pretensão à forma humana.

• Se quiser captar a aura de uma pintura, olhe-a como um todo, sem se deter em nenhum pormenor. As cores e formas começarão a vibrar em uníssono e você se tornará parte do campo energético. Para mim, a aura é uma qualidade particular, o "sabor" perceptivo gerado pelo quadro, diferente da auréola, uma luz radiante que envolve os corpos celestiais e é intensificada pela bruma.

FOTOGRAFIA

A imagem fotográfica eterniza uma visão do mundo e a distingue do efêmero. A fotografia mantém-se constante enquanto nós mudamos. Ela se torna a nossa testemunha e, ao mesmo tempo, aprimora nossa capacidade de apreciar a expressão das coisas físicas. Depois de toda uma vida de cultivo da fotografia, ainda me deleita o modo mágico com que ela enquadra uma situação e me revela muito mais coisas. A câmera preserva as imagens dos instantes e desvela a vasta expressão que existe no mais comum dos cenários.

• As câmeras podem tornar-se nossas aliadas na apreciação do mundo. Elas descerram os olhos da alma e atiçam seu desejo por imagens. O granizo vem caindo há dois dias, e eu me sentia acuado e deprimido até olhar pela janela através da câmera e perceber a maravilha dos arbustos e árvores salpicados de gelo. Saí e dirigi-me à aldeia, testemunhando a arte da natureza que amanhã desaparecerá com os primeiros raios do sol.

• Leve a câmera para um lugar sem nenhum atrativo ou para um ambiente que não lhe agrade. Em vez de colher instantâneos do cenário inteiro, fotografe detalhes, recantos, minúcias. Se você selecionar imagens dessa maneira, entrará em comunhão estética com o local e se abrirá para seus espíritos expressivos. As fotos lhe mostrarão formas, texturas e brilhos que você habitualmente não nota porque traz os olhos e a alma fechados para esses lugares.

• Considere sua câmera como um instrumento usado tanto para espiar quanto para receber imagens involuntariamente; como um intermediário que o ajuda a interagir com as expressões do mundo graças aos disparos que captam instantes.

• Contemple fotografias como se fossem imagens que recolhem e devolvem a alma ao mundo. Veja-as como testemunhas do modo pelo qual cada objeto, cada ambiente se abre para aqueles que se dispõem a observá-los com olhos receptivos.

• Escolha temas para suas fotos. Procure círculos no ambiente. Fotografe objetos circulares como se fossem mandalas. Observe grupos de coisas e enquadre suas fotos de modo a enfatizar suas expressões visuais — por exemplo, uma cerca tão fechada que nada deixe ver. Procure coisas duplas, triplas, quádruplas, grupos numerosos, etc. Identifique desenhos simétricos nas folhas e padrões assimétricos em muros e outras configurações.

• Além de suas imagens cuidadosamente compostas, tire fotografias ao acaso, com o mínimo de planejamento possível.

Um amigo deu à minha filha de quatro anos uma câmera com *flash* automático e disse-lhe que ela podia tirar fotografias à vontade em nossa sala. Além da sensação de olhar pelo visor, os ruídos da máquina e o brilho dos *flashes* constituíram uma experiência em si mesmos. Quando chegaram as fotos reveladas, fiquei impressionado com as imagens totalmente espontâneas dos olhos da criança. Pelos padrões adultos, suas composições eram desconexas, desequilibradas e descentralizadas, mas isso ainda mais me fez apreciá-las como produtos sem preconceitos do olhar infantil. Ela captava qualquer coisa que a interessasse, sem as imposições da técnica dos adultos.

Mesmo com a mágica instantânea da fotografia, nós enquadramos imagens de acordo com os nossos interesses e modos de ver — centralizado, equilibrado, de perto ou de longe, isolado ou na multidão, vertical, horizontal, sereno ou agitado. A maneira como as fotos da menina mostraram um mínimo de interpretação da composição imediatamente demonstrou até que ponto nós, adultos, moldamos o que vemos. Suas fotos captaram apenas um dos lados da lareira, ao contrário das minhas imagens centralizadas, com linhas verticais subindo e descendo longe dos ângulos de noventa graus a que inconscientemente me acostumei.

• Imagine-se fazendo as coisas que sugeri sem a câmera. A fotografia é o meio por excelência de refletir sobre como as coisas se expressam e como a perspectiva do observador determina o que é visto. Se não estiver interessado no processo real de tirar fotografias, use os princípios desse processo como uma maneira de contemplar e imaginar o mundo. Em outras palavras, olhe a vida como um fotógrafo; atente para a iluminação e a composição das imagens.

Caminhe pela rua e tome tento da potencialidade infinita das imagens. Procure enfocar apenas aquilo que atrair sua atenção e faça o melhor possível para abrir-se à sua expressividade.

• Quando fotografo meus filhos, geralmente utilizo um filme inteiro para obter pelo menos uma ou duas fotos que, esteticamente, capturem sua imagem essencial e expressão no momento. As boas fotos são quase sempre aquelas em que o rosto e o corpo se mostram descontraídos, acessíveis à câmera e solidários com o ambiente.

Explore as mudanças súbitas nas expressões do rosto usando um rolo de vinte e quatro poses e fazendo uma série rápida de fotos de seus filhos, esposa e amigos. Costumo trabalhar em seguida com um filme em preto-e-branco, que capta uma atmosfera completamente diferente da mesma situação. Os diferentes filmes revelam os diferentes modos em que os objetos se exprimem e a variada sensibilidade das superfícies que capturam as expressões. O filme em preto-e-branco é um veículo mais modificador, que remove a imagem para longe da aparência factual. Quando tiro fotos coloridas, gosto de usar *slides*, porque a imagem projetada se amplia como sob um microscópio estético. Freqüentemente faço minhas séries rápidas com um rolo de trinta e seis poses e sempre me espanto com as infinitas possibilidades expressivas naquilo que parece uma mesma situação. Em se tratando de pessoas, vejo variações mais sutis nos *closes* do que nas tomadas a distância, em que as pessoas se tornam objetos num ambiente. No *close*, a expressão da face e do corpo acima da cintura é o campo dentro do qual se observam inúmeros matizes e gradações.

Gosto de variar minhas séries de retratos com imagens exclusivamente do rosto, da parte de cima do corpo (captando a expressão das mãos) e do corpo inteiro. Ao tirar as fotos, percebo que o que parece uma mesma posição oferece múltiplas variações. A câmera presencia a natureza cinética da alma e aprofunda o exame que faço da expressão sutil.

- Observe um objeto ou lugar de diversas perspectivas e repare como ligeiras mudanças de ponto de vista podem alterar sua relação com a coisa. A cada variação de ponto de vista, o objeto se mostra diferente. Imagine como ele se apresentaria de uma metaperspectiva que exibisse ao mesmo tempo todos os ângulos possíveis. Suponha que o seu próprio corpo se expressasse dessa maneira. Para tanto, você deve contemplar o mundo da perspectiva de uma coisa, algo distinto de seu modo habitual de ver a vida.

- Como um fotógrafo, imagine-se em parceria com os temas de suas fotos. Note como seu envolvimento emocional na expressão deles faz com que eles cooperem mais com você. Mostre-lhes que você precisa deles e que não está ali apenas para captar superfícies com um clique rápido, ainda que as fotos sejam feitas numa fração de segundo. Observe como seu respeito pelo assunto e seu interesse na expressão dele afeta aquilo que você vê e recebe na fotografia.

4

De Cabeça para Baixo

Viver no mundo, mas fora das concepções nele vigentes... A coisa vista torna-se a coisa não-vista. O contrário é, ou parece ser, impossível.

— Wallace Stevens, *Adagia*

Perspectivas Invertidas

O processo de criação depende da inversão dos pensamentos habituais. Quando inverto um ponto de vista fixo, como a atribuição de valor exclusivamente à luz e não à treva, abro-me para modos alternativos de ver e constato o quanto o hábito e a tendência podem escamotear uma interpretação mais abrangente de uma dada situação. Praticamente tudo o que digo sobre os anjos da terra é uma inversão das idéias convencionais, principalmente a insistência no espírito das coisas palpáveis.

Tomo o termo "perspectiva invertida" de Rudolf Arnheim, que mostrou como Picasso e outros pintores invertiam a perspectiva de um quadro para intensificar a expressão e o movimento visual, ao mesmo tempo que ofereciam uma visão mais totalizante da situação ou coisa[1]. Por exemplo, uma mesa desenhada de uma perspectiva convergente esconde os lados, que no entanto são mostrados na perspectiva invertida. A convergência atrai o olho e a imaginação para "pontos de fuga" distantes, enquanto a divergência traz o objeto para junto do observador e mostra muito mais de suas dimensões.

O que chamamos de perspectiva "realista" (convergência) baseia a realidade no ponto de vista da pessoa que observa. Por que não inverter essa noção de realismo considerando a maneira como as coisas se oferecem à pessoa? Heidegger disse que "a coisa coisifica". Em sua "coisificação", ela se revela e nos convida para a sua esfera. Heidegger elimina a noção de um mundo inanimado graças ao uso da língua. Se as coisas se expressam a si mesmas, então a nossa noção dos verbos pode ampliar-se para articular a manifestação e ação das coisas. A grama gramifica, reverdece, enfolha e envolve a pessoa que se comunica com ela. A casa me casifica quando contemplo a sua presença. Toda coisa é animada de um modo particular, de sorte que as várias casas que contemplo têm um modo próprio de casificar.

Essas inversões de perspectiva mostram que o realismo não pode restringir-se a um ponto de vista individual ou humano. A perspectiva "realista" na verdade distorce a percepção das coisas, porque a totalidade destas não pode ser apreendida a partir de um ponto de referência fixo. As vistas convergentes constituem parte vital de nossa herança artística; gosto de olhar longamente para elas e ser arrastado para dentro do espaço das telas. O que questiono é a identificação exclusiva da realidade com uma só maneira de contemplar o mundo.

Durante muito tempo, as noções da realidade estiveram limitadas aos planos lineares da visão de uma única pessoa. Essas perspectivas diretas são achatadas e inflexíveis. Tudo tem de "alinhar-se" com o ângulo anterior, que é apenas um dos muitos possíveis. A educação, em especial, está contaminada pelas ilusões da realidade linear. O ensino padronizado enfatiza a adequação à lógica habitual, pouco tolerante com os desvios. Há um medo tão entranhado de qualquer ponto de vista que induza à perda de controle que as visões alternativas são consideradas negativas e inaceitáveis.

A educação transformadora é sempre diferente daquela que você pensa estar adquirindo. Ela tende a contrariar a vontade, opondo-se a nós com paradoxos. Lembremos o verso de John Lennon: "A vida é o que lhe acontece quando você está fazendo planos." Mesmo quando inventamos alguma coisa para determinado propósito, o impacto maior da descoberta e suas inesperadas aplicações à vida são percebidos depois, do modo mais inesperado.

São os olhares casuais, os murmúrios quase imperceptíveis, as lembranças tênues e as influências indiretas que modelam a alma segundo um processo de que não nos damos conta. Os espíritos do saber são transmitidos pela receptividade às influências sutis — o modo como ouvimos e em seguida dizemos o que é preciso dizer; o modo como nunca ouvimos e sempre tagarelamos; o tom de voz que provoca simpatia e compreensão; a propensão a quedar em silêncio para não deblaterar inutilmente.

O gênio trabalha em nós às ocultas, geralmente em contradição com aquilo que achamos que estamos fazendo. Graças ao exercício da inversão, sacudimos constantemente as coisas e olhamos a vida de maneira diferente e nova. Nossas atitudes habituais para com os significados ocultos cegam-nos para as mensagens da superfície da vida, que não podemos distinguir.

O modo angélico de observar as coisas supõe a completeza delas a partir de uma metaperspectiva que transcende as visões particulares. A imaginação nos capacita a manter várias perspectivas simultaneamente. Olho para uma pedra considerando o ângulo de onde estou olhando, mas, ao mesmo tempo, vejo-a pelo olho imaginário que a percebe de todos os outros ângulos possíveis, internos e externos. Da mesma forma, ao olhar para uma árvore, imagino como se mostrará ela a outro ser com outros interesses — um pássaro, um gato, um esquilo, um inseto ou um escaravelho que viva no interior de sua casca. Se conseguirmos reverter nossos modos egocêntricos de ver, a árvore será apreciada como membro ativo do ambiente. Nos termos de Heidegger, uma de suas qualidades é "permanecer", e, permanecendo, ela "agrega" em seu modo "arvórico". Pessoas, animais, aves, insetos, brisas, águas, brilho do sol, espíritos e imaginações são agregados pela árvore.

Em criança, fascinava-me descobrir como a minha percepção da sala de jantar mudava quando eu me arrastava sob a mesa. A mesa era bem diferente quando vista de baixo: madeira tosca, cabeças de parafusos, a etiqueta do fabricante de Boston com nome e endereço da firma. Também a função se alterava: ela se tornava um abrigo, um local de retiro, um santuário. As pessoas eram identificadas pelas pernas e pés. Restrições como o espaço apertado e a precaução para não bater a cabeça alimentavam a criatividade, porque a fantasia brotava da mudança de função de um objeto doméstico familiar. Sua expressão era modificada também se eu subisse à mesa, me sentasse ou me deitasse nela.

Assim, graças à imaginação e à exploração física, logrei conhecer a mesa de muitas maneiras. Lembro-me de brincar à sua volta, vislumbrando de passagem suas diferentes facetas e ângulos, bem como o modo como interagia com os vários espaços da sala. A mesa era relativamente imutável na aparência, mas havia diferenças na textura da madeira e marcas quase imperceptíveis deixadas pelas pessoas ao longo dos anos. Havia, por exemplo, uma "sagrada" queimadura de cigarro que minha mãe identificava com meu avô paterno, uma de suas derradeiras marcas neste mundo. (Na verdade, meu primo adolescente foi quem queimou a mesa, quando fumava depois que minha mãe fora se deitar, e eu lhe disse no dia seguinte que o responsável fora meu avô.)

A vida está sempre tecendo relações surpreendentes entre as coisas. Queimaduras de cigarro tornam-se relíquias e mesas de salas de jantar transformam-se em santuários dos folguedos infantis.

Essas inversões não são praticadas unicamente pelos supostos tipos criativos. Elas ocorrem na vida de todos, apesar de serem freqüentemente suprimidas pela pressão do conformismo. Deixamos de observar e celebrar os desvios que dão novos rumos e formas à vida. De fato, são as coisas bizarras e inusitadas que distinguem as famílias e as pessoas umas das outras; no entanto, temos medo dessa individuação e só enfatizamos aquilo que nos insere nos padrões universais. Ao longo da vida, tenho notado como esse comportamento resulta inevitavelmente numa negação neurótica ou auto-repressão de nossas verdadeiras características distintivas, ou seja, aquelas coisas que exprimem nosso espírito inconfundível.

O modo angélico de contemplar o mundo ou outra pessoa envolve multiplicidade de perspectivas e inversões. Para ele, um ponto de vista único nunca pode apreender a complexidade de um objeto. A metaperspectiva complementa o olho físico com o olhar imaginário do anjo. Sentimos a presença desse espírito criador quando estamos na companhia de pessoas flexíveis e atentas, capazes de nos acompanhar através do amplo espectro das experiências de vida. Também sentimos as limitações daquelas que nos vêem unicamente por suas perspectivas fixas. Tornamo-nos um objeto, uma figura numa pintura "realista" que deve conformar-se com o ponto focal segundo o qual a composição foi elaborada.

Todavia, pelo que aprendi, não devemos esperar que os outros nos vejam pelos olhos do anjo. Eu próprio faço isso no recato de minhas preces e meditações. Quando começo a compreender a minha multiplicidade e a complexidade do que me envolve, constato que estou continuamente sob as vistas dos anjos. O devaneio e os vôos da imaginação mergulham-me na metavisão, que é bem mais complexa que a perspectiva única.

Se espero que os outros me vejam de determinada maneira, contradigo a natureza do espírito criador e de suas inversões perenes. Para afrouxar os controles do ego social, tenho verdadeiramente de renunciar à auto-imagem e às suas expectativas. Tenho de me transformar num objeto móvel dentro da visão criativa dos outros. Meu ser se torna argila sob a imaginação deles. Quando compreendo que não existe um eu único e permanente, encontro a natureza angélica de meu ser, as imagens espirituais que acompanham meu corpo físico pela vida afora. Nos outros, também vejo a mesma substância espiritual. Por meio da imaginação, "a alma se mostra transfigurada às coisas do mundo".[2] A pessoa é percebida em sua natureza espiritual ou angélica. Isso acontece na metaperspectiva da imaginação, que não é limitada pelas balizas da percepção ilusória. Só a imaginação pode olhar de diversos lados ao mesmo tempo, combinando substância física com visão espiritual. Ela é o único olho que pode ver a si mesmo enquanto olha.

Esse modo de olhar sente algum prazer nas inversões e distorções, porque as imagens fixas e imutáveis não existem na esfera do espírito criador. A conclusão de que há uma maneira correta de contemplar a minha pessoa provém da perspectiva única a partir da qual eu próprio me vejo num dado tempo e lugar. Se renuncio a essas fixações, usufruo o fluxo de meu relacionamento com o mundo. Em vez de tentar controlar a natureza da "minha imagem", eu reajo, criativamente, às imagens flutuantes que os outros fazem de mim. As pinturas nos ensinam que a "realidade" literal é criada pela ilusão. A realidade imaginária está bem mais próxima da natureza espiritual das coisas.

Na vida, a perspectiva invertida provoca mudanças contínuas de posição, de acordo com o termo latino *invertere*, que significa "virar do avesso ou de cabeça para baixo". Meu sonho é o graal: o que mais me perturba é o que mais me tem a oferecer; a treva ilumina; tudo tem alma. Tudo o que inverte a hegemonia de uma doutrina ou postura do eu é bom — mas, uma vez aceito, tem também de preparar-se para uma inversão imediata, pois é assim que se movimentam os espíritos criadores. Eles mantêm a imaginação fluida e reformulam tudo aquilo que tocam.

Podemos começar a avaliar esses princípios tornando-nos cientes, por exemplo, de uma coisa tão simples quanto a contemplação de uma pintura. As inversões de perspectiva ajudam-nos a ver de modo mais completo. Se, verdadeiramente, eu quero captar o ser da mesa, de onde devo observá-la? De onde estou agora? De ângulos diferentes? Imaginando que a mesa está me observando? Combinando tudo isso?

As crianças e os artistas "ingênuos", empenhados em representar a mesa e não os seus pontos de vista, vão desenhá-la de um modo que mostre seus quatro lados. Como seria contar a história da nossa vida desse jeito? E não somos muito diferentes de uma mesa, já que um único ponto de vista jamais captará a nossa multiplicidade de aspectos.

A Igreja e o Museu

As parcerias improváveis sempre têm mais a oferecer à alma.

Quando eu estava na oitava série da St. Mary's School, a religião era ostensiva. O edifício situava-se num cenário histórico do Hawthorne Boulevard, em Salem, Massachusetts, e a igreja era o segundo templo católico mais antigo dos Estados Unidos. Entretanto, para mim, nunca os espíritos adejaram livremente por ali. Eu era um dos mais ativos coroinhas da escola, servindo à missa das sete horas durante toda a quaresma. Todas as sextas-feiras da Quaresma, a escola inteira enchia a igreja para receber a bênção e acompanhar a Via Crucis. Na qualidade de coroinha, eu tinha a liberdade de sair da classe e preparar-me para a função. Os outros tinham de marchar em fila para a igreja. Eu estivera envolvido com as cerimônias da Quaresma durante todo o curso primário. Centenas de alunos eram levados para a igreja para assistir compulsoriamente às cerimônias, enquanto a vigilância das freiras mantinha o sossego do santuário. A aura emanada da comunidade de crianças era de repressão e controle. Depois de uma semana, eu já me sentia entediado.

Impulsivamente, na segunda sexta-feira, fugi da escola, achando que ninguém daria pela minha falta na longa procissão de padres e acólitos. Não falei aos colegas a respeito da fuga. A irmã Gertrudes jamais imaginaria que um aluno da classe A, aliás, ostensivamente carola, faltaria às cerimônias da Quaresma. Ela estava ocupada vigiando os "maus garotos" enquanto saíam da classe para a igreja.

Dei comigo no Museu Peabody, a pouca distância da rua Essex. Estávamos em 1960 e os moradores de Salem podiam entrar de graça no museu. Enquanto padres e coroinhas passavam pelas mesmas estações da Via Crucis já percorridas pelos católicos durante séculos, eu abria caminho pelas salas do museu, começando pelo setor marítimo e passando às coleções etnológicas das Índias Orientais, da Polinésia e do Oriente. Admirei as máscaras xamânicas, os utensílios sagrados, as roupas e o ambiente densamente povoado com os objetos recolhidos pelos mercadores de Salem que faziam comércio com a China no século anterior.

Minha imaginação florescia no museu, atiçada sem dúvida pela adrenalina do risco e do medo de ser apanhado em falta com o serviço compulsório da Quaresma. Eu deixara o educandário para educar-me e agora sentia o espírito criador me orientando. Em criança, eu pressentia um destino, um propósito sagrado que estava dentro de mim como uma semente. Eu sabia que tudo haveria de ser muito diferente dos caminhos convencionais.

Freqüentei o museu todas as tardes de sexta-feira daquela Quaresma e até hoje me espanto com o fato de minha ausência nunca ter sido notada. Era como se eu fosse invisível. Eu me sentia estimulado naquele museu ianque todo feito da história do lugar onde eu vivia. Associei-me pessoalmente à exposição das peças. Nada mais inusitado do que morar numa cidadezinha meio obscura que, entretanto, possuía mais sítios históricos do que qualquer outro lugar nos Estados Unidos. Senti o meu destino pessoal mesclado à maneira com que um lugar muito especial conseguia se relacionar com os pontos mais longínquos do mundo sem deixar de ser ele mesmo. A Salem da minha imaginação era um modelo para a vida que ia tomando forma em mim. A cidade e seu museu são anjos da terra, que ainda me instilam correntes inestancáveis de fantasia.

No museu, eu gostava do respeito e do fascínio pelas coisas estrangeiras que achavam lugar ao lado das relíquias da cultura indígena de Massachusetts. A Salem do século XIX abriu-se para o mundo e prosperou graças ao mar. Os espíritos do museu exprimiam relações recíprocas entre culturas e coisas. Nas galerias, havia uma influência mútua entre a cidade de Salem e o Oriente. Por toda parte os espíritos emanavam dos objetos. Cada qual era, singularmente, ele mesmo e me atraía em seus próprios termos.

O acervo do museu era tão rico e variado que jamais consegui explorá-lo por completo. Mais tarde, descobri que havia ali grandes salas atulhadas de peças que nunca tinham sido exibidas nem sequer catalogadas por falta de pessoal. Hoje, o museu foi ampliado com um novo edifício em estilo contemporâneo de concreto e vidro. Mas sinto-me feliz por tê-lo conhecido na sua vida pregressa, quando o assoalho de madeira lustrosa serpeava de sala em sala — e as exposições nunca mudavam, mas ainda assim ofereciam o bastante para a minha imaginação juvenil. Justamente essa imutabilidade ao longo de todo o meu tempo de colégio e faculdade é que reforçou meu relacionamento pessoal e íntimo com o museu.

As visitas ao Museu Peabody mudavam o meu modo de ver a cidade. Casas e ruas antigas vivem muitas vidas. Aquelas estavam simultaneamente no passado e no presente. Ao tempo da escola primária, eu passava todos os dias pela Casa das Sete Torres e pela Alfândega, onde trabalhou Nathaniel Hawthorne, e espiava o cais Derby. Os espíritos das gerações anteriores estavam cuidadosamente preservados no Museu Peabody, que propiciava reflexões locais e físicas sobre mudança, continuidade, morte, conservação. O museu era como o meu templo particular da imaginação, o meu tesouro de imagens e coisas animadas. Volvi à antiga Salem, remei em escaleres com Herman Melville e o índio Queequeg, e arremessei arpões encarapitado no gurupés. Quando vi as grotescas hastes de metal e os ganchos dos arpões, imaginei-me uma baleia, ferida e à morte. Fiz mesuras e beberiquei chá com mercadores de seda chineses, voguei de canoa e nadei com polinésios e brandi clavas de guerra nas salas envidraçadas do museu, imaginando como seria matar um ser humano.

Eu provavelmente estava usando aquelas horas roubadas para substituir anos de tédio com livros escolares e quadros-negros. A escola ensinou-me a tolerar o fenecimento da iniciativa, da espontaneidade, da expressão, da sensação e da criatividade transformadora. Felizmente, adquiri algumas habilidades básicas, e as restrições ao aprendizado criativo consolidaram meu relacionamento com a imaginação, minha parceira íntima e companheira espiritual. Como na medicina, estimulantes e toxinas podem provocar efeitos contrários. Não existe ambiente educativo perfeito e controlado. Passei a vida (sem dúvida impulsionado pelas limitações da juventude) tentando melhorar a atmosfera criativa nas escolas, mas a verdade é que as coisas ruins têm lá seu lugar numa ecologia saudável e real. Não pode haver profundidade de alma e criação sem conflito e insatisfação. Essas condições não precisam ser artificialmente induzidas: a própria vida se encarregará de manter generosamente o suprimento.

Vejo agora que minha vida profissional foi antecipada naquelas excursões ao museu. Eu me afastava das linhas compulsórias. Não as podia tolerar: tinha de individuar minha experiência. O museu estava quase sempre vazio. Era então só meu. Criado pela sociedade de Salem em sua época áurea, ali estava ele, sempre aberto, sempre acessível. Eu era provavelmente o único escolar que o freqüentava com assiduidade. As imagens que albergava alimentaram a minha imaginação e anteciparam as minhas conexões posteriores com os xamãs das culturas nativas e o meu profundo envolvimento com Jerusalém, a cidade de onde se originou o nome de Salem.

O amor de Deus deixara a igreja e concentrara-se no amor das imagens. Para mim, os objetos do museu correspondiam à "própria Imagem de si mesma que a alma traz encerrada nos seus mais profundos abismos".[3] Minha visão religiosa estava sendo moldada pela compulsão de renunciar aos ritos padronizados. Alguma coisa me impeliu para outro santuário, uma casa prenhe dos espíritos de mundos longínquos e inatingíveis. O amor que eu sentia pelos espíritos não podia limitar-se a uma única cultura. Meu anjo da individuação iniciou-me nos ritos de passagem, uma busca do sagrado que, inconscientemente, lançou os alicerces de toda uma vida de trabalho.

Atualmente, compreendo que os anjos da terra são espíritos que guiam e moldam a nossa vida. Eu fora impelido para uma visão que inspirava e construía minha vida sem que disso me desse conta. Jamais estabeleci ligações conscientes entre as visitas ao Museu Peabody e minha preparação profissional. Freqüentei o colégio e a universidade, fazendo tudo o que a vida convencional e habitual me ensinava a fazer; a alma, no entanto, tinha desígnios diferentes. Eu queria alguma coisa de mim mesmo. As dificuldades que enfrentei no estudo convencional do direito, da arte, da psicologia, na prática da psicoterapia e da religião, tudo isso se juntou num complexo criativo que gerou uma forma nova. O museu volve outra vez a mim por intermédio da memória, como um anjo que segura todos os fios da minha vida. É um companheiro constante, hoje mais uma imagem psíquica que uma presença física. O corpo material do museu transformou-se num anjo pessoal que revela as conexões sutis entre as coisas e eventos de minha vida, e o propósito para o qual contribuem. Ele me modela, agora como sempre. O Museu Peabody é um templo em minha imaginação, encerrando os aspectos físicos e divinos da vida, revelando como se criam um ao outro e não podem existir isoladamente.

Do mesmo modo, minha imagem psíquica do museu está intimamente ligada à Igreja católica próxima, no Hawthorne Boulevard. Como acontece com os sonhos, as diferentes imagens de minha reflexão constroem-se umas às outras e formam a experiência imagética total. Tanto a igreja quanto o museu representam figuras essenciais na minha história, que recolhe suas diferenças para um objetivo comum. O ostensório e os paramentos da Bênção do Santíssimo estão ligados aos receptáculos de argila e madeira dos ritos xamânicos — seda e penas, ouro e terra negra, arcos góticos e tendas humildes. São todos elementos na celebração da *anima mundi*, de suas naturezas divina e terrena. Trata-se de um intercâmbio de espíritos, a justaposição necessária de igreja e museu, que acaba por dilatar a minha imaginação de ambos.

O espaço sagrado é aquele em que a alma descobre a imagem de sua natureza angélica particular. A igreja preserva as tradições do divino. O espaço fechado pode ser imaginado positivamente como um estojo hermético, um vaso que por fim deixa o espírito criador voar para o mundo, santificar tudo o que toca, adejar até dissolver-se e, por fim, refluir para o receptáculo alquímico. Ali, será reanimado pelo que poderá ser o enxofre amargo do descontentamento com as paredes rígidas e imutáveis, a penúria de espaço que acende as chamas interiores da animização e recupera a visão que, de novo, voa para o mundo. O Hermes alado faz parelha com Héstia, o coração da Madre Igreja reinterpretado como o ventre que contém e gera constantes emanações. A visão pessoal deve abandonar o covil para individuar e reanimar.

O corpo angélico de Salem não conseguiria amar um templo mais que outro. Duas instituições peregrinas, a igreja no *boulevard* e o museu na rua Essex, se polinizaram na minha imaginação. Uma não nasceria sem a alma da outra. Elas juntaram-se pelo espírito criador que se manifestou graças à influência recíproca de ambos.

Nos tempos de criança, eu era sensível ao apelo do anjo e ao sentimento de que alguma coisa queria viver por intermédio de mim. Afastei-me da igreja e fui saudado por uma hoste de imagens maravilhosas. Eu achava que estava abandonando a religião, voltando-lhe as costas — mas estava me abrindo a uma visão mais ampla do espírito criador, procurando as coisas especiais que as pessoas fabricam para curar a si mesmas e ligar-se ao sagrado.

Ama os Teus Demônios como a Ti Mesmo

Ocêis é tudo tubarão, tá certo; mas se ocêis guverná o tubarão que existe dentro d'ocêis, num vão podê virá anjo? O anjo é só um tubarão bem guvernado.

— Fleece falando aos tubarões em *Moby Dick*, de Herman Melville

A idéia de que as imagens são a realização dos anseios da alma é, hoje, uma noção polêmica. Temos medo de que, se nos entregarmos à satisfação de uma imagem, cairemos sob o seu jugo perverso. Nós demonizamos as imagens que ofendem os moralismos dominantes da sociedade. Desconfiamos do epicurismo inato da alma saudável e presumimos que ela seja um organismo débil, facilmente sujeito à corrupção. Projetamos enorme quantidade de poder maléfico na imagem, uma forma negra de iconologia, e depreciamos as faculdades morais intrínsecas da alma.

O direitista Jesse Helms demoniza as imagens artísticas que agridem sua noção da moralidade americana, transformando ironicamente Robert Mapplethorpe num nome familiar, e os esquerdistas promovem da mesma forma a condenação das imagens politicamente incorretas. James Hillman defendeu a pornografia dos ataques tanto da direita quanto da esquerda e reconheceu sua legitimidade como expressão das fantasias da alma.

Erica Jong publicou recentemente uma biografia de Henry Miller, tentando evitar que a arte dele caísse na obscuridade por obra dessa mania bipolar de censura por parte dos liberais e conservadores, que ela considera uma traição à alma e às suas freqüentes "imagens sombrias". Jong afirma que a crueldade "integra a dança da vida" e que a agressão não pode ser evitada. Lembra que costumamos detestar os grandes escritores, "antes de aprender a gostar deles", porque nos irritam "sendo novos, honestos, transparentes", sempre desafiando os nossos pontos de vista.[4]

Estamos cada vez mais conscientes de que as imagens violentas dos meios de comunicação provocam atos correspondentes de violência no mundo. A vida imita a imaginação.

Não tenho uma resposta simples a respeito de como encarar socialmente a maneira com que as imagens afetam o comportamento. Sei, entretanto, que a repressão apenas intensifica a vida dos monstros. A imaginação individual tem direitos de expressão que precisam ser protegidos. O comportamento moral implica, até certo ponto, distinguir a experiência imaginária do ato literal. Mas há, também, a necessidade de avaliar o que é divulgado publicamente e atinge as crianças com um simples toque de botão. O direito de expressão é sempre condicionado pelo direito paralelo de não olhar para determinada coisa. A sabedoria do panteão grego mostra que os espíritos inerentes a cada coisa têm seu lugar devido e apropriado no ambiente. A ecologia dos deuses é solapada e ameaçada quando uma coisa qualquer se impõe sobre as demais. A tarefa moral torna-se uma disciplina do relacionamento e localização convenientes.

A peculiaridade que mais me impressiona é o fato de justamente aqueles que se insurgem contra as imagens "perversas" serem os mais cabalmente apanhados nessa perspectiva. São a prova viva de que os espíritos da treva podem tornar-se hegemônicos. Meus instintos me dizem que respeitar o espectro total dos apetites da alma é a única maneira de escapar ao império de um deles. A oposição me arrasta para um relacionamento íntimo com aquilo que detesto.

Na cultura católica irlandesa em que fui criado, São Miguel era um ícone onipresente. Meu primo se casou outro dia na igreja de minha infância, que eu não visitava há mais de trinta anos. Eu estivera pensando em Miguel e no diabo por algum tempo e espantei-me ao ver uma enorme e sombria pintura do arcanjo pisando a serpente, acima do altar. A imagem chamou-me a atenção para o modo pelo qual a minha psique, nos anos de formação, acolhera esse tema.

Nunca me agradara a imagem de Miguel esmagando a cabeça do demônio com o calcanhar e furando-lhe o corpo com a lança. Era um anjo ferindo outro. Além da minha simpatia inata pelos "derrotados", aquela não me parecia uma forma ética de tratar um adversário. Lúcifer em geral é representado como serpente, animal outrora celebrado por suas qualidades curativas, mas hoje a encarnação das paixões "vis" e dos instintos demonizados. No sentido freudiano, as pessoas projetam na serpente aquilo que consideram suas próprias qualidades indesejáveis e sentimentos conflituosos. Mas não podemos reprimir a sensibilidade por muito tempo. Isso é uma reação forçada que agride os instintos naturais da alma.

Se renuncio à fixação e começo a olhar com outros olhos São Miguel e sua vitória sobre a serpente, percebo que a interação de ambos exprime a condição universal da alma. A doutrina religiosa identifica-se com o anjo e a lança, enquanto eu passo para a oposição tomando o partido de Lúcifer. Os movimentos unilaterais lançam sombra sobre o outro lado. Demonizo Miguel porque ele ofende o meu ponto de vista. Se deixo de parte o dualismo criado pelas perspectivas singulares e reflito sobre a imagem completa de Miguel e Lúcifer, apreendo o conflito arquetípico de seu relacionamento. Um participante não pode existir sem o outro, e seu antagonismo configura uma das condições da alma. Quando consigo preservar ambos, dou um passo na direção de um amor mais completo da alma.

A simpatia por serpentes e diabos não é uma aceitação satânica das forças do mal. Como advertiu Gandhi, os únicos demônios são aqueles que habitam o coração do homem. Toda forma de vida é sagrada; nada é inerentemente mau. Apreciar as figuras decaídas do mundo físico e os anjos negros da imaginação é um ato que alimenta a alma. Os homens, ao contrário dos animais desdenhados, serpentes e monstros, são os únicos sujeitos a possessão pelas forças maléficas que prosperam quando não olhamos dentro das sombras de nossa alma e das feridas que infligimos aos outros.

Quando a pessoa é sensível, a moralidade da alma é uma *praxis*, um fazer ou um dramatizar que permite ao espectro complexo de seus caracteres influenciar-se livre e reciprocamente. Graças à psicoterapia, descobri que cuidar da alma significa também fazer uso de certas substâncias amargas, o que Freud chamou de "cura dolorosa". O instrumento moral da alma é um cadinho alquímico, um caldeirão de bruxa que precisa ser mexido regularmente e onde tudo cozinha e se dissolve, criando a magia do novo. Um bom guisado exige ingredientes diferentes, picantes e variados.

Em *Eros Negro*, Thomas Moore examina o grotesco na ficção do Marquês de Sade.[5] Todas as figuras da imaginação são aceitas como caracteres necessários na sua ecologia. O livro me surpreende na minha intolerância e no medo de ser visto como um cultor de imagens inaceitáveis. Inspirado na insistência de James Hillman de que a cura da doença elimina também a alma, *Eros Negro* muda o curso da teoria da sublimação de Freud e contraria a insistência burguesa em transformar os impulsos maus em bons. Freud admitiu os anjos perversos, mas seu método clínico tentava imobilizá-los e controlá-los: "Onde o *id* esteve, o ego deve estar." O método da psicologia arquetípica, ao contrário, observa com curiosidade a alma em suas atividades perversas. Que necessidade a alma estará expressando? A compaixão toma o lugar da correção. O ato ético passa a ser o direcionamento adequado e a diferenciação moral. A cura reside no núcleo da toxina.

Esse método permite que todas as coisas sejam elas mesmas — luz, treva, penumbra — e se influenciem reciprocamente com outras no interior do santuário da imaginação, onde exercitamos a capacidade de diferenciá-las. Os sonhos e os devaneios não exigem a discrição da vida pública. O estabelecimento de laços supersimplificados entre os anseios da imaginação e as ações sociais da pessoa contribuem para confundir a imagem com a literalidade. Moore refere-se à rigidez do moralismo como "defesa contra a moralidade, proteção paranóica de uma única idéia segura a respeito da própria vida e resistência à sutileza e complexidade dessa vida... A esse moralismo empedernido e opaco, a imagem pervertida oferece um caminho para a complexidade."

Muitos relutarão em aceitar, mas mesmo as imagens pervertidas funcionam como mensageiros e guias angélicos para o terreno da alma. O moralismo bloqueia o caminho aos mensageiros indesejáveis da alma, cuja missão pode exigir a agressão, a dor e o medo como preparação para a mudança. A prece profunda dá acesso tanto à luz quanto à treva, às complicações, aos demônios dos detalhes. As imagens edulcoradas dos anjos, que permeiam a cultura popular, inconscientemente perpetuam o primado da doçura artificial sobre os remédios amargos da alma. Não pretendo substituir a luz pela treva: é a repressão unilateral de uma pela outra que precisa de correção.

Também não subestimo a poética da felicidade, as belezas magníficas criadas por pintores como Claude Monet e Georgia O'Keeffe; as tragédias, porém, é que mais fundo tocam a nossa alma, onde promovem a catarse graças à sua expressão de dor e sofrimento. É intrigante o fato de que aqueles que se dedicam a curar por meio das artes tentam substituir o sofrimento por uma infusão de espíritos positivos, sem perceber que a alma atribulada é afetada e transformada pela exaltação expressiva do seu estado. Um réquiem de Verdi, para mim, alivia mais a dor de uma perda do que a contemplação de uma pintura colorida de lírios aquáticos. A nobre expressão da treva é que cura e elimina os sentimentos sombrios. A hipérbole artística de um sentimento sombrio faz mais pela sua transformação do que qualquer tentativa de paralisá-lo ou suplantá-lo por meio de outro sentimento.

Os demônios malévolos e atormentadores não são maus em si mesmos; mas, uma vez reprimidos ou coagidos a agir contrariamente à sua natureza, podem escapar ao controle. O reconhecimento dos nossos traços menos desejáveis torna-nos humildes e com os pés no chão. A negação desses traços me assusta. Procure alguém que exorcizou todos os seus demônios ou que está convencido de que a honestidade é um direito de nascença que lhe cabe exclusivamente. Analise a história do mal no mundo e você verá que esse tipo de pessoa, quando dotada de poder, acaba ferindo seus semelhantes. Perigos podem ocultar-se na invocação unilateral da luz que observamos no atual entusiasmo pelos anjos. A visão anímica dos anjos não aprecia as alturas e as luzes excessivamente ofuscantes. Ela acolhe os fracos e os seres humildes.

Não quero um mundo sem demônios e fantasias nefandas. Que seria das comédias e das artes sem os seus vilões? Pode-se imaginar o suspense sem os bandidos? Em vez de considerar literalmente o que as religiões dizem a respeito de diabos e satanases, procure perceber com a imaginação a importância dessas figuras para o drama sagrado, para a nossa iniciação na moralidade. Lúcifer, Iblis e Arimã personificam a queda sem a qual não há ressurreição. Trata-se de um jogo necessário, verdadeiramente comum a todos os indivíduos e a todas as psiques sociais. O panteão grego perfilhava essa perversidade polimórfica como uma teatralização metafórica que ajudava as pessoas a descobrir o bem e o mal tanto dentro de si mesmas quanto no mundo exterior. Os deuses helênicos eram criaturas que podiam agir bem ou mal, indiferentemente. Suas caracterizações não se cifravam em maus sujeitos e bons sujeitos. A cultura antiga parecia compreender que a divindade fala poeticamente e requer uma interpretação correspondente, não-literal.

A vida moral exige liberdade para errar, refletir, adaptar. E, nesse processo, nossos demônios são aliados imprescindíveis. Eles forçam as barreiras e mantêm a moral num estado de perpétua mutação. A aparente imoralidade dos demônios induz-nos a continuar questionando e investigando. Eles se recusam a permitir que a pesquisa ética se cristalize em princípios rígidos ou perfeições ilusórias. As provocações deles garantem a complexidade e a diversidade de pontos de vista. Os demônios oníricos são os que abalam a ordem zelosamente preservada de minha vida cotidiana. Exigem respostas novas e, dessa maneira, comportam-se sempre como os mais poderosos agentes de mudança e transformação. Em minha vida psíquica, o demônio mais molesto e ameaçador é o que mais me transmite mensagens essenciais, mensagens revolucionárias a que eu não gosto de dar ouvidos.

Para a postura autoritária, o ridículo é o meio mais comum de calar as ameaças à sua supremacia. Os demônios ou anjos maus são espezinhados para realçar a virtude dos bons. Têm sido representados sob os traços de feras e serpentes, retratos que incluem esses animais na degradação.

O ridículo priva o adversário da dignidade. Abala sua posição e livra-nos da obrigação de tratá-lo segundo seus méritos. O mesmo ocorre quando "demonizamos" o adversário. Costumamos fazer isso com sutileza, por meio de uma linguagem que o despersonaliza. Por exemplo, transformamo-lo num rótulo e não numa pessoa. As imagens da língua são armas poderosas, usadas para consolidar pontos de vista. Eu poderia citar páginas e páginas de exemplos de termos que empregamos para denegrir aqueles que ameaçam os nossos conceitos. Também despersonalizamos as condições patológicas da nossa alma com diagnósticos convencionais e princípios psicológicos abstratos, que nos permitem manter uma distância profissional entre nós e os nossos demônios.

Assim como os americanos descobriram que parlamentar com seus adversários soviéticos, tentar conhecê-los como povo, era o melhor meio de eliminar a demonização cultural, assim devemos nos tornar íntimos de nossos inimigos e obsessores internos. Em lugar da repressão, cultivemos mais compaixão e simpatia pela condição deles — amando os nossos demônios como a nós mesmos.

Acredito que os demônios responderão ao amor. Como qualquer outra pessoa ou cultura, dificilmente curvarão a cerviz à repressão que gera violência e ódio.

Imagine um homem alimentando seus demônios como Madre Teresa cuidando dos sofredores. Ele perguntará: "De que vocês precisam? Que posso fazer por vocês?"

Os demônios talvez protestem dizendo que de nada precisam. Dirão: "Você não pode simplesmente receber nossas mensagens e tomar-nos pelo que somos, aceitando a necessidade da nossa presença? Não precisamos de cuidados, apenas lhe oferecemos alguma coisa. A mensagem está em nós; portanto, não tente modificá-la. Os cuidados que você nos quer dar só servem para garantir a sua supremacia. Nós é que viemos cuidar de você com os nossos remédios amargos e desagradáveis."

No entanto, nós os enfrentamos como Rambo, suprimindo heroicamente tudo o que desafia a nossa sensibilidade, tentando literalmente chacinar, eliminar, exterminar o que foge ao nosso esquema de controle. Drogas e outros tratamentos procuram liqüidar os demônios da alma. Ainda não aprendemos que esses recursos químicos ameaçam a ecologia da alma tanto quanto os rios e as plantações.

Além de procurar eliminar tudo quanto desafia a vontade controladora, recorremos a outro elemento de repressão que revela uma sensibilidade mais vulnerável. Para que alardear isso? Que pensarão de mim as pessoas? Eis uma supressão cíclica graças à qual a censura de certas expressões desagradáveis em nossa vida pública desaprova a existência, dentro de nós, dessas imagens freqüentemente tão naturais. James Hillman afirma que mesmo os impulsos mais progressistas da cultura são apanhados entre os mandamentos contraditórios da psicanálise: "Não te reprimirás; e não te soltarás." A imaginação transforma-se no palco do paradoxo. Continuamos a combater os que sustentam posições ameaçadoras, em vez de festejar seu tributo para a expansão do jogo moral. Precisamos de uma Liga das Liberdades Civis da psique que proteja os direitos de todos os posicionamentos. Henry Miller deve ser cumprimentado por falar corajosamente de fantasias escatológicas que muitos cultivam e poucos confessam. Confiemos na alma e na sua sabedoria, moralidade, processo, no espectro total de suas características e nas descobertas surpreendentes que só podem resultar da livre interação dos posicionamentos contraditórios.

As pessoas mais criativas que conheço têm fortes simpatias e antipatias. Existe uma energia tremenda nesses sentimentos negativos, que me leva a concluir que os demônios e a *via negativa* são anjos não-reconhecidos da criação. Mas continuamos a considerar a criatividade como um dom absolutamente positivo, que cura e balsamiza a alma. A palavra *criativo* é quase universalmente associada às virtudes da invenção divorciada dos demônios tortuosos e patológicos que afligem a alma dos criadores.

A repulsa pode constituir-se numa força especialmente poderosa para a criação e a mudança. Quando sou repelido por alguma coisa, há uma conexão e um movimento intensos, que se opõem ao equilíbrio morto. O conflito define, agita, regenera. O processo de mudança parte dos abusos e das forças transformadoras que ele libera. Quando odeio o que alguém está fazendo, estou profundamente envolvido nisso. As posições extremas nos afetam de uma maneira ou de outra e engendram espíritos poderosos.

Os Anjos do Sofrimento

Não existem coisas boas ou más; o pensamento é que as faz assim.

— William Shakespeare, *Hamlet*,
Ato II, Cena 2

No tratamento dos males físicos sabemos que os sintomas, embora desagradáveis, funcionam como mensageiros. Eles contam histórias sobre a maneira de viver nossas vidas e nos dizem até que ponto somos sensíveis às necessidades do corpo. A dor de estômago vem me aconselhar a analisar meus hábitos alimentares e o modo como administro o estresse. Um tornozelo quebrado e sua resultante condição de dependência podem forçar a pessoa "independente" a sentar-se e aceitar a ajuda dos outros.

Lembro-me bem de como as doenças e acidentes da infância alteravam o meu padrão de vida. Eu era um menino muito ativo, mas, quando forçado a ir para a cama e faltar à escola, tinha um contato diferente com os meus pais, não pelo fato de ter de pedir-lhes permissão para várias aventuras, mas em virtude das conversas sobre o meu estado físico e do tempo sossegado que passávamos juntos. A doença prova que as pessoas precisam umas das outras; ela me ensinou a pedir ajuda e recebê-la com agrado. Meus males me ensinaram também como assistir os outros em caso de necessidade.

Segundo a sabedoria popular, a moléstia contém seu próprio remédio; as feridas engendram os agentes ou anjos de sua transformação. Isso acontece igualmente quando padecemos males na alma. No meu trabalho de terapeuta, noto que os anjos se manifestam quando a pessoa admite sua vulnerabilidade e reconhece seus achaques. O anjo da transformação pode assumir os traços de outra pessoa, que vem oferecer amparo e orientação; pode manifestar-se como um sentimento ou uma visão da qual retira seu sustento psíquico, ou como uma expressão artística que sugere outra maneira de imaginar a vida.

A chave para essa abordagem é que a pessoa ferida na alma admita a sua condição. Isso parece paradoxal ou mesmo contrário ao instinto: nossa tendência é negar o sofrimento, resistir à perda emocional e à dor que ela traz. Entretanto, ainda que a pessoa ferida negue a aflição, esta não diminui: antes, aumenta. Incapaz de alcançar a pessoa onde ela reside, o demônio da dor negada volta sua energia e necessidade de atenção para outros. É assim que os ciclos de dor moral operam no seio das famílias e ao longo das gerações, nas sociedades atribuladas e, por fim, nas nações. A ferida negada tende a aumentar constantemente a pressão e o risco, gritando por atenção até explodir na consciência e atordoar a pessoa afligida, suavizando-lhe a alma para a mudança. A obra criadora dos anjos é, paradoxalmente, dependente dos demônios que induzem os conflitos, os quais preparam a alma para a transformação e para a obra dos anjos curadores.

Minha experiência mais vívida de negação da dor moral ocorreu quando minha avó morreu. Eu era adolescente. Nós éramos muito unidos, mas mesmo assim não chorei. Talvez a dor fosse demasiada para mim. Naquela época, de acordo com a nossa cultura, não se esperava que meninos mostrassem seus sentimentos. De fato, a negação era considerada, nos homens e meninos, a base da sobrevivência. No entanto, lembro-me de que, depois da morte de minha avó, fiquei horas e horas sentado, olhando pela janela do meu quarto.

Anos depois, vivendo uma relação amorosa, eu costumava ceder às lágrimas primitivas quando meus sentimentos eram arranhados. Embora parecesse uma atitude insana, eu percebia que estava purgando, finalmente, o que recalcara desde a época da morte de minha avó. Esse desafogo só foi possível no interior do santuário de um relacionamento amoroso, onde eu podia sentir o alcance da perda e as machucaduras da alma. Nesse caso, minha amada atuava como o anjo da ferida, que reconhecia o sofrimento e me ajudava a reconhecer as emoções reprimidas.

Embora, como praticante da terapia artística, eu esteja acostumado a encorajar os outros a expressar imagens de seus males, por mais incômodo que fosse o processo, uma experiência recente veio me lembrar da importância dessa abordagem na minha própria vida.

Fui convidado a dar uma palestra sobre a concepção dos anjos da dor e decidi usar imagens de sofrimento tiradas da história da arte, como um modo de ilustrar minhas idéias. Examinando as coleções de *slides* de vários museus de Boston, espantei-me ao descobrir a freqüência com que se repetia o motivo da Crucifixão e com que o Cristo agonizante aparecia rodeado de anjos que cuidavam de suas feridas.

Quando comecei a pesquisa, não pensava na Crucifixão nem esperava ver anjos assistindo o Cristo dilacerado ou, literalmente, cuidando dos aflitos. Eu imaginava pessoas acamadas, talvez soldados ou animais feridos. Pensava que, mostrando aquelas pinturas, o público reagiria com sensibilidade angélica — como na terapia de grupo, onde a pessoa magoada exprime dor e os outros mostram simpatia por seu estado, dispondo-se a ajudá-la. Tenho observado também, na terapia artística, que a criatura sofredora costuma exprimir o sofrimento em pintura, mas que em desenhos subseqüentes procura modificar essa condição. Assim, os próprios quadros funcionam como anjos que tratam das feridas.

Encontrei esses dois padrões nas pinturas da Crucifixão que examinei. Vi quadros que formavam seqüência, com as imagens sombrias, isoladas e agônicas do Cristo, seguidas de outras em que ele aparecia rodeado de anjos, no momento da morte ou da descida da cruz. Além das criaturas aladas, muitas vezes pintadas empunhando cálices que recolhem o sangue das feridas de Jesus, o motivo da Crucifixão também exibe freqüentemente outra casta de anjos: figuras humanas solidárias, ao lado do madeiro ou do corpo recém-retirado. O Cristo surge sempre em posição supina e os presentes têm invariavelmente uma aparência angélica.

Colecionar essas imagens da Crucifixão despertou em mim um complexo de emoções que não logrei compreender prontamente. Embora fossem ilustrações perfeitas dos pontos que eu queria realçar a respeito das dores morais e seus anjos, relutei em exibi-las na palestra. Essa censura devia-se ao fato de serem provocativas demais, talvez até ofensivas para muitos. O auditório poderia supor que eu estava doutrinando, e que imagens religiosas nunca devem interferir no discurso público. Entretanto, não tenho dificuldade em mostrar imagens de religiões diferentes daquela em que fui criado. Isso prova que tendemos a censurar nossos sofrimentos pessoais. As imagens mais distantes são mais fáceis de abordar com desinteresse clínico. O motivo da Crucifixão vai ao âmago da dor arquetípica na civilização ocidental e na minha vida pessoal. Era justamente essa imagem, extraída da minha formação católica, que estava causando o problema.

Tenho dito que as imagens mais provocativas são as que mais agitam a alma — todavia, lá fugia eu do crucifixo e de sua encarnação do sofrimento cósmico. Essas coisas me diziam muito a respeito de minhas repressões. A dor estava bem próxima de casa. Levei dois anos trabalhando meus sentimentos em relação à cruz, e minha experiência sem dúvida corrobora que a imagem agressiva é a que revela as regiões inacessíveis da alma. Aceitar tal imagem não foi nada fácil: eu me aproximava e me afastava dela.

Cresci num lar católico, com um crucifixo dependurado acima da cama. Adolescente, já não queria um Cristo crucificado pendendo sobre mim à noite e, por isso, tirei-o da parede.

Minha mãe respeitava minhas coisas, raramente tocava nelas e pouco entrava no meu quarto; o crucifixo, porém, era uma outra história. Horas depois, ele estava de volta no lugar. Eu o tirava de novo e, de novo, ela o recolocava. Tentei escondê-lo no armário, mas de algum modo ela conseguiu descobri-lo e restaurá-lo em sua primitiva posição.

Nunca conversamos a respeito. Se eu fosse um pouco mais inclinado ao sobrenatural, diria que o crucifixo voltava por si mesmo à parede. Talvez se comunicasse com ela por processos que estavam além da minha compreensão, pois, por mais que o escondesse, ele sempre reaparecia.

Fiz uma trégua tácita com minha mãe e parei de reestruturar as coisas sagradas de casa. O crucifixo saíra do armário, mas à noite eu o tirava da parede e recolocava-o de manhã. Quando deixei o lar paterno, mantive os crucifixos fora de minha casa.

Contando essa história, vejo até que ponto eu estava envolvido com a imagem. Em vez de conviver passiva e inconscientemente com o crucifixo, eu mantinha com ele complicadas negociações, sólido indício de que ele afetava muito a minha alma.

Repito sempre aos meus alunos que o que mais nos perturba é o que mais nos tem a oferecer: é aí que o espírito se mostra mais vivo. Entretanto, apresentei-lhes essa idéia inúmeras vezes sem fazer ligações conscientes com a experiência religiosa da minha infância ou com as lutas que travei contra os que me pareciam ser os aspectos mais perturbadores do cristianismo.

Lembro-me, também, de que quebrei o voto de não ter mais crucifixos. Eu tinha em casa um crucifixo trazido do México. A feitura do objeto revelava-me algo da natureza daquilo que eu combatera na outra imagem. Na peça mexicana, tanto a cruz quanto o Cristo eram feitos de palha. Não era excessivamente literal e eu a apreciava como obra de arte. Eu gostava da forma, da textura, da leveza, do modo como o Cristo e a cruz se integravam: não havia aquela horrível dicotomia entre a pessoa e a madeira e os pregos. A cruz mexicana aligeirava a imagem pesada de minha infância. Havia sofrimento demais nas imagens do Cristo crucificado que povoaram a minha adolescência.

Eu apreciava o crucifixo mexicano porque ele era "pessoal", uma imagem cujas qualidades específicas e artesanais o distinguiam nitidamente do símbolo impessoal e fabricado em série. Creio que minha rebelião se deveu em parte à emergência da minha *imago* artística. A antipatia que eu sentia pelo crucifixo industrializado, suspenso sobre minha cama, era estética, e essa mesma antipatia correspondia aos meus sentimentos para com as práticas religiosas impessoais. Jamais me ocorrera que o conflito com mamãe, a propósito do crucifixo, representava a moldagem da minha visão religiosa e artística. Todas as minhas dificuldades com a religião institucional, então e agora, são de natureza estética.

Pergunto-me se eu sentiria a mesma coisa se o crucifixo tivesse sido esculpido por alguém que eu conhecesse ou se o motivo apresentasse mais ornamentação, como a que vemos nas cruzes célticas ou da Igreja Ortodoxa Grega. O simbolismo cósmico e universal da cruz não se perde nessas apresentações mais estéticas, mas é complementado pelos anjos terrestres do embelezamento artístico e da imaginação, assim como as pinturas do Cristo crucificado mostram-no cercado de criaturas aladas.

As peculiaridades da expressão, que vejo como anjos, tornam o símbolo mais sutil e íntimo. Sinto a realidade histórica da Crucifixão na cruz mexicana; no entanto, ela foi personalizada e espiritualizada graças aos anjos daquela imagem específica. A mensagem da cruz foi transmitida pelas peculiaridades de sua expressão. Na esfera angélica, cada imagem comunica algo que lhe é inerente. O anjo pode ser concebido como uma figura que preside à individuação da experiência espiritual.

Meu conflito se relacionava também, não duvido, ao modo como eu associava o Cristo com a repressão da sexualidade. Na adolescência, eu começava a viver uma sexualidade adulta inspirada pela imaginação mística do mundo. Parecia pecaminoso ter Jesus pendurado acima da minha cama. Ele sufocava meus devaneios. Hoje percebo que a essência da Crucifixão, bem como dos ensinamentos de Jesus em geral, foi obscurecida pelas interpretações institucionais. Tive de me aproximar da cruz como adulto e descobrir as minhas próprias interpretações; só então pude acolher a imagem da Crucifixão na minha casa.

Adulto, sou também capaz de encontrar significado em outras interpretações dessa imagem de dor moral. No romance *Mr. Noon*, D. H. Lawrence toma a imagem da Crucifixão e reforma seu significado. O personagem-título, Gilbert Noon, viaja a pé pelo interior da Áustria, onde depara com crucifixos esculpidos pelos aldeões e fincados à beira dos caminhos. Naquelas figuras toscas, Gilbert sente a presença de "deuses vegetais" pré-cristãos. Eis como Lawrence descreve o encontro de seu personagem com os crucifixos: "O coração de Gilbert emudeceu. Sabia que não era o Cristo. Era um deus mais antigo, mais terrível... misticismo tenebroso, culto da crueldade e da dor, da tortura e da morte: culto da morte negra."[6]

Lawrence viu reminiscências da velha Europa no crucifixo cristão. A imagem do Cristo pregado à cruz tornou-se tão convencional que já não nos comovemos com os detalhes da figura nem com suas qualidades anímicas específicas. Quando Gilbert Noon reflete a respeito da variedade de imagens que contempla, todo um mundo novo de crença e imaginação se abre para ele. Sente que o tema da cruz pode ser adaptado ao sofrimento de quem quer que medite sobre ele esteticamente. "Espantosamente numerosos nos vales floridos e veredas íngremes eram os Cristos, novos e antigos. Alguns pareciam muito velhos, de madeira escurecida pelo tempo. Outros, mais recentes, eram terríveis: em tamanho natural, realísticos, jovens no vigor da idade agonizando no madeiro — lúridos e contorcidos."[7]

Os pintores do Renascimento Italiano imaginavam a Crucifixão de maneira mais extraordinária e magnífica que os humildes escultores em madeira referidos por Lawrence. Eles freqüentemente pintavam o corpo de Jesus em proporções belas e ideais, amparado por outros corpos igualmente esplêndidos, todos desenhados segundo os mais excelsos padrões acadêmicos. Essa idealização da forma humana gera um senso de distanciamento entre o horror emocional do fato e sua evocação por intermédio da arte.

Sem achar que tais representações escamoteiam a "realidade" da Crucifixão, podemos observar agora que elas exprimem diferentes aspectos das respostas que costumamos dar ao sofrimento da alma. As versões do Renascimento idealizam a dor, dotam-na de beleza e grandeza. Essa abordagem pode abrir-nos para o nível sagrado dos nossos próprios males, para os deuses que habitam as nossas chagas; quando vemos que o Filho de Deus não foi poupado das agonias terrenas, a nossa dor se eleva à esfera divina. Por outro lado, as imagens populares encontradas por Gilbert Noon mostram o Cristo sofredor como um membro da comunidade local. Naquelas cruzes, ele é e não é o Cristo: ao mesmo tempo o Filho de Deus e uma extensão de cada aldeão, anterior ou posterior a Cristo.

Na história da arte, nós notamos constantemente que as figuras e os anjos da Escritura aparecem trajando as roupas da época em que foram pintados. Isso indica que a imagem religiosa é algo com que as pessoas se identificam. O Cristo ferido funciona como figura arquetípica, uma presença viva na existência de cada pessoa ou geração que reflete sobre seu próprio sofrimento e o dele. O Cristo traz consolação, amor e cura graças à constatação de que chagas e dores são ao mesmo tempo particulares e universais. São males que todos compartilhamos em graus diversos e que nos ligam uns aos outros.

Na década de 1970, trabalhei com o artista "popular" nova-iorquino Ralph Fasanella, que fez uma série de quadros representando seu pai crucificado. O velho Fasanella, vendedor de gelo, aparecia pregado à cruz com os furadores que utilizava no trabalho cotidiano, as tenazes comprimindo-lhe as têmporas. O filho sentia pena dos sofrimentos e tribulações do pai, e usou o motivo da Crucifixão para dar a isso uma escala transcendente.

Fasanella, D. H. Lawrence, minha mãe e eu temos as nossas histórias pessoais a contar sobre o tema da Crucifixão. Há outras, evidentemente — as *pietàs* de homens morrendo de AIDS nos braços dos entes queridos, as crianças esfomeadas dos países devastados pela guerra, as famílias miseráveis por toda parte. A ferida é individual e universal, minha e de vocês. Como todas as imagens arquetípicas, a Crucifixão está no âmago da psique pessoal e coletiva do mundo. A cada interpretação e revisão individual, aproximamo-nos simultaneamente da força da imagem em si e da compreensão de como a nossa alma a apreendeu.

Os anjos de nossos sofrimentos morais não podem florescer sem a imaginação individual e a liberdade de expressão. Na minha prática de terapia artística, instigo todos a ver as imagens por eles criadas como anjos e a procurar captar as qualidades específicas de sua expressão. Essa abordagem é particularmente útil quando as imagens evocadas são arquetípicas por natureza. Quanto mais significativo for um símbolo em determinada cultura, mais nos revelará sobre a necessidade de individuação. No meu caso, a imagem da Crucifixão ganha vida ao ser despojada das interpretações institucionais e prender-se intimamente à minha existência. Quando repudiamos as interpretações sistemáticas, a reflexão sobre os anjos de nossos sofrimentos morais pode levar-nos diretamente à imagem da Crucifixão, onde a mais cruenta das mortes se transforma em amor de redenção e exaltação.

As imagens sobrevivem quando encarnam as veias profundas e comuns de cada psique. Para que continue a viver, a imagem deve ser repensada e transformada por freqüentes interpretações. Se um significado é aplicado em definitivo a alguma coisa, ela deixa de transmitir vitalidade e vida renovada. A criança que medita sobre a cruz torna-se um anjo para os males desta graças à compaixão e à interpretação pessoal: "Ele não fez nada de mal; por que uma morte tão cruel? É ridículo o modo como o assassinaram. O mundo seria o mesmo se não houvessem feito semelhante coisa?"

No entanto, devemos acolher igualmente bem os sentimentos negativos para com uma imagem, conforme me sucedeu em relação ao crucifixo de minha mãe. Examinando o espectro total de minha postura positiva ou negativa perante tais imagens, chego a uma compreensão mais profunda das inversões e transformações que constituem a base do mistério cristão. O objetivo não é encontrar uma explicação fácil e clara — uma "cura" — para as nossas reações às imagens que mais nos afetam: o objetivo é continuar examinando-as com acuidade e imaginação, a fim de descobrir o que essas reações possam estar tentando nos transmitir a propósito da nossa própria alma.

James Hillman diz que a tentativa de curar os sintomas de nossas doenças "pode também fazer sumir a alma e eliminar o que começa a mostrar-se como um torturado grito de socorro, consolo e amor, mas que é a alma neurótica procurando fazer-se ouvir". Hillman afirma que "cada sintoma necessita de tempo, cuidados e atenção". Os males da alma não podem ser negados, ignorados ou facilmente curados. Ao contrário, o "zelo contínuo pelo sofrimento" é que nos propicia "a experiência da humildade e do despertar da alma".[8]

Eu estava trabalhando com um grupo de sacerdotes que me disseram que suas igrejas tinham problemas com a imagem da Crucifixão e preferiam o espírito da Ressurreição. Portanto, minha relutância em exibir representações do Cristo supliciado não é inusitada: até as Igrejas cristãs relutam. Embora saibamos que os laços mais fortes e autênticos nascem das experiências difíceis com os semelhantes, muita gente insiste em ignorar os efeitos do sofrimento, que tende a nos dominar contra a nossa vontade. Conforme sustenta Hillman, a dor nos torna humildes e desperta sentimentos adormecidos. Buscamos ajuda quando estamos aflitos, quando as feridas e as perdas nos abatem e nos abismam na vida da alma.

Os anjos da dor podem aparecer como simples incidentes do cotidiano que nos reanimam o espírito: o sorriso de um estranho quando estou deprimido, uma história edificante, a chamada telefônica de um amigo. O mais rico cenário para a descoberta dos anjos é, na verdade, o mundo dos fatos incidentais, carregados de significação, que atravessam despercebidos a nossa existência. Os anjos quase nunca aparecem sob a forma que esperamos, por isso as expectativas nos cegam para o modo como se manifestam. Muitas vezes, é a ação aparentemente inconseqüente que transforma uma situação e aplica sobre a alma o bálsamo angélico. Um amigo costumava falar-me a respeito do sentimento de renovação que experimentava sempre que enchia o tanque do carro. Isso lhe dava uma nova perspectiva do mundo. Sentia ele em si mesmo a plenitude do tanque.

Quando não esperamos encontrar a ajuda, o anjo surge sob as formas mais disparatadas. "Observe as pequenas coisas", insta o mestre espiritual; "elas modificarão a sua vida".

O remédio angélico é uma reestruturação do modo pelo qual vemos a nossa própria vida, uma revisão das nossas condições habituais, uma manifestação do espírito de mudança que cura a nossa alma. A partir de minhas reflexões, percebo que ocultei e reprimi a chaga da Crucifixão — eu não queria passar a vida governado por ela —, mas que essa chaga precisa ter o seu lugar na vida da alma. Todos enfrentamos momentos em que, por uma ou outra razão, preferimos negar estoicamente o sofrimento. Entretanto, devemos também acatar as oportunidades de cura que a vida nos oferece — como aconteceu quando a pesquisa de imagens para a minha palestra me induziu a refletir sobre a complexa relação que eu mantinha com o crucifixo — e confiar nas circunstâncias que nos convidam a nos abrir para as dores e receber a medicação da alma.

COISAS A FAZER

• O melhor meio de aprender a transformar o conflito é inverter as tensões habituais. Se você se aborrece ao tomar o mesmo caminho para o trabalho todos os dias, tente introduzir variações simples. Tudo revela um certo tipo de espírito. Pessoas, coisas e atitudes novas trazem espíritos novos. Vá por um caminho diferente, mesmo que seja mais longo. Saia de casa mais cedo e vá apreciando as vizinhanças, as casas, as ruas. Encontre novos lugares onde reabastecer o tanque, tomar um drinque, comprar o jornal ou fazer uma transação bancária. Em vez de tornar-se uma vítima da rotina, deixe que os anjos da repetição cedam lugar a seus primos, os anjos da variação, da contemplação das coisas não-vistas.

• Se você se ressente do tédio da vida institucional, lembre-se de como se sentia quando começou no emprego. Imagine sua vida sem o contato diário com os colegas do escritório. Quando me vejo numa situação assim, digo a mim mesmo que o ambiente, de um modo geral, é agradável, mas que o meu relacionamento com ele é como o tempo, com seus altos e baixos. Tudo o que coloco em meu ambiente de trabalho acaba voltando inevitavelmente para mim.

• Tente ir para a reunião enfadonha como um peregrino, que olha para tudo e para todos como se fossem raridades. Chegue cedo e sente-se sozinho, comunique-se com o recinto e prepare as emoções. Assuma o papel do observador fascinado e não se faça, como sempre, de participante entediado que comparece a contragosto. Torne-se um estranho nos ambientes mais familiares: no escritório, no caminho para o trabalho.

• Se abordo com imaginação o mundo físico, ele responde da mesma forma. Os anjos da interpretação criativa estimulam modos diferentes de contemplar as coisas. Dizem eles: "Agora tente isto." Lembro-me das palavras de Hegel: "Toda consciência é um apelo a outra consciência." Quanto mais energia aplico numa determinada direção, mais cabal é a sua reversão.

Examine as coisas que mais o aborrecem. Não tente forçar a mudança; apenas observe o que acontece quando as contempla de outra perspectiva. Geralmente, o modo de contemplar as coisas é que suscita os nossos problemas.

Dirijo-me para a pilha de contas a pagar sobre a minha escrivaninha e olho-as como se fossem um arranjo estético. Imagino a demora em pagá-las como uma espécie de retardamento tântrico do prazer. O modo como me sinto em relação às contas faz-me pensar na declaração do imposto de renda que devo preencher e nas muitas horas que logo despenderei com ela. Maldosamente, suponho que essa tarefa será agradabilíssima e começo, esteticamente, a antever os rituais que cumpro a cada primavera. O aborrecimento leva-me a uma nova maneira de contemplar.

• Se você detesta remover a neve, cortar a grama, lavar o banheiro, encerar o assoalho, limpar as vidraças ou varrer a garagem, dedique-se a essas atividades como se fossem obras de arte. Prepare cuidadosamente as ferramentas, imagine os resultados antes de começar, trabalhe com gosto e demore-se a examinar o que fez. Se a perspectiva estética não o atrair, considere os benefícios morais dessas atividades de manutenção como simples atos de serviço ao mundo. Se você não optar por uma ou outra alternativa, saiba que estará perdendo muita coisa.

Você tem obrigações para com o seu ambiente? Os cuidados que mostra para com ele são correspondidos na mesma medida?

• A maioria das pessoas não muda sem que alguma coisa as irrite e atraia-lhes a atenção. O corpo social funciona como o corpo físico. Por intermédio de tensões e incômodos, informa-nos o que está errado. Passe em revista as mudanças positivas ocorridas em sua vida: foram motivadas por conflitos?

Medite algum tempo sobre as imagens de seus maiores adversários, no passado e no presente. Abandone as posturas habituais para com eles e faça um balanço da energia e da atenção que lhes devota. Avalie o domínio que eles têm sobre você. Tente ver-se apenas como alguém que desempenha um determinado papel na vida. O que você faria se seus opositores não existissem?

• Imagine-se um árbitro de conflitos. Analise os diferentes conflitos de sua vida e do mundo a partir da perspectiva da necessidade. Fuja da tendência natural a tomar partido e observe tudo do ponto de vista do jogo dinâmico. Pratique a "relativização" da posição do ego. Qual a sua história em termos de conflitos? E de julgamentos?

O poder da inversão exige que eu considere o homem a quem mais me pareço opor como aquele com quem mais estou envolvido. Jesse Helms, meu anjo da guarda?! É talvez demasiado, mas trata-se de uma disciplina moral muito interessante.

• Imagine-se repelindo suas crenças mais apaixonadas. Examine o outro lado da moeda. Pondere os méritos das coisas que o perturbam. Reconheça o poder delas sobre suas emoções. Tente visualizá-las como parceiros que estimulam o jogo livre entre as partes. Suspenda o esforço para controlá-las ou dominá-las e veja-as como necessárias à formação daquilo que você é.

Heráclito, o velho sábio, disse que o conflito é benéfico. Concordo com ele. Os conflitos sempre definem posições, mas nós às vezes somos apanhados em seu torvelinho destrutivo quando nos apegamos com intransigência a um dos lados da disputa. Observo esse padrão na história, nos acontecimentos, em minha vida pessoal. A transformação criativa do conflito começa com o respeito aos adversários e a tentativa de compreender suas posições, que nos podem conduzir a novas descobertas.

Reflita sobre seus conflitos passados e presentes. Relembre os momentos de maior atrito com parentes, esposa, filhos, colegas de trabalho. Abandone a sua postura diante desses problemas e observe como os conflitos mostram onde suas relações com os outros são mais fortes.

• Em que ponto de uma discussão você costuma "morder a isca"? Que é que mais o "fisga"? Siga a orientação de suas irritações. Que dizem elas a propósito de suas necessidades e interesses?

• Considere seus conflitos como hábitos. Qual é a atração? O que é que o conflito lhe oferece e de que você não quer abrir mão?

• Lembre-se dos momentos em sua vida em que as mesas se viraram contra a sua vontade. Quando ansiamos pela felicidade, muitas vezes nos deparamos com a tragédia, e vice-versa. Estamos num processo de criação, grande parte do qual escapa ao nosso controle, embora toda situação existencial exija, paradoxalmente, a nossa ingerência. Somos todos jogadores titulares numa inteligência criativa bem maior que qualquer um de nós.

Evoque as perdas mais difíceis de sua vida. Alguma coisa nasceu delas? Toda morte não traz ressurreição?

Você chegou a perder coisas por causa de seus mais estrondosos sucessos? Toda ressurreição acarreta morte?

• Tenho uma amiga freira que ministra cursos sobre espiritualidade fazendo com que as pessoas contem histórias a respeito de suas raízes espirituais. O tom criativo dos relatos privilegia as diferenças. Conte você também histórias de suas experiências com o sagrado. Quais são as suas primeiras lembranças de infância? Quais eram os lugares sagrados de sua juventude? Você costumava associar determinadas pessoas com coisas sagradas? Por quê? Conte histórias sobre seus conflitos religiosos. Talvez você descubra que os lugares onde se sente mais "avesso" à religião são aqueles em que o sagrado se mostra mais vivo para você e em que a religião tem mais probabilidade de se renovar.

• Pode ser útil inverter suas idéias a respeito dos anjos a fim de estreitar relações com eles. Se você acha que os anjos são invisíveis, imagine-os sob a forma das coisas que o rodeiam, e vice-versa. Por que iriam eles limitar-se a uma única forma? Se os visualizamos exclusivamente como "pessoas" espirituais, essa percepção habitual pode ser o seu melhor disfarce. Quais são os lugares mais improváveis para a aparição dos anjos, na sua opinião? Pois justamente nesses lugares é que eles talvez estejam mais vivos para você.

Se você acha que os anjos são seres ou lugares especiais, descubra-os no rosto das pessoas e nos aspectos dos lugares mais comuns. Os anjos, como os sonhos, assumem as características do mundo exterior. Como filho da primeira geração do *rock-n'-roll*, meus anjos eram freqüentemente cheios de ritmo e sensualidade, parecidos com Little Richard, Tina Turner e James Brown, o meu favorito.

Tente não restringir a imaginação dos anjos a uma forma particular, a um lugar, a uma função. Seres mágicos não podem ser coagidos dessa maneira. São legítimos intermediários, sempre a transitar de um local para outro. Deleite-se com esse movimento.

Ao enfatizar as qualidades angélicas das pessoas e coisas comuns, não pretendo subestimar o significado das imagens e experiências fantásticas. Desde criança sinto-me maravilhado com os capítulos 3 e 4 de *Moby Dick*, onde Ismael divide quarto e cama com Queequeg. Ao descrever suas reações às "peculiaridades" de Queequeg, Ismael diz-nos muito de si mesmo e de sua cultura.

A pessoa ou cultura mais exótica e assustadora pode ser a que melhor nos leve à compreensão de nós mesmos. Imagine-se dividindo o quarto com um estrangeiro sensível. Quais os traços que ele achará mais inusitados, fascinantes e inquietantes em você?

• Se você está interessado no processo de inverter as noções convencionais de anjos e demônios, preste atenção aos bichos e serpentes que têm sido tomados por encarnações do diabo. Pergunte-se por que as pessoas fazem isso. De que modo essa concepção exprime e influencia o nosso relacionamento com o mundo animal? Com a natureza e a terra?

• As imagens de meus pais, avós, bisavós e outros entes queridos eram os mais poderosos espíritos de devaneio de minha infância, e eu tinha medo de perdê-los. Por que deverão os anjos ser diferentes de nossos espíritos mais íntimos e familiares?

Reflita sobre as imagens daqueles que você ama e amou. Note como a pessoa real vive em espírito nos seus devaneios. Faça alguma coisa para honrar essa presença — escreva um poema, envie uma carta, coloque uma flor ou pedra junto ao porta-retrato, acenda uma vela. Saia a caminhar para ficar ritualmente próximo da imagem da pessoa e veja como as suas sensações evocam diferentes lembranças e qualidades do ente querido.

5

Exaltação Diante das Coisas

Qualquer objeto, se observado intensamente, pode tornar-se uma porta para o éon incorruptível dos deuses.

— James Joyce, *Ulisses*

Imagens do Ente Amado

Os anjos, como as musas que são estreitamente associadas a eles, ligam-se a objetos de desejo. Nos relacionamentos amorosos, cada pessoa encarna imagens dos desejos que existem na alma do parceiro. O ser físico da criatura amada espiritualiza-se no anjo que configura os desejos do coração. Todo relacionamento tem a sua química peculiar, que pode ajudar a identificar tanto o espírito das imperfeições quanto os aspectos idealizados.

É interessante construir altares domésticos em homenagem aos espíritos dos traços negativos. Honrar esses demônios pode ser mais produtivo que tentar detê-los ou erradicá-los. Por natureza, eles resistem à mudança. Torná-los tangíveis é aceitar sua presença, o que constitui passo importante no processo de seu tratamento. Isso também me faz mais cônscio deles. Dou-lhes, literalmente, um lugar, um lugar sagrado, um altar. Transforme-os em ícones, lembretes sempre presentes e visíveis. Reconheço as perversidades do meu ser graças à assistência desses parceiros materiais, que atuam como símbolos. Há magia em transformar os aspectos desagradáveis de minha alma numa imagem que eu possa amar.

Considere esse processo de amor aos objetos como uma alternativa para suas estratégias egoístas de controle terapêutico: identifique a condição; dê-lhe atenção e forma; *deixe que ela mude por si mesma* com a ajuda de sua consciência. Os métodos artísticos de hiperbolização, entronização e humor trabalham *junto* com a energia da patologia.

O princípio de inversão, que vira mesas e ameaça posições, constitui a ferramenta básica do processo criativo. As pessoas mais criativas que conheço estão sempre mudando seu modo de ver as coisas e procurando o reverso da moeda. Esse processo difere de uma psicologia dos opostos, que nos mantém na perspectiva do dualismo. Aquilo que parece mais estranho e desprezível é, provavelmente, o outro lado de minha consciência, mais intimamente associado a mim do que suponho. Estou falando de parceria, compaixão e alianças improváveis. A inversão é transformadora. É um *jiu-jitsu* emocional que modifica a direção das energias e nos atordoa com a mudança. A magia atua por intermédio dos efeitos transformadores e paradoxais que atingem a mente. A pessoa criativa pratica a magia de inverter as coisas: o homem que você odeia é justamente aquele com o qual está mais envolvido emocionalmente. O humor funciona da mesma maneira, voltando as coisas contra si mesmas.

Montar altares domésticos para reverenciar comportamentos censuráveis pode ajudar a evitar as piores discussões familiares oriundas da negação de traços de caráter que prejudicam os outros. Quando estou irritando as pessoas, elas podem simplesmente apontar para uma figura do altar que representa a condição em que ora me encontro. Em vez de responder com argumentos agressivos que só levam a piorar a situação, elas podem mostrar, digamos, a estatueta de um lutador (que corresponde à minha pugnacidade) ou os tampões de ouvido (que ilustram a minha incapacidade de escutar).

Os objetos são intermediários entre as pessoas. Eles transmitem mensagens sem o oposicionismo que caracteriza o conflito interpessoal. Os objetos acatam toda expressão sincera sem erguer as defesas emocionais que as pessoas costumam construir e comportam-se como companheiros fiéis dentro do processo de reflexão. Energias psiquicamente carregadas transferem-se para objetos que esfriam a agressividade dos relacionamentos interpessoais.

Dos mestres do *jiu-jitsu* aprendemos a importância de usar todas as forças de um ambiente. O altar doméstico consagrado às minhas imperfeições recicla as energias destas, tornando possíveis as mudanças mágicas. A insistência moralista em curar o mal com o bem alimenta uma condição de oposição ferrenha, ao passo que a criação sabe que os males contêm os espíritos de sua própria transformação.

Místicos, artistas e devotos podem mostrar-nos como ampliar o espectro do amor para além da mera fixação em um único parceiro. O amor pode ser compartilhado ou não. Quando duas pessoas dividem o amor pelos filhos, Deus, um animal, um lugar, uma casa, um barco, um jardim, os utensílios domésticos, um esporte ou um ritual diário, os sentimentos aplicados a essas coisas refletem-se no relacionamento. O espectro pleno do amor compartilhado produz um efeito amplificador que transforma o relacionamento amoroso num esplêndido anjo, cujo ser é uma multiplicação incalculável de aspectos interativos. Assim, o relacionamento passa a ser uma entidade espiritual, de cuja natureza participam outros espíritos. A imaginação do amor expande-se de um modo que corresponde à fantasia medieval de identificar e catalogar os anjos existentes numa esfera imensurável. Os rituais sazonais de 14 de fevereiro ensinam-nos a liberar os anjos do amor na vida cotidiana.

Os relacionamentos profundos e saudáveis são uma ecologia complexa de amores e espíritos, bons e maus. O enfoque exclusivo numa pessoa ou coisa tende a pressionar demasiadamente esse objeto amoroso, resultando em expectativas ilusórias. Uma coisa única não pode absorver as variedades do amor e suas perpétuas mudanças, a aparição do anjo "a cada instante sob uma nova máscara". O relacionamento com uma pessoa costuma encorajar amores plurais dentro do contexto de seu compromisso singular. Quando o amor se concentra exclusivamente na pessoa, essa restrição torna o relacionamento muito difícil a longo prazo. As expectativas são inviáveis. Posso desposar uma pessoa após outra sem me dar conta de que minhas fantasias sobre casamento e amor são irrealizáveis. Pergunto: que espero de um parceiro? Onde está a falha em minha imagem do amor? Se reconheço e reverencio o espírito desses demônios, abro um espaço para eles no interior do templo do amor de meu coração.

Assim como a criação, o amor baseia-se no livre relacionamento de espíritos contrários. Afora suas características perversas e diabólicas, os demônios também são definidos como espíritos companheiros ou gênios pessoais. A patologia da possessão demoníaca é complementada pela pessoa que "trabalha como um demônio". A palavra sugere zelo, dedicação e inspiração de forças espirituais.

A palavra demônio vem do grego *daimon* — poder divino, força ou destino que não reveste uma imagem particular. Essa invisibilidade contrasta com as figuras tangíveis da mitologia grega. A pessoa age a favor ou contra esse fluxo da alma, *syn daimoni* ou *pros daimona.* Não é difícil visualizar nossos próprios casos amorosos à luz desse contexto.

Nada corresponde melhor ao sentido original de *daimon* que nossas emoções amorosas. A meditação sobre o amor pode mostrar que os aspectos positivos e negativos criam uma parceria necessária em toda condição psíquica profunda. O demônio do amor é uma força ou paixão que incentiva e aflige, apazigua e atormenta. O amor é uma emoção extrema e, por isso, requer interação de polaridades. Ele ensina o reto modo de conceber os relacionamentos entre anjos e demônios.

As aflições amorosas podem manifestar-se numa dependência para com outros a fim de nos sentirmos valorizados; na projeção exclusiva do amor na vitalidade sexual; na exigência de êxtase contínuo; na incapacidade de tolerar as fases de depressão; na compulsão de controlar e possuir; nos ludíbrios que nascem da tendência a tratar a criatura amada como um salvador pessoal; e na crença de que a outra pessoa pode satisfazer um desejo perpétuo e insaciável.

Na caracterização de um relacionamento, os demônios do amor são tão importantes quanto seus anjos. Como seria insípido um amor sem ciúmes, arrufos e exigências absurdas! O amor se torna mais flexível e complexo quando aceita imperfeições e anseios perversos, que não são necessariamente maus. No drama do amor, são atores universais.

James Hillman deixou-me embasbacado durante um seminário ao afirmar que a psicoterapia concebe o amor como amor da psique e não como amor de outra pessoa. Essa idéia confundiu, desafiou e, por fim, iluminou minha experiência com o amor. A afirmação de Hillman é um paradoxo. Sem rejeitar o amor de outra pessoa, podemos expandir nossa noção de amor para a própria psique. O amor da psique alivia a pressão sobre meu parceiro. Presume, ainda, a aceitação das vexações amorosas. A emoção corresponde ao amor de Deus, ao amor da vida, ao amor espiritual que, em última instância, robustece nossas relações amorosas com os outros. Hillman ajudou-me a diferenciar os muitos tipos de amor e a liberar essa emoção do fardo de um relacionamento exclusivo. Como bem sabem as pessoas versadas nos caminhos de Eros, apaixonamo-nos pela paixão e seus demônios absorventes, e não só pela pessoa que suscita em nós esses espíritos, cujo ser encarna as imagens amorosas existentes em nossa alma. Quando desejamos o amor, desejamos estar em presença de seus sentimentos ou anjos, Afrodite e Eros, e do mistério envolvente de onde esses entes promanam e para onde regressam.

Embora os objetos amorosos compartilhados pareçam essenciais nos relacionamentos, é igualmente necessário alimentar anseios particulares. Os interesses pessoais consolidam a individuação dos parceiros e exaltam as diferenças. Ampliam os recursos para a mudança e a renovação do relacionamento. Nos meus estúdios de arte, percebo que a concentração da energia psíquica na feitura de objetos artísticos dilata o alcance da animização da pessoa. Repetidamente, ouço que o cuidado da alma graças à prática da arte renova casamentos ou relacionamentos. As pessoas religiosas, do mesmo modo, percebem uma renovação da fé quando fazem experiências criativas. Não podemos esperar que o parceiro por si só assegure a perpetuidade dessa renovação.

Qualquer interesse pessoal pode gerar imagens de uma aspiração espiritual. Estando eu em visita a Illinois, um amigo contou-me que o famoso congressista Everett Dirksen passava as horas vagas cultivando cravos-de-defunto. Essa flor era a Beatriz do congressista, a imagem do desejo de sua alma. Ele escolhera o cravo-de-defunto como um meio de santificar a vida e, sem dúvida, contemplava as flores de um modo diferente do das outras pessoas. Talvez visse mais coisas na flor porque tinha a alma sintonizada com a natureza dela. Como sucede aos anjos, qualquer flor pode encarnar o desejo da alma. Para outra pessoa, será meramente uma rosa, uma orquídea, um lírio.

Os colecionadores têm objetos de desejo altamente definidos. No que toca à natureza dos anjos, o "um" não conta para o colecionador: tem de haver muitos, embora a pluralidade seja uma espécie extremamente seletiva. O mesmo se aplica aos gostos artísticos. O mundo dos anjos caracteriza-se pela absoluta individuação, como a coleção de arte moderna de Peggy Guggenheim. Imagino a casa dela como um templo povoado de anjos diferentes em cada compartimento. O objeto de desejo torna-se um fetiche para o colecionador e a concentração aumenta seus poderes mágicos.

Ninguém precisa ser rico para ser colecionador. Conheço artistas pobres que formaram bibliotecas e coleções de arte raras, com a ajuda de amigos. Mesmo na pobreza atulham suas casas e cercam-se de espíritos. Os pobres e as crianças mostram-nos que qualquer objeto pode tornar-se foco de desejos e gostos altamente personalizados: pedras, conchas, tampas de garrafa, músicas. Gostamos de nos cercar de abundância.

Quando trabalhei num hospital psiquiátrico público, notei que as pessoas sem posses, como num ritual, juntavam objetos debaixo da cama e nas gavetas. Eram objetos quase sempre disparatados. Só parecia necessário ter à volta uma variedade de coisas. A equipe chamava-as de "ratões" e achava que as coleções eram mais uma manifestação da doença, sem perceber que essa atividade era expressão de desejo e vitalidade: a mulher pobre que colecionava fotos de jóias, o homem "de posses" que enchia os bolsos de livros, pentes e outras quinquilharias que jamais usava.

O poeta Charles Olson, que morava em Gloucester, Massachusetts, passou uma fase da vida tentando preservar casas históricas da cidade. Seu olhar estético fixava-se em coisas que a maior parte das pessoas não via nem apreciava. Quando ele contemplava uma casa, imaginava sua história, as pessoas que lá tinham vivido, o período ilustrado pelo seu estilo. Numa época em que os prédios de Gloucester estavam sendo destruídos pela "renovação urbana", os escritos de Olson transmitiam um sentimento de amor perdido. A cidade era reflexo da imagem amada, um "anjo magnífico" entranhado na alma do poeta. Quando uma casa era adquirida pelos especuladores, havia uma sensação de perda e depressão, condição outrora associada às doenças psíquicas.

Chorem a perda,
outra casa
se foi.[1]

Gloucester tornou-se, para Olson, a personificação do amor divino, seu objeto sagrado e cálice de transcendência. Ele se empenhou em salvar a própria alma salvando a alma da cidade. Sua disciplina era a meditação poética. Toda característica da cidade espelhava o amor do poeta. É assim que funciona a parceria com os anjos. Quando atentamos para as qualidades mais específicas e íntimas da imagem amada, mais estreitamos o relacionamento com os anjos.

Em carta ao editor do *Gloucester Daily Times*, intitulada "Poeta

Passeia por Gloucester", Olson procurou transmitir como sentia a beleza e a história da cidade ao olhar os pormenores desdenhados pela maioria das pessoas. Descreveu "a luz nas bonitas casas brancas, a raridade das tintas dessa gloriosa Gloucester que posso contemplar, percorrer e descobrir". Olhando pela janela ou passeando depois de voltar de viagem, o poeta fala de sua casa com a sensibilidade de um peregrino:

> Hoje levantei-me bem cedo e toda a minha alma gritava de novo, olhando pela porta e vendo o sol da manhã incidindo de modo diferente sobre o Hotel (Puritano) que eu poderia chamar de epítome dos antigos tijolos das casas de Gloucester — tijolos rosados em contraste com os tijolos vermelhos da casa de Mansfield. Estive fora a semana passada e, no sábado, vaguei novamente pela cidade, cruzando o Tally até o Main, atravessando a área norte sob o sol para postar uma carta na caixa de Bob's Haberdashery, subindo o Hancock até a residência do meu médico. De regresso, parei na praça para tomar um refrigerante e, a passos medidos, voltei para casa.[2]

O anjo da cidade é um personagem único que nós, tipicamente, não vemos; devido a esse "descaso", a apreciação estética das coisas mais simples e fundamentais acarreta uma exuberância de realização. É como se os mundos interior e exterior compreendessem o quanto precisam um do outro para se perceberem plenamente. A exaltação experimentada quando se observa a luz entrando pela porta da casa prende-se à consciência de que costumamos atravessar essa abertura sem ver coisa alguma. Essas expressões do mundo físico ativam imagens profundas de amor que, de outra forma, ficam adormecidas na alma. Graças às expressões de amor pelas coisas, cultivamos a alma do mundo exterior e comunicamos aos outros essa sensibilidade.

Assim como, pelo modo de dispor o ambiente, enchemos nossas casas com os espíritos desejados, tentamos também viver em lugares que correspondam aos anseios profundos de nossa alma. Quando temos a liberdade de escolher, selecionamos países, regiões, cidades, vizinhanças, terrenos, casas ou apartamentos que respondem às necessidades estéticas da alma. Tudo se passa como se os anjos interiores se esforçassem para vibrar no ritmo dos espíritos do lugar.

Os acessos de saudade ajudam-nos a alimentar as imagens variegadas do lar, das quais não tomamos consciência no dia-a-dia. Como ensina o clichê, "A separação amolece o coração". As pessoas, coisas e lugares que tomamos por nossos na vida habitual são ressantificados como imagens bem-amadas pelo desejo de sua volta. A maneira angélica de contemplar o mundo está intimamente associada ao sentimento arquetípico da doença como uma perda da alma. Aprecia-se melhor a vida pelos olhos da perda.

Noto com freqüência que os anseios das pessoas se concentram na perda de um modo de vida do passado distante, da proximidade da natureza e dos animais, de rituais indígenas e étnicos, de uma idade de ouro da cultura, da infância e da inocência. O sentimento de que tudo foi melhor em outros tempos prende-se à realidade do modo pelo qual a alma se faz sentir por meio da emoção da perda. Esse sentimento preenche-nos a vida com a vitalidade da imaginação e a força espiritual. Mas envolve também lamentos e dores, bem como uma invocação da morte e da dimensão trágica que aprofunda o amor e liga-o à terra.

As coisas do presente e do passado se comunicam entre si. Os pensamentos voam do presente para o passado, e vice-versa. A imaginação é o veículo da mudança e as imagens são os intermediários que transitam entre os mundos. Como se dá com as emoções, uma coisa evoca outra de modo inesperado. A imagem imediata pode relacionar-se com o passado, mais ou menos à maneira da concepção junguiana da conexão de uma dada imagem com seu arquétipo invisível; entretanto, ela não pode ser totalmente reduzida ao que aconteceu antes.

Gaston Bachelard disse que nossas lembranças do passado são ecos do presente. Elas exprimem a tendência da alma a intensificar um sentimento ligando-o a outras coisas. A metáfora brota desse sentimento. O ato poético prende uma determinada imagem de amor ao vasto e invisível espírito da emoção. Olson pranteia o desaparecimento de uma casa como se esta fosse um filho, uma esposa, um amor mítico. Seus sentimentos para com uma simples coisa alinham-se com as forças do amor divino, que retornam para a vida cotidiana graças ao processo da imaginação. Ele vê as vidas comuns pelos olhos do mito e da história.

Por meio da imaginação poética, as coisas mais comezinhas transformam-se em imagens do mais profundo amor da alma. Pode haver um elemento de exagero nesse processo, mas a maneira com que Van Gogh pintou algumas das maiores obras-primas da arte ocidental, nelas imortalizando os artefatos da vida campesina, dá-nos motivo para reconsiderar nossas relações com as coisas espalhadas pela casa. Ele pintou cadeiras, sapatos, flores em vasos toscos, barricas, sacolas, singelas cenas domésticas que hoje estão entre os mais inestimáveis tesouros do mundo.

Em vez de desprezar o exemplo de Van Gogh, alegando sua grandeza artística e sua capacidade de transformar o que quer que tocasse em objetos de valor, deveríamos reconhecer que ele transmitiu uma mensagem estética a todas as pessoas. Se o "estilo" com que Van Gogh pinta uma simples árvore faz dela uma imagem valiosa dentro da história da arte, então o modo como olhamos as árvores consegue o mesmo no contexto da imaginação pessoal. Embora nem todos possamos pintar tão bem quanto ele, podemos ao menos observar as coisas pelos olhos de Van Gogh ou tocá-las com sua sensibilidade às texturas.

O pintor sensível sabe que cada aspecto do mundo exprime um espírito que pode ser cultivado e transformado num objeto de beleza. O anjo da terra é a imagem que nasce da interação entre a pessoa e a coisa contemplada e transformada. O ato de criação expressa as qualidades das coisas por intermédio do sentimento do artista. Van Gogh nos ensina a descobrir a beleza e a vitalidade dos objetos mais corriqueiros, desde que observados como imagens do desejo de amor da alma.

O historiador da arte Meyer Shapiro afirma que a técnica de Van Gogh exprime "sua exaltação diante das coisas" e "ajuda-nos a educar os olhos, ao mesmo tempo que desata nossos sentimentos". Em contraste com as tradições anteriores do seco realismo acadêmico e dos cenários fantásticos, Van Gogh pinta apaixonadamente os lugares comuns. Há mais movimento em seus vasos de flores do que nos cavalos de corrida dos quadros acadêmicos. As pinturas de Van Gogh eram um jogo entre sua exuberância pessoal e as tremendas energias que emanam dos objetos mais familiares.

Podemos ir a uma exposição de Van Gogh ou estudar um catálogo de suas obras para depois refletir, como ele, sobre aquilo que nos cerca. A expressão *objeto inanimado* não terá mais lugar em nosso vocabulário. Quando medito como Van Gogh em minha casa, focalizo certos objetos, cantos, vistas, as configurações mutáveis de minha escrivaninha, as cambiâncias de luz — a tudo contemplo com afeição. Essas meditações sobre as coisas podem algumas vezes ser sombrias e melancólicas, como vemos também nos quadros de Van Gogh. Examino meu ambiente familiar através das variações de humor e sentimento. Elas, invariavelmente, influenciam os meus espíritos.

No final da década de 1970, um concerto de John Cage e Merce Cunningham ensinou-me a meditar, de modo semelhante, sobre o som e o movimento. Cage mostrou-se particularmente convincente como mestre espiritual disfarçado de artista/prestidigitador. Sentou-se a uma mesinha diante do público, encaixou o microfone num lápis e, com esse instrumento musical, começou a rabiscar folhas de papel. Seus sons seguiam de perto os movimentos de Cunningham. Depois que me rendi à monotonia das improvisações de Cage, elas foram se tornando cada vez mais fascinantes. Comecei a perceber os diferentes tons e tempos dos rabiscos, como se fossem parte de uma sinfonia. A simplicidade da composição estreitava sua comunicação com os movimentos de Cunningham. Era tudo tão puro, direto, surpreendentemente animado! Cage e Cunningham estavam mergulhados no que faziam. Amavam aquelas expressões rudimentares, o que provocava forte efeito na platéia.

Quando trabalhamos com artes performáticas e rituais nos estúdios que dirijo, noto que o que realmente importa é a dedicação, a sinceridade de expressão, o amor pelo que se está fazendo. Uma vez presentes esses elementos, os anjos acorrem. O amor à expressão deve provir tanto do artista quanto do espectador. O amor gera um sentimento de mistério e intenso apreço pelas coisas simples, ao passo que a análise ou explicação de uma obra de arte nada tem desse sentimento do sagrado. O sentimento de amor inclui antipatias e aflições. Nem tudo tem de ser perfeito e invariavelmente bom. Amar a imagem é dedicar-se a ela, apegar-se a ela, por mais inquietante e ofensiva que seja. É uma compaixão plena pelo bem-estar do outro, que muitos somos incapazes de sentir — pois exige que ponhamos de lado nossas preocupações enquanto durar o ato artístico.

Aprendi, com essa prática, que os movimentos mais fundamentais do corpo, o som da mão golpeando o tampo da mesa ou da água escorrendo para o cântaro, podem provocar sentimentos profundos. Na verdade, parece que quanto mais autêntica e despretensiosa for a expressão, mais provocativa se mostra. "Quanto mais simples, mais profundo", ensina-nos a prática artística. Apenas se deixe estar presente e aja instintivamente ao ser observado.

É o observador amável que faz a mágica. Tem de haver uma observação apaixonada de algo que de outra forma passaria despercebido. Ali é que mora o anjo. Nos meus grupos de arte, os espectadores fazem isso pelos atores, e na vida diária podemos fazê-lo por nós mesmos, tanto quanto para as pessoas e objetos de que nos cercamos.

John Cage mostrou que podemos ficar maravilhados com os sons mais básicos e familiares que costumamos desdenhar em nosso zelo pela "música". Agimos da mesma forma em relação aos anjos. Queremos sons como os de Mozart. Em vez de olhá-los, ouvi-los e senti-los em nossos atos mais humildes e pessoais, ansiamos por magníficas e estrondosas aparições. Por que não permitir que os anjos correspondam aos espíritos reais de nosso ambiente, que sejam eles mesmos, aceitos pelo que são? Mas não: temos versões idealizadas de nossas figuras interiores. Fazemos o mesmo com os nossos parceiros, exigindo deles o impossível e obrigando-os a conformar-se às nossas fantasias e expectativas.

Meu método é muito simples: amar e usufruir as qualidades mais comuns da vida autêntica, com as imagens que ela gera. Os anjos são os espíritos dos nossos pensamentos, sentimentos e ambientes mais íntimos.

Materialismo Espiritual

De novo, de novo e de novo, isso me penetra e sustenta a minha alma.

— Marianne Moore, *The Pangolin*

Freud sabia que dotamos os objetos de energia psíquica. Essa concentração de emoção nas coisas e idéias chama-se catexe. No entanto, Freud ignorou a contracatexe, pela qual os objetos transmitem suas energias às pessoas. A energia autônoma e expressiva das coisas não se enquadra nesse esquema da psique e do seu tratamento, que privilegia a razão e o controle humanos. Se voltarmos ao pensamento mais ecológico do poeta e filósofo romano Lucrécio, veremos que os objetos geram suas próprias expressões, que se projetam nas pessoas. Elas são carregadas de mensagens e influências ignoradas, bem como de remédios ocultos. Para muitos de nós, a vida é um jogo constante de estímulos que passam despercebidos.

Tomé Desconfiado observa: "Você agora está falando como Pavlov, um behaviorista travestido de anjo."

Sim, intrigam-me os reflexos instintivos, o modo como o mundo físico nos modela, a insensatez do controle humano sobre os elementos. Se Deus está presente em tudo, Ivã Petrovich Pavlov pode ser considerado um magnífico deísta encantado com as ações perceptíveis da Divindade. Sempre desconfiei de que B. F. Skinner era na verdade um fanático religioso. O propósito divino está antes naquilo que se faz do que naquilo que se professa. Analise a maneira como Skinner viveu, o eco de Walden em sua alma, a dedicação apaixonada a uma idéia. Como minha avó irlandesa gostava de dizer, "Deus escreve certo por linhas tortas".

Os homens sempre utilizaram trabalhos e artefatos pessoais para cultivar, consciente ou inconscientemente, relações espirituais com os lugares. Os objetos funcionam como intermediários entre as pessoas e os ambientes. Sempre que esvazio um quarto para consertar o teto ou o piso, ou pintar as paredes, impressiona-me a ausência dos móveis e outros conteúdos.

Quando estamos de mudança para outra casa, o passeio pelos cômodos vazios, despidos de seus espíritos familiares, é o rito decisivo de passagem. Retirar os quadros, encaixotar os livros, remover os móveis e depois varrer o chão do recinto despojado é mudar os espíritos de uma residência. Imagino os caminhões de mudança repletos de anjos familiares rumo a seu novo hábitat. Do mesmo modo, implantamos nossa energia psíquica num novo lar ao enchê-lo com as nossas "coisas". Esses intermediários, ou anjos da terra, são os meios pelos quais dotamos a casa de energia psíquica. Eles agem também como conduítes através dos quais os espíritos da casa penetram as almas de seus novos moradores.

As jóias e os trastes herdados são vínculos possantes e tradicionais entre as gerações. As roupas e os ornamentos do corpo, da mesma forma, servem para mediar as nossas energias e sentimentos com o mundo exterior. Os objetos familiares de estimação são especialmente eficazes para energizar e tranqüilizar seus portadores. Detesto jogar fora uma carteira gasta, ainda que tenha duas novas prontas para serem usadas. O mesmo se aplica a uma blusa ou camisa velha. Nós só reconhecemos o apego que *nós* temos por essas coisas; mas elas, como os animais domésticos, também se apegam a nós.

Minha mulher me presenteou com um par de chinelos. Eu lhe disse: "Bem, então é hora de jogar fora os chinelos velhos." Eram mocassins costurados com fios de seda, que eu vinha usando há vinte anos. As solas ainda estavam boas, mas as costuras começavam a abrir. Relutantemente, coloquei-os no lixo.

Uma hora depois, entrei na cozinha e reparei que minha mulher os havia retirado do lixo. Lá estavam eles no chão, como velhos amigos. Observei que sua forma e desgaste se haviam acomodado, com o tempo, aos meus pés. Tinham me servido bem por anos a fio. E agora, ao fim de sua vida útil, não podiam adaptar-se a outra pessoa. Eu era o único capaz de valorizar seu ser e história: dependiam de mim para isso.

Minha mulher disse: "Não tolerei vê-los no saco de lixo ao lado de embalagens de leite e latas de conserva."

"Vou achar uso para eles", prometi.

Esse aspecto do anjo da terra pode criar confusão em casa. E muitas vezes geram-se necessidades conflitantes quando, apegados a coisas velhas, nós nos preparamos para receber as novas no espaço vazio.

Valorizamos as coisas pelo contato e pela nossa história em comum. Aqueles chinelos estavam cheios de alma devido ao nosso longo e afetivo relacionamento. Eram os meus sapatos caseiros, que eu usava durante o inverno no meu templo doméstico, e tinham uma aura muito mais pessoal que os que usava para sair. Noto que meu relacionamento com os vizinhos se torna mais íntimo simplesmente porque passamos bastante tempo no mesmo lugar, reconhecemo-nos na rua e, ocasionalmente, conversamos ou prestamos serviços uns aos outros.

Tento imaginar objetos e roupas como seres com os quais vivo em íntima associação. Como se dá com qualquer bom relacionamento, precisamos de tempo para cultivar a afeição mútua. Esse compromisso me ajuda a manter o equilíbrio com relação aos objetos: em geral, reflito a respeito daquilo que quero ou não comprar. Uma vez reconhecida a necessidade, entrego-me aos impulsos do consumismo e aos prazeres da aquisição. A ânsia incontida de comprar é uma das raízes dos problemas materiais do mundo e daquilo que chamamos de desigualdades na distribuição da riqueza.

Este meu comportamento não incentiva a economia do consumismo nem respalda a nova crença de que o aumento do consumo vai, em última análise, beneficiar a todos, e que a vida no planeta melhorará quando comprarmos mais.

Talvez essa gente esteja certa. O amor às coisas e as energias recíprocas entre elas e as pessoas podem alterar a psique universal. Mas tenho dúvidas. Como se dá com o excesso de medicação, o muito é prejudicial. As compras compulsivas enfraquecem a força psíquica dos objetos e de nossas relações com eles. Podem tornar-se uma mania devoradora. Sem dúvida, o apelo das coisas gera em mim uma reação defensiva, um controle instintivo do desejo e o prazer inevitável que sobrevém quando me rendo e invado lojas e restaurantes, ou compro um carro ou uma casa nova. A liberação talvez seja mais agradável por causa da contenção a que me forço quando se trata de comprar coisas novas. Há algum tempo levei minha filha de dezessete anos para um banho de loja e, na volta, exibimos os pacotes para a família como se fossem troféus de caça. Novas energias invadiram a casa com as novas aquisições.

Uma das maiores alegrias de minhas filhas de quatro e oito anos é visitar o armazém da cidade para comprar doces e outras coisas. Meu filho de dezenove anos é fanático por locadoras de vídeo; minha mulher não pára de comprar roupas de criança e eu próprio mal me contenho numa boa livraria. O consumismo pode ser um anjo disfarçado quando a compra está em sintonia com o amor saudável pelas coisas e o comércio franco entre as pessoas. Em minhas freqüentes visitas à Cidade Velha de Jerusalém e aos bazares árabes das ruelas tortuosas, onde se vêem quinquilharias dependuradas por toda parte, sinto que o comércio é um aspecto profundamente entranhado da alma. Comprar numa loja do Oriente Médio é um ato que situa a rua comercial americana numa perspectiva arquetípica. O ambiente mudou, junto com os artigos e os métodos de venda, mas o vender e comprar coisas materiais é ainda um dos impulsos mais vitais da *anima mundi*.

Os próprios anjos são o artigo mais recente no mercado da moda. Comercializar anjos? Contradição ou esperteza de vendedor ambulante? Comercializar uma idéia, uma imagem?

Você se lembra daqueles anúncios de carro que mostravam uma bela paisagem passando em alta velocidade sem jamais mostrar o carro? Eles captavam os caminhos indiretos e invisíveis dos espíritos. Talvez os publicitários estejam bem perto da orientação sensual da alma e do amor ao mistério. Eles sabem até mesmo penetrar na memória coletiva de uma cultura: James Dean usava roupas cáqui, segundo a campanha publicitária de um determinado produto. Elas dizem, em essência: "Os anjos, imagem do desejo de sua alma, usam roupas cáqui." Em vez de considerar os publicitários como criaturas malignas e serpentinas, por que não acolhê-los como expressões da alma?

Mas voltemos às dificuldades do consumismo e ao modo pelo qual elas influenciam os anjos da terra. Estamos sempre tão ocupados desejando as coisas e adquirindo bens que não damos aos objetos a oportunidade de nos influenciar.

As pessoas ponderadas plasmam confiança e longevidade em suas relações com as coisas, arrefecendo o desejo insopitável de comprar, que atormenta a tanta gente. Há milionários que desejam ou invejam o relacionamento íntimo e agradável que o monge budista mantém com a peça de roupa que usa diariamente, ou o carinho da mulher pela travessa que fabricou e usa a cada refeição. Nesse ponto, dou um crédito à cultura ianque. Há um fluxo puro de simplicidade estética e pragmatismo nas veias da Nova Inglaterra. O verdadeiro ianque é aquele que, a despeito da riqueza adquirida, usa o mesmo par de sapatos durante anos, dirige sua caminhonete Ford até ela cair aos pedaços e conserva a blusa favorita por muito tempo depois de aparecerem os primeiros buracos. Existe uma virtude nesse comportamento, virtude que deixamos de ver quando a atribuímos simplesmente à avareza e ao apego ao último níquel.

Estou começando a dar lições de moral, e já ouço o crítico interior dizer: "As patologias do consumismo também são janelas da alma. Não tente paralisar as coisas e impor mais alguns padrões 'certos' que todos devam seguir. Todo desejo é sagrado, e não há desejo que possa ser contido. Seu moralismo não funciona para mim. Gosto do exagero, de anjos rococós por toda parte, das demasias à Luís XIV. Respeito sua postura monacal (ou seria somente a parcimônia ianque?). Deixe-me com as minhas extravagâncias e esbanjamentos: também neles há anjos da terra. Quando gasto, garanto o trabalho de outros. Que o dinheiro gire pelo mundo afora. Não procure resolver os problemas econômicos do planeta mudando a química arquetípica das relações entre pessoas e coisas. Sei que você acalenta o sonho de meia-idade de ter uma motocicleta possante. Entretanto, nega esses objetos de desejo. Entregue-se ao excesso, dê adeus à frugalidade!"

Eu replico: "Dizem que é preciso controlar os desejos. Mas detesto a palavra *controlar*. Cheira a contenção, a egoísmo. Que tal o padrão de gosto epicurista?"

"Muito elitista", resmunga o crítico.

"Isso é apenas um rótulo. Se você se aprofundar no sentimento, verá que ele é guiado pela sensibilidade estética às necessidades da alma. Não quer o excesso, como Epicuro não queria: queria apenas tranqüilidade."

"Mas isso não é controle?", opina o crítico.

"A moderação tem seu lugar na vida espiritualizada", respondo. "Dirijo aquela motocicleta constantemente no reino imaginário. Talvez eu queira conservá-la ali como um espírito órfico."

Essa reflexão me faz ver que o excesso e as condições extremas são aspectos vitais da alma. A moderação pode ser considerada uma defesa contra os extremos e suas inevitáveis inversões. Não haveria marés altas sem marés baixas. A alma se apega às peculiaridades, a padrões de gosto pervertidos e altamente individualizados, àquilo que Wallace Stevens chamava de "nobreza" da imaginação bizarra[3].

As perversões devem ser protegidas, como uma espécie em extinção, das ondas politicamente corretas do conformismo. Grande parte da arte moderna não passa de perversão estética. Vi uma fotografia de Andy Warhol em seu atulhado apartamento de Nova York, mais parecido com um armazém que com uma residência. Suas bugigangas espalhavam-se pelas mesas, pelas cadeiras e pelo assoalho. Vi a foto pouco antes de Warhol falecer. O impacto foi inesquecível, talvez por ser tão contrário aos meus desejos. Ele parecia esmagado pelas quinquilharias. Aquilo era um verdadeiro caos.

Pensei comigo: "Que modo horrível e dispendioso de viver a vida, com todo o espaço tomado pelas coisas!"

Eu pensava que os objetos precisavam de espaço, de atenção e de um bom espanador.

Mas a extravagância, a loucura e as perversões de Warhol, talvez sejam a causa de ele ser o que é, ao passo que eu vou levando a minha vidinha burguesa cuidando adequadamente das coisas. Como diz o ditado, "tudo é válido".

Logo que deixo de julgar o comportamento de Warhol a partir de um ponto de vista moral, percebo até que ponto seus modos estranhos me impressionam. Eles me atraem porque me desagradam. Aquilo que é mais distante e repulsivo afeta nosso complexo íntimo mais oculto. A bagunça de Warhol revela a minha vocação para a ordem, que bem pode ser um disfarce a reprimir meu anseio pela irregularidade e pelo pandemônio.

A fotografia de seu apartamento pode ser reclassificada como um "anjo pós-moderno" que me leva a aceitar a ordem não-linear do caos, o fim das doutrinas peremptórias, a singularidade das pessoas, a confusão dos quartos de meus filhos adolescentes, o abrandamento de minhas rígidas compulsões.

Em relação aos objetos de desejo, não existem leis naturais. As coisas do apartamento de Warhol deviam apreciar a atmosfera, a liberdade, o amontoamento, o senso de comunidade. Os anjos estão em ação em qualquer ambiente.

E lá vem de novo o crítico: "Interessante você mencionar Andy Warhol, pois me pergunto se seus quadros de latas de sopa Campbell estão em harmonia com a sensibilidade que você mostra para com o anjo da terra e aquilo que chama de materialismo espiritual."

Nada posso dizer sobre as motivações de Warhol, mas a *pop art* é cheia de ironia. Suas imitações eram paródias e não, necessariamente, meditações. Não percebo um senso de reverência nos ícones *pop* das coisas do mundo. O movimento me lembra mais uma caçoada cínica que usa os objetos da cultura popular como tema para o humor corrosivo do artista. Mas, como qualquer outra tendência, essa veio e se foi. No mundo da arte, o objeto precioso foi a pintura de Warhol, que teve seu breve momento de fama, de acordo com sua estética; eu, entretanto, estou mais interessado na exposição das latas de sopa na gôndola do supermercado. A pintura chama a atenção para a sua presença.

A *pop art* foi exaltada como uma representação da "nova paisagem americana" da publicidade, da comunicação de massa, das cenas urbanas, das embalagens e outros aspectos do ambiente da década de 1960, "selecionados, idealizados e descritos" pelo artista[4]. Essa maneira de descrever a *pop art* lembra muito meu conceito dos anjos da terra. Mas quando o processo se restringe ao quadro da história da arte, perde as qualidades angélicas que emanam da pura presença da coisa em si. Vale notar que a poesia modernista evita todas essas tendências "vazias" e preserva o vínculo sagrado entre o artista e o objeto de contemplação.

O poema vê o interior das coisas com uma disciplinada sensibilidade aos espíritos de suas expressões materiais. Os objetos suscitam uma resposta íntima e cheia de imaginação, conforme foi demonstrado por Djuna Barnes, que descreve "uma ótima frigideira capaz de fritar seis ovos e mais uma série de apetrechos necessários na cozinha".[5] Não existe ironia nem astúcia nessa imagem; apenas afeição e empatia imaginativa.

O amor franco e suave pelos objetos pode ser um aspecto da sensibilidade feminina, mas não é exclusivo das mulheres, como mostra elegantemente William Carlos Williams, que perfilha meu sentimento do anjo da terra e do materialismo espiritual. Para ele, "o poema/é uma disciplina" que nos ajuda a ver o que já temos.

No poema "Between Walls" ["Entre Paredes"], Williams observa a radiância do vidro estilhaçado no chão sujo. "Nantucket" visualiza um recinto cuidadosamente arrumado, com a luz do sol filtrando-se pelas cortinas brancas. Em "The Red Wheelbarrow" ["O Carrinho de Mão Vermelho"], ele não só relaciona o mundo a um objeto simples como o instala num quadro de relações recíprocas com "galinhas brancas".[6]

Williams mostra que todas as coisas, por mais vis que sejam, encerram espíritos estéticos. A percepção poética é a disciplina de abrir-se para um objeto de iluminação. O poeta é seu porta-voz, intermediário e anjo de sua expressão. Quando o poeta opera angelicamente, o eu desaparece e se torna um veículo invisível, sutilmente sintonizado com o objeto de contemplação. Os poetas levam o espírito das coisas aos leitores. O vidro estilhaçado, as cortinas brancas e o carrinho de mão precisam de parceiros criativos para transformar-se de matéria em espírito. Do mesmo modo, o poeta se inspira nas qualidades expressivas da coisa e em suas relações com o ambiente. Essa ecologia de objetos num espaço vivo não pode ser expressa pelas imagens da *pop art*, retiradas do seu hábitat e exibidas sob as luzes da galeria.

Diz Rudolf Arnheim: "Quanto mais a obra de arte é isolada do seu cenário, mais se vê sobrecarregada da tarefa que devia compartilhar com a totalidade desse cenário." Arnheim evoca a época em que os objetos se relacionavam com as pessoas, servindo como "imagens orientadoras" e "companheiras" que nos faziam viver mais intimamente com o mundo material. Ele vê a arte como um meio de renascimento. Quando as coisas já não são símbolos da ligação com a grande alma do mundo, limita-se a nossa participação na alteridade, que é a base da imaginação criadora. Para Arnheim, "os objetos já não falam ... e é a eloqüência dos objetos que torna a arte possível; nossa esperança de devolver a vida aos objetos provém atualmente das artes".[7]

A função da arte torna-se uma jornada xamânica em busca da alma perdida, que tem de ser reconduzida ao mundo. Uma vez que a arte muitas vezes é a expressão da patologia de objetos desgarrados da ecologia espiritualizada da matéria (na qual toda coisa física tem significado estético), ela também traz consigo a cura dessa patologia. Em toda parte os artistas compreendem a loucura de seu estranhamento em relação aos objetos, e a alienação da vida aponta para uma cooperação mais espiritual. A ascensão histórica da "arte", bem como sua separação da ecologia das coisas, corresponde à dissociação da alma do mundo físico. O objeto artístico é um sintoma psíquico, uma obsessão que encerra as moléstias de um complexo maior de forças. Nessa perspectiva, a *pop art* é uma poderosa toxina que, paradoxalmente, funciona como antitoxina, fenômeno bizarro que denuncia o afastamento da nossa cultura das relações naturais com as coisas e os lugares.

Os poetas sempre fizeram vigília com as coisas materiais corriqueiras, sempre zelaram pela alma delas em tempos difíceis. Quando os anjos da terra desapareciam, os poetas mantinham vivo o amor por eles. A reflexão poética preserva os mistérios das pessoas que interagem com as coisas do mundo por meio de níveis profundos e mágicos de parentesco.

Sinto enorme diferença entre o olhar sensível da alma poética e as obras grosseiras da *pop art*, vendidas a preços extorsivos e embaladas como mercadoria. Se a arte de produzir pinturas fosse vista amplamente como uma meditação, como sucede com a poesia, então tanto as imagens quanto as atitudes públicas para com elas mudariam.

Minha referência a quadros "embalados" faz-me pensar no artista Christo embalando edifícios e executando outros projetos, onde, por exemplo, ele arbitrariamente constrói uma cerca ao longo de quilômetros de um ambiente natural. Sempre fiquei intrigado com suas proezas e com o modo como ele transforma os espaços. São, todas, exibições visuais fascinantes. Mas, segundo o meu conceito dos anjos da terra, elas constituem, provavelmente, o item mais antiestético da arte contemporânea. Há muito egoísmo nelas e na grandiosidade da sua escala. Não consigo justificar o consumo de tanto material para exprimir uma fantasia pessoal. As extravagâncias arquitetônicas de Luís XIV parecem pragmáticas em comparação com as dele.

Na qualidade de artista, valorizo a transformação de ambientes, mas sinto-me atraído pelas pessoas que lidam com as qualidades naturais de um lugar e procuram acomodar-se ao hábitat. As expressões de Christo parecem privilegiar a dominação heróica. Levantar vastas somas para esses projetos é um magnífico sintoma da doença que aflige a *anima mundi*. Esses acontecimentos parecem bradar inconscientemente: "Acordem! A arte não tem lugar neste mundo. Estes objetos estão deslocados. Mostram a separação completa entre coisas e pessoas, de um lado, e a natureza, de outro. A arte apenas realça a alienação e a sensação patológica. 'Arte nunca mais' é um lema que nos porá numa relação mais apaixonada com as coisas, provocando uma expansão radical dos vínculos estéticos e amorosos com os objetos. Desprezar a arte é apreciar todas as coisas."

Um amigo meu ergueu uma série de construções ambientais na praia, abaixo da linha da maré alta, com material que encontrou por lá. Findo o trabalho, fotografou-o e esperou que o mar reclamasse seus pertences e devolvesse ao lugar sua condição original. Sua expressão colaborou com a do oceano. Os artistas performáticos também constroem ambientes na natureza como santuários para seus rituais. Reconheço que as obras de Christo têm características rituais próprias e que a terra volta depois à condição natural; mas que cultura artística é essa que precisa promover uma transformação tão maciça e antinatural? Que patologia de nossa alma coletiva suscita semelhantes provocações? Christo bem poderia ser o meu anjo da expressão dispendiosa. Como ensinavam os gregos, há um deus em cada condição, boa ou má.

Olho pela janela, vejo o braço de mar, que se estende por um quilômetro do outro lado da rua e imagino-o pontilhado de bóias brilhantes na cor laranja iridescente, ancoradas ali numa exposição de vinte e quatro horas — uma bóia para cada hora. Excita-me imaginar uma fileira de sentinelas eretas, de cor alaranjada, no histórico braço de mar, paralelas às casas coloniais brancas. Compreendo que o processo todo poderia ser encarado segundo o espírito de uma festa.

Se esse projeto fosse de Christo, ele provavelmente cercaria todo o Cabo Ann com milhares de bóias, de acordo com os exageros de sua escala. Isso chamaria a atenção e dividiria as opiniões. Alguns diriam que a proeza não era menos maluca do que noventa por cento daquilo que de qualquer forma fazemos no dia-a-dia. Os projetos de Christo me intrigam, mas prefiro contemplar vidro estilhaçado no chão ou as coisas que já existem nos lugares.

Minha sensibilidade ao anjo da terra lembra mais a maneira pela qual os povos nativos pedem que caminhemos levemente sobre a terra, quase como se diminuíssemos a nós mesmos para reverenciar outras entidades que não nós mesmos. Identifico-me com as tradições espirituais que se exprimem modificando a terra o mínimo possível, não com as que transformam radicalmente os lugares. Os projetos de Christo estimulam-me a contemplar o mundo, mas prefiro a sutileza. Noto a mesma ausência de matizes nos valores fulgurantes da *pop art* — o que não significa que dou mais valor às palavras polidas do que às expressões ofensivas e pouco usuais. Busco um meio espiritual de me relacionar com as coisas, um meio que não implique estarem elas no mundo exclusivamente para servir a nós e às nossas fantasias. Gosto de me imaginar cuidando delas e preservando o seu bem-estar. Sirvo-as como elas me servem. Nossos seres são recíprocos. Nos ambientes criados por Christo, não percebo esse amor pelas coisas.

Também não sei se Warhol estava amando ou ironizando as coisas que fazia — nem se isso realmente importa. À parte essas especulações sobre as intenções de Warhol, ou as dos críticos que interpretavam suas obras, sempre que olho suas pinturas das latas de sopa Campbell — creme de legumes, macarrão com peru, feijão, caldo escocês, tomate, etc. —, essas imagens me intrigam. Sinto o mesmo com relação a *Marilyn Monroe Diptych* e a *Brillo Box*, plasmados em *silk-screen* num cubo de madeira. Minha impressão é a de que Andy Warhol jamais ostentou a reverência e o envolvimento sério com as coisas que caracterizaram os movimentos dadaísta e surrealista. Seu estilo parece decadente e sardônico, qualidades que, no entanto, me ensinam alguma coisa sobre as imagens sombrias. No fim das contas, as imagens falam por si mesmas. *Brillo Box* tem um apelo especial para mim. Tenho algo a ver com essa obra e sinto-me envolvido com as imagens de Warhol, que é o que de fato importa.

A autonomia de uma imagem é o coração do anjo da terra. A imagem pertence ao observador, assim como o poema é expropriado pelo leitor. Nenhuma criação de valor tem significado fixo. O objeto me arrasta para dentro de seu ser. *Brillo Box* faz isso comigo. Sua presença é tão forte e intrigante que as intenções de Warhol deixam de ser relevantes.

É espantoso como a imagem de uma determinada coisa é captada por qualquer pessoa que entre em contato com ela; no entanto, não se pode dar uma definição final às coisas em si. Elas são como as pessoas, sempre gerando novas respostas. Ao praticar o materialismo espiritual, jamais considero um objeto como algo definitivo, mas sempre renovo o meu relacionamento com ele.

Andy Warhol coloca *Brillo Box* diante de nós como uma coisa em si. Merece crédito por isso, e a partir daí a caixa toma as rédeas. Na medida em que ela é isolada de seu ambiente, pode abrir caminho para o regresso da alma ao mundo. Essa caixa é enviada do mundo como uma mensageira, um anjo, cuja indiferença é um convite a voltar para casa.

As Seduções da Água

Sim, como todos sabem, a meditação e a água estão para sempre unidas. Quando olhamos para qualquer rio ou oceano, vemos a mesma imagem: a imagem do fantasma esquivo da vida, que é a chave para tudo o mais.

— Herman Melville, *Moby Dick*

Moro em frente da extensão de água chamada Lobster Cove em Annisquam, bairro rural de Gloucester, Massachusetts. Lobster Cove é considerado um dos dois fiordes da Costa Leste, embora bem menor que Somes Sound, na Mount Desert Island, no Maine.

Durante dezessete anos tive casa no outro lado de Gloucester, em Magnólia. A cidade compreende grande parte do Cabo Ann e oferece diferentes interações entre terra e água. A costa atlântica de Magnólia é áspera, rochosa, pontilhada de altos pinheiros e carvalhos. A pouca distância, na Baía de Ipswich, em Annisquam, a linha costeira sujeita-se a grandes flutuações no nível da maré, com dunas extensas, mangues e passagens labirínticas pelos canais de maré e estuários de West Gloucester, Essex e Ipswich.

A vastidão do Atlântico ao largo de Magnólia jamais motivou a mim e à minha família a arriscar-nos nas ondas. Eu me contentava com olhar, aspirar e ouvir as vagas rugidoras quando caminhava pela praia ou ali me sentava. Era como se as pessoas pertencessem à terra firme. Suponho que, se a comunidade se envolvesse mais com a vida marítima, eu me sentiria motivado a fazer o mesmo.

A fisionomia de Annisquam sugere reciprocidade entre água e terra. As características físicas do lugar influenciam o modo como se vive nele. Sou muito regular em meus hábitos e práticas de meditação, por isso talvez valha a pena examinar até onde as coisas que faço se ressentiram da mudança. O ambiente é o motor de meus movimentos e eu respondo às suas iniciativas.

As paisagens configuram nossas impressões espirituais. Modelam as fantasias e transmitem espíritos que correspondem às suas estruturas. Sempre acreditei que haverá um renascimento da espiritualidade americana nativa entre os europeus imigrados, que edificaram sua cultura sem o sentido das tradições da alma local da terra, do céu e das águas. Os espíritos autóctones jamais morrem, pois continuam vivendo nas expressões do mundo natural.

Parece que vivo tão sintonizado com os espíritos da terra, das águas, dos ventos, das configurações da comunidade e da arquitetura da vizinhança que a minha cosmologia mudou radicalmente depois de me transferir para o outro lado da cidade. Ter o centro da cidade diretamente a leste de minha casa é muito diferente de viver no sul e freqüentar o norte para os negócios diários. Como habitante da Nova Inglaterra, tendo sempre o Atlântico a leste, descobri na Baía de Ipswich uma nova orientação para oeste. Annisquam oferece crepúsculos sobre a baía, fenômeno que me lembra a Califórnia ou uma ilha em que as relações entre água e terra correspondem aos limites de um continente.

Estou satisfeito por olhar a Baía de Ipswich de minha posição fixa e não sinto necessidade de ir ao outro lado. Mas, quando contemplo os canais sujeitos às flutuações da maré, sou arrastado para eles. Eles são a expressão de relações estreitas e plásticas entre água e terra. Não consigo resistir ao chamamento do labirinto, especialmente quando está cheio de água da maré e enfeitado com a grama do pântano. De pé diante dele, sou atraído para suas passagens ocultas, suas linhas e curvas sensuais. A escala é próxima de meu próprio lugar no mundo. Quando penetro no labirinto, sinto uma interação íntima entre nós. O ambiente afirma minha presença, e eu sou instintivamente atraído para ele como um bicho ou serpente que vive em sua toca. Sinto o mesmo fascínio ao andar ou esquiar por um caminho arborizado que revela um novo panorama a cada curva, ou ao dirigir por estradas rurais batidas pelos ventos. Alguma coisa me prende aos seus encantos. É como uma atração magnética rumo a lugar nenhum. A paisagem gera em mim a ação e o desejo de descobrir o que existe por trás da curva da estrada.

Em Annisquam há tanta coisa a se fazer na água que ficamos quebrando a cabeça para encontrar o tipo de barco a adquirir. Meu caráter conservador queria assegurar-se de que ele fosse de fato usado. Quando meu filho tinha catorze anos, declarou que iria usar o dinheiro ganho no verão para comprar um *wind surfer*. Estava encantado com a imagem desse esporte.

Ponderei: "Mas você ainda não sabe manejá-lo. Não seria melhor tomar antes umas aulas para ver se você de fato gosta?"

O impulso adolescente prevaleceu sobre minhas restrições. O rapaz comprou o *wind surfer*, tentou manobrá-lo umas duas ou três vezes e nunca mais quis saber dele.

Todos nós, provavelmente, já adquirimos coisas impulsionados por um desejo não-estribado na experiência — utensílios de cozinha e apetrechos esportivos que foram usados poucas vezes antes de ir para a loja de artigos de segunda mão ou o sótão, na companhia de quadros e gravuras encostadas.

Ainda possuo objetos de *camping* usados durante as férias há um quarto de século. Tudo está tão ultrapassado que as crianças talvez nunca os utilizem, pois saíram de moda. Não as atraem nem as inspiram, como sucedeu comigo há anos. O brilho desses objetos desapareceu, porque eles não se enquadram no discurso físico atual do mundo da recreação. Existe um fórum de comunicação entre os objetos e as pessoas que se servem deles, sendo que as velharias estão fora dessa comunidade de interações. Eu, no entanto, guardo cuidadosamente o equipamento no barracão, imaginando que um dia voltarei a utilizá-lo — mas, na verdade, o que faço é preservar as lembranças da barraca, do fogareiro e da lanterna.

Não quero um barco a motor. Seria o mesmo que dirigir um carro, o que sinceramente não aprecio. Além disso, por que impingir mais uma criatura mecânica ao ambiente marinho?

Mas confesso a minha atração pelas lanchas Fórmula. O ruído dos motores lembra mais o que se ouve nos aeroportos do que nas marinas. Elas se juntam quando ancoradas na praia. Ostentam uma cultura própria de aparências e extravagâncias, tão estranhas que me atraem. Seus nomes agressivos — *Concubina, Insanidade, Caçador de Peles,*

Caos II, Diabo Rubro, Loucura — mostram que os donos entendem bem o espírito poético das coisas.

Um barco desses custa mais que quatro anos em Harvard. Não ouso sequer entrar na loja. A família discutiu a respeito de uma baleeira de Boston com tombadilho corrido. Meus filhos garantem que vão cuidar dele, mas sei que, como tudo o mais fora das paredes da casa, o barco acabará caindo sob minha jurisdição.

Será que eu quero mesmo ter sob meus cuidados outro espírito material? Talvez devesse adquiri-lo para os filhos, mas eles estão sempre muito ocupados e acho que o barco, como o *wind surfer*, é mais um sonho que uma presença concreta.

Falamos também de canoas, mas duvido que minha esposa e eu chegaremos um dia a ser suficientemente organizados para remar juntos na companhia das crianças e de uma cesta de piquenique.

Minhas irmãs remavam na universidade e eu próprio pensava num barco de regatas; mas, nele, não se vê para onde se vai, e os suportes dos remos atrapalham num lugar como o nosso, sempre atulhado de embarcações.

Examinando canoas no Maine, vi pela primeira vez um caiaque de mar. As linhas do barco, sua leveza e velocidade impressionaram a minha imaginação. Na segunda viagem, compramos um modelo pequeno com um lugar para crianças. Pesa quinze quilos e sou facilmente capaz de carregá-lo para a água. Eu o usava quase diariamente. Na terceira viagem ao Maine, comprei um barco maior e mais hidrodinâmico, que também utilizo constantemente.

Encontrei, pois, o barco adequado ao meu espírito e à região onde moro. Ele é um intermediário, uma presença sutil e serena que funciona entre eu e os lugares para onde sou atraído. Como um intermediário angélico, é mais ou menos invisível, uma extensão natural de seu ambiente, capaz de movimentar-se livremente por espaços estreitos.

Remar num caiaque apresenta múltiplos benefícios; muitas coisas acontecem de uma só vez (Robert Frost dizia que rachar lenha é "aquecer-se duas vezes"). Gosto de me exercitar, mas não tolero levantar aparelhos mecânicos só para estufar os músculos. Preciso de um método indireto, algo realizado ao ar livre, em comunhão com os espíritos da atmosfera.

Gosto do esqui *cross-country*, e remar de caiaque no mar é uma atividade muito parecida. Ambos os esportes se originaram do transporte prático. São solitários, calmos, radicalmente primitivos e, fisicamente, rigorosas meditações em movimento ligadas ao ambiente. Sentar-se ligeiramente abaixo da linha de flutuação e remar com senso de equilíbrio na apertada embarcação amplia o alcance da visão, da audição e do olfato.

A princípio, eu só me aventurava em mar aberto nos dias calmos. Não tinha muito controle em águas turbulentas: o leve caiaque parecia incapaz de suportar seu ímpeto. Mas depois que me sintonizei com o espírito do barco em condições diversas e me tornei menos claustrofóbico em relação à parte baixa do corpo confinada dentro do casco por uma "saia" presa aos bordos, comecei a apreciar o mar grosso. As correntes que eu antes evitava são agora novas oportunidades de aventura. Remar sobre as inchações do oceano equivale a uma terapia harmoniosa, com o corpo vogando ao balanço rítmico das águas. O caiaque me mantém gentilmente à tona das profundezas e da respiração constante do mar. Esse é um dos modos mais concretos de entrar em contato com a terra e seus espíritos.

Remar aumentou minha intimidade com a vizinhança e a minha capacidade de imaginar o mundo físico. Tudo o que usamos na vida cotidiana pode ser igualmente apreciado. As coisas que amamos, um caiaque por exemplo, funcionam como talismãs que afetam positivamente aquilo que fazemos.

Contemplando o dia-a-dia, percebo que tudo acontece por intermédio das coisas. Poderia eu transferir as seduções da água para a rodovia? Poderia transportar os espíritos do lugar que amo para o lugar que detesto? O encantamento do labirinto de canais de maré invadiria um escritório? Uma forma de vitalidade física é capaz de inspirar outra? A imaginação material pode contagiar?

O espírito criador cruza todas as barreiras e não se consegue retê-lo num lugar, numa idéia, numa comunidade, num texto, numa instituição. Tem de ir de uma coisa a outra, conectando-as como o anjo da terra que liga matéria e espírito. Cada esfera do espírito criador aciona outra. A vitalidade da água eleva a percepção que tenho da terra e do ar.

Mergulhar numa pessoa amada, lugar, coisa ou atividade desperta espíritos que espalham a sua própria concórdia. Toda atividade física que comove a alma é um modo de comungar com os anjos da terra. A água me seduz — torno-me, a partir daí, um agente que irradia os espíritos dessa sedução para outras formas de vida. Eu e a água participamos de um intercâmbio mais vasto de atrações. A espiritualidade é um ecossistema conectado à tonalidade da terra e a seus elementos, cada qual engendrando espíritos singulares que participam do jogo global ou cósmico, feito do relacionamento entre as coisas. Em vez de concentrar meus interesses espirituais em uma só crença ou porção da vida, o objeto amado me abre ao espectro total do amor.

O anjo da terra não é um ser ou objeto literal, mas uma força que se movimenta entre as coisas. Sentimo-lo nas ocorrências significativas, nas atividades, ligações, amores e anseios; entretanto, não pode ser atrelado a um único lugar. De acordo com a visão clássica dos anjos como intermediários entre os mundos, os anjos da terra exprimem o movimento entre a matéria e o espírito, bem como suas mútuas necessidades. O anjo da terra é a expressão da água, sua sedução, seu espírito ativador de fantasias. Quando inspirado por uma substância material, sou fascinado por seus anjos da terra, as qualidades que atraem e formam o relacionamento.

Nossas atitudes negativas na verdade confirmam a presença de espíritos nas coisas. Sou rápido para julgar as barulhentas lanchas Fórmula, velozes e sedentas de gasolina; reajo a elas do mesmo modo que um antialcoólico reage aos "maus espíritos" da garrafa. Não gosto do que esses barcos fazem à água e aos meus ouvidos; mas, quanto mais penso a respeito, mais percebo a que ponto eles me provocam a imaginação. Trata-se do demônio provocador (como está implícito nos nomes que lhes dão os proprietários) que emparelho ao anjo de meu caiaque.

As lanchas Fórmula não passam de motores cobertos de fibra de vidro. São a encarnação da tecnologia exagerada a vencer e atravessar as ondas, enquanto o pequeno caiaque flutua sobre elas e segue delicadamente seu caminho. Essas lanchas evocam as forças sombrias e destruidoras do oceano, a malevolência imprevisível de suas refulgências, os quatro pescadores de Gloucester tragados pela tempestade no mês passado, o obituário em italiano no jornal, escrito por uma esposa que fala do amor do marido ao mar. A potência dos navios cede ao ímpeto das vagas, aos músculos líquidos e nodosos de Netuno.

Há um espaço vazio entre nós e as coisas do mundo físico, mas toda forma de matéria gera os espíritos do relacionamento potencial com uma alma pronta a captar as imagens que ela encerra. A lancha Fórmula é o acicate de minha alma, que me estimula a imaginação quase tanto quanto o querido caiaque. Os anjos precisam de seus demônios e não podem passar sem eles.

SONHOS

A alma conhece a si mesma por intermédio dos sentidos.

— Santo Agostinho, *Confissões*

Os sonhos são os veículos primários dos conteúdos psíquicos. Exprimem o desejo da alma por imagens que liguem matéria e espírito. Programas de televisão, cartões de crédito e velhos Packards são os anjos da terra dos sonhos, que nos guiam e entretêm por meio de uma inteligência que opera fora dos padrões habituais de pensamento. Transmitem mensagens oraculares, sutilmente sintonizadas com coisas que nos passam despercebidas, e comunicam-se por imagens que exageram, dramatizam e muitas vezes abrem perspectivas em determinadas situações.

Certa noite, depois de discutir com minha mulher, sonhei que *estávamos sentados no capô de um pequeno carro esporte conversível, que corria sem ninguém a dirigi-lo. Tentei agarrar o volante e controlar o carro, o que piorou as coisas porque ele parecia saber o que fazia. Pensei em saltar para o banco e pisar o freio, mas também isso não foi possível.*

O sonho ilustra as discussões insensatas que têm seu próprio espírito, arrastando perigosamente as pessoas. A querela se transforma numa tentativa impossível e desabalada para assumir o controle, um esporte onde o volante e os freios ficam fora de alcance. Lá estávamos minha mulher e eu, impotentes perante a discussão que nos arrastava, um ao lado do outro ao longo de todo o caminho, dois brigões no capô de um carro. O sonho é também uma presença pura, uma imagem do casal disparando pela vida sem poder tomar-lhe as rédeas. A mensagem foi passada de modo assustador e dramático pela visualização da cena. Reagi ao sonho com o medo, sentindo a presença do anjo da guarda da imaginação.

A noite passada, antes de recolher-me, ocorreu-me que há semanas não me lembrava de um sonho. Eu estivera muito ocupado e isso sempre interfere em minhas reflexões sobre as imagens noturnas. Acredito que o mergulho na atmosfera e nas fantasias dos sonhos revitaliza o lugar que a imaginação ocupa em minhas horas de vigília; assim, procurei recapturar algumas visões oníricas ocorridas nos meses anteriores e acabei adormecendo.

Acordei bem cedo de um sonho cujas conexões com o mundo cotidiano eram agradáveis. Eu jazia num ponto intermediário entre sono e vigília, enquanto analisava o sonho. *Deparara com um novo espaço no meu jardim, uma lareira e uma chaminé entre minha propriedade e a de um vizinho que, na verdade, mora duas casas depois. A área era coberta, cercada de grades e trepadeiras. Havia uma portinhola de ferro na lareira; abri-a e as cinzas deslizaram para fora.*

Dias antes, eu comparecera à festa de casamento da neta de uma senhora octogenária que mora entre a minha casa e a da família do sonho. A casa dela tem jardins com pérgolas e um pequeno estúdio nos fundos do quintal, onde seu marido costumava trabalhar. Ele já faleceu, e a mulher não consegue mais caminhar livremente pela propriedade. Eu soube que minha filha de quatro anos a visitara no dia anterior para informar-se do casamento e da festa que aconteceria no dia seguinte. Os outros vizinhos dela também compareceram. Parece-me que as cinzas da lareira lembram as mudanças ocorridas depois de um casamento. O estúdio do marido falecido localiza-se num lugar muito semelhante ao da lareira do sonho.

Meu modo de lidar com os sonhos alimenta um fluxo de conexões entre as imagens noturnas e a vida cotidiana. Nunca há apenas uma resposta ou significado. Os sonhos nos envolvem numa teia psíquica, numa ecologia da alma onde tudo se relaciona. Os detalhes mais comezinhos e aparentemente irrelevantes ensinam-nos a ver como a psique nos entretece nas malhas das fantasias significativas.

A natureza essencial do sonho não apenas foge às explicações racionais como seu propósito é a revelação de um panorama anímico irracional. A ênfase demasiada no significado e nas respostas dos sonhos pode ser apenas uma defesa contra as sensações por eles provocadas e os métodos naturais que a alma emprega para conhecer-se a si mesma. As explicações são meros recursos do ego para controlar a alma. Em lugar de despejar os conteúdos psíquicos dos sonhos nos moldes rígidos de nossas teorias, deveríamos antes usufruir o fluxo puro de imagens que nos envolvem à noite e ao pensar sobre eles, mais tarde. Assim, conservamos o sonho fluido e mantemos sua vida imagética. Se a alma necessita de imagens sensoriais para conhecer a si mesma, como declara Santo Agostinho, então um método anímico de encarar os sonhos pode refrear a tendência dominadora do ego.

Existem técnicas de controle que na verdade tentam dirigir os conteúdos do sonho antes que apareçam. Esses métodos contrariam a função essencial do sonho e a atuação da alma que rompe as fronteiras das experiências do ego. Os sonhos operam por dissolução, fluidificação e perpétua reconstituição das relações existentes entre as coisas.

O desejo de contato e relacionamento com o sonho, por parte da mente raciocinante, pode aderir a esse fluxo. Se conseguirmos encarar nossas associações com os sonhos como esforços para ligar as esferas material e espiritual, o processo permanecerá fluido. A mobilidade da alma se preserva porque a mente racional ou raciocinante não procura controlar os sonhos: o que ela quer é aprofundar o relacionamento com as imagens do desejo da alma, por meio de um vínculo mais estreito com as coisas físicas.

Mas voltemos ao meu sonho e tentemos compreendê-lo por meio de uma série de conexões. A finalidade do meu método é um processo móvel de interpretação, um levantamento de possibilidades e não a determinação de significados.

Não existem pessoas nesse sonho, apenas uma lareira abandonada e escondida. Meu próprio estúdio de arte não era usado há meses. O homem que mora na segunda casa depois da minha é pintor e membro do conselho da galeria de arte municipal. Vive me convidando a expor em suas mostras, mas parece que nunca estou organizado para apresentar alguma coisa. Dentro de poucos dias darei seminários de arte em New Hampshire e no Novo México, quando então me verei cercado de "novas imagens", de fogos criativos. Meu trabalho consiste em acender fogueiras. Fiquei fascinado e surpreso com a lareira do sonho. Como o meu estúdio, situa-se fora de casa. E já é hora de fazer arte, de acender fogueiras.

Não digo que o sonho "significa" que devo remover as cinzas do meu estúdio e restaurar as chamas. Estou apenas elaborando alguns vínculos simples com o sonho. A certeza absoluta, aliás, nunca foi o propósito das mensagens oníricas: elas apenas nos induzem a responder-lhes com imagens. Elas têm a missão simples de insuflar alma e fantasia em nossa vida. Qualquer aspecto de meu dia-a-dia que eu associar ao sonho receberá um sopro de espírito; portanto, convém estabelecer o maior número de vínculos possível. Aquele sonho poderia inspirar-me a cozinhar mais vezes para a família, a convidar os vizinhos para um churrasco, a construir um pergolado sobre minha churrasqueira escondida, que pouco usei no ano passado. Há infinitas possibilidades de relacionamento, e é assim mesmo que a imaginação se comporta. A imagem onírica constitui um vasto reservatório de significados, um mistério inexplicável cuja existência brota da alma que procura se conhecer por intermédio dos sentidos. Mas, em derradeira instância, o sonho afirma a parceria necessária entre imagens materiais e espirituais. Ao responder imaginativamente aos nossos sonhos, estamos apenas fortalecendo esse intercâmbio.

O fluxo de conexões com um sonho pode incluir também vínculos com sonhos anteriores. A junção de diversos sonhos na memória forma uma comunidade de imagens que continuamente se reconstituem, transformando-se em mitos e dramatizações pessoais. Posso equiparar a atmosfera descontraída da lareira externa com os meus sonhos mais conflitantes e ansiosos. Minhas doenças são quase sempre provocadas pelo esforço excessivo, pela superexcitação, pelos exageros — tendência bem diferente da serena descoberta da lareira no quintal.

Sempre sonho que *um homem velho está tentando empurrar um carro morro acima. Logo que se aproxima do topo, o carro emperra. Ele se esforça mais e mais e, a despeito do cansaço do corpo e das pernas, percebe que nenhum outro movimento é possível. Ele próprio já não consegue caminhar, porque o esforço o consumiu.* O sonho está me dizendo: "Relaxe! Vá devagar! Os carros sobem os morros sozinhos, sem precisar que alguém os empurre."

Os artefatos mecânicos da vida diária recebem espíritos por intermédio dos sonhos. O automóvel, que está em toda parte no mundo físico, é um dos mais freqüentes visitantes dos sonhos, onde acabou se tornando uma figura xamânica. Os carros oníricos são seres animados — aliados, adversários, guias — que dissolvem o dualismo entre o sagrado e o profano. Os objetos mais mundanos aparentemente tornam-se veículos de conteúdos psíquicos poderosos.

O homem que empurra o carro assumiu a função deste. Inverteram-se os papéis. Concentrei-me tanto na identificação com o homem que ignorei a perspectiva do carro. Como é ser empurrado? Que dizer da colina, da gravidade? Elas são personagens do sonho e tentam gentilmente, mas com decisão, explicar ao homem que ele é limitado. Talvez sorriam de seu esforço maluco, de sua compulsão para empurrar o carro. Em silêncio, uniram-se numa resistência natural ao aspecto de Sísifo *dele*, que se envolveu numa tarefa insolúvel: enfrentar a colina sem nenhum propósito aparente.

"Que maneira de envelhecer!", exclama o sonho para mim. E sua qualidade recorrente continua: "Quando você vai cair em si e deixar que as coisas caminhem por si? Tenho sempre de voltar e chamar a sua atenção?"

Esse sonho é uma suave advertência contra o esforço excessivo. Quando sobrecarrego o corpo, ele protesta fisicamente, às vezes de modo violento. As crianças fazem o mesmo para chamar a atenção dos pais ou se rebelam para ter suas necessidades satisfeitas. Sim, parece mesmo que há um anjo em todas as coisas e que às vezes ele brada por tempo e atenção. Facilmente podemos ser consumidos por um aspecto do desejo da psique, o que interrompe o intercâmbio com as outras qualidades da nossa vida — o trabalho entra em conflito com a família, a criação pessoal com a ajuda prestada aos outros. A alma é uma comunidade múltipla de necessidades e interesses, nunca um foco único. A concentração total numa área deixa as outras ignoradas. Toda luz forte produz sombra. Quando as necessidades de um de nossos anjos interiores são desdenhadas, ele assume uma forma mais demoníaca ou agressiva, pois só assim consegue chamar a nossa atenção. Se os demônios enraivecidos do mundo da vigília não fazem o trabalho, as figuras oníricas continuam o esforço.

Numa época em que as coisas corriam fáceis para mim, sonhei *com um homem que conheço, já aposentado. Ele dirigia lentamente sua caminhonete.* Sempre vejo esse homem sozinho ou com a mulher na caminhonete, estacionada perto do mar. Eles apenas ficam sentados olhando a água, coisa que nunca faço. Sempre passo por ele quando estou correndo ou dirigindo o carro. Além da pessoa dele, a caminhonete é um elemento importante da configuração do sonho. Ela exprime, como ele, descontração; pode ser concebida como seu parceiro angélico, uma vez que ambos são inseparáveis e, dentro do sonho, revelam-se animados. Os sonhos se prestam muito a nos mostrar como os objetos vivem e contribuem para o drama da psique. Tanto o velho tranqüilo quanto sua caminhonete vagarosa encarnam um aspecto de minha alma. Eles fazem eco à contemplação e reforçam-na.

Como artista, observo as conexões sutis entre meus sonhos e quadros. Nunca pinto, conscientemente, imagens de meus sonhos, mas quando mergulho em reflexões sobre eles, meus quadros vão se tornando cada vez mais dominados por uma atmosfera onírica. Talvez, então, eu pinte com os espíritos e movimentos dos sonhos. A contemplação dos sonhos abre o mundo do cotidiano aos campos psíquicos da imaginação. Eles também me fazem considerar os quadros como sonhos acordados.

Recentemente, andei pintando ciclistas. Esses quadros não são representações conscientes de sonhos, mas tenho sonhado repetidamente que pedalo minha bicicleta no céu, por cima das casas. Nada planejei ao pintá-los, mas sentia-me cativado pela imagem do ciclista e apenas a reproduzi. Pintar é sonhar acordado; é uma das esferas dos anjos da terra, na qual as forças materiais e espirituais moldam-se umas às outras. Ao pintar, movimento-me como um ciclista, veloz e livremente, de um modo que contrabalança meu aspecto de Sísifo.

Lembro-me de um sonho antigo que tive depois de um decepcionante jogo de tênis de fim de semana. Nele, em lugar da quadra fechada, *havia um amplo espaço coberto pela neve rala de final de maio, sobre a qual eu esquiava.* Os gestos amplos do esqui limparam o espaço congestionado e apertado da alma depois do tênis.

Além de me ajudar a pintar com espontaneidade de imaginação, os sonhos também me ensinam a apreciar a expressão de um quadro. Se olhamos uma pintura do ponto de vista do sonho, conseguimos perceber o desejo da alma por imagens sensoriais. Constatamos então que penetramos numa esfera diferente da esfera ativa do dia-a-dia. Nos cursos de arte que ministro em retiros, começamos o dia contando sonhos, e a energia psíquica deles se manifesta nas pinturas. As coisas físicas e espirituais se associam nos mínimos detalhes.

Nos retiros, os participantes sentem-se frustrados por não conseguir reproduzir aquele tipo de vida fora dali. Havia num dos grupos uma mulher profundamente empenhada em pintar com a alma. No sonho, *ela estava sentada num grande sofá ao lado de um homem que, ao contrário do marido dela, compartilhava seus interesses pelos fenômenos esotéricos. Sussurrou-lhe um código secreto ao ouvido e ela olhou para um tapete verde à sua frente. Ansiava pelas qualidades mágicas daquele tapete e sabia que não podia chegar até lá com seu marido.*

O grupo respondeu à intensidade de seu anseio e opinou que o sonho apontava para a necessidade de um casamento com sua alma, além do relacionamento com o marido. O profundo relacionamento de uma pessoa com a alma é um envolvimento privado e gnóstico nem sempre acessível aos outros. Talvez fosse uma esperança impossível dividir todos os aspectos de sua vida anímica com o marido. O tapete verde, isolado no chão, veiculava a natureza solitária do mistério. Ela não podia ir até ele em companhia de outros, mas ele era receptivo, verde e fértil. Por outro lado, podia ficar sentada no longo e macio sofá, imagem da reflexão espiritual em conjunto com alguém que compartilhava seus interesses, sendo que ambos alimentavam uma relação pessoal com os mistérios do tapete. O sonho acabou auxiliando a mulher a fazer a transição entre o retiro e a vida cotidiana.

Os sonhos santificam as coisas físicas aparentemente comuns. Tapetes verdes encerram mistérios da alma. Em outro grupo, uma mulher sonhou que *deixava seu estojo de maquilagem e seus cartões de crédito com a velha mãe, embarcava num barco viquingue e saía a enfrentar os perigos do mar.*

Outra mulher sonhou que *um caubói maneta, enrolando um cigarro, aproximou-se dela e disse: "Não se pode enrolar uma folha de ouro."* Demos diversas explicações aos dois sonhos, mas eles parecem impermeáveis a uma solução final. Vivem em forma de imagem, preservando sua essência, que é fascínio e enriquecimento da fantasia. Nossas interpretações procuraram relacioná-los com os acontecimentos da vida, mas não quisemos prescindir da vitalidade irredutível das imagens como entes puros. Quando fazemos conexões e correlações, não transferimos seu significado para algo exterior a elas. Ao contrário, tentamos ampliar o relacionamento entre coisas espirituais e materiais.

As coisas mais corriqueiras da vida diária tornam-se espíritos oníricos. Meus vizinhos contrataram operários para podar as árvores que crescem entre nossas casas. Com isso, ficou à mostra um pequeno galpão de jardim, antigo e coberto de madeira escurecida pelo tempo. Aquilo não me impressionou muito, mas à noite *ele me apareceu em sonho como um ser, ficando eu a examinar suas linhas e texturas.* Não ouso dizer que haja mais significado nesse sonho do que o fato de o galpão ter me causado uma impressão visual durante o dia. Os sonhos exprimem a paisagem constantemente móvel da alma e seu desejo insaciável de imagens. Se procuro apenas respostas e explicações nos sonhos, ignoro o modo fascinante pelo qual eles espiritualizam a matéria.

Uma mulher sonhou que *sua amiga queria comer camarão e servira-lhe um prato comum*; em seguida, *ela se viu sentada no carro, no meio do trânsito, completamente descontraída*. As coisas mais simples do mundo encerram os espíritos da aceitação e da tranqüilidade. Grandes questões existenciais como o destino, a nossa incapacidade de controlá-lo e a paz, que sobrevém quando nos curvamos a ele, estão encarnadas em pratos comuns e congestionamentos de trânsito. Essas verdades da psique não podem ser mais acuradas e concretamente transmitidas.

Os sonhos também interpretam a nossa vida no mundo cotidiano segundo as necessidades da alma. Eles trazem à luz os sentimentos e padrões energéticos que não podemos vislumbrar, transformando-os em imagens. Os conteúdos oníricos ilustram nossa vida anímica com uma vitalidade cheia de imaginação e criatividade que é puramente mágica. Admiro a maneira esteticamente estimulante com que eles concretizam situações emocionais complexas e dão-lhes novas roupagens. De dia, aparo meu gramado e passo com meus filhos diante da casa onde moravam seus bisavós. De noite, sonho que *aparo "meu gramado" na casa da minha avó, com seu cortador manual, mas que agora está provido de motor e corta rente a grama. É gostoso vê-lo trabalhar bem*. Como um bruxo, o sonho combina lugares anímicos diferentes e faz deles uma paisagem única, com uma atmosfera de tranqüilidade.

Há pouco tempo, vendi uma velha casa que foi minha por quase duas décadas. Eu era apegado a ela e, além disso, a venda teve complicações desagradáveis, o que aumentou a tensão da mudança. Uma semana depois de deixar a casa, sonhei que *minha mulher e eu havíamos esquecido alguma coisa e estávamos lá à procura dela. Então o sonho se modificou emocionalmente, e percebi que havíamos entrado sem a permissão dos novos donos. Eles apareceram com uns amigos e nós nos escondemos*. O sonho era carregado de ansiedade e confusão quanto aos verdadeiros donos da residência — e mostrou-me que minha alma ainda não se afastara de seus cômodos. Muitas vezes penso que o corpo pode ir para um novo lugar, mas a alma não se afasta com tanta rapidez. O sonho mostrou que a minha alma continuava a morar na velha casa; mostrou que eu ainda estava entre dois mundos.

Dois meses depois de me mudar, voltei a freqüentá-la em sonhos. *Lá estava eu admirando o jardim quando o novo dono saiu a receber-*

me. Levou-me para dentro e mostrou-me as modificações que fez. Senti-me tranqüilo e satisfeito pelo fato de ele estar cuidando bem da casa. Os dois sonhos interpretaram a maneira com que minha psique estava respondendo à perda. Propiciaram o rito de passagem que me ajudou a dizer adeus e aceitar a transformação. Foi necessário algum tempo para isso, e as imagens oníricas dramatizaram o processo.

Seria exagero imaginar que a própria casa sentiu a mudança? O grande racionalista, Santo Tomás de Aquino, acreditava numa alma vegetativa e, como Aristóteles, pensava que todas as coisas eram dotadas de uma substância essencial.

Minha família viveu na casa por dezessete anos. As crianças gostaram da casa nova e de suas imediações, mas sentiam falta de seus quartos e vizinhos. A menina de três anos chorava de noite pedindo seu quarto. E se também os quartos chorassem pelas crianças? Ao jantar, conversávamos a respeito dos diversos aspectos da antiga casa, das modificações que fizemos nela, das coisas de que mais tínhamos saudade. A casa era uma expressão da alma da família, e aqueles rituais informais de passagem, em nossa vida diurna e onírica, ajudaram-nos a encarar a transição. A casa, que sobrevive como um anjo em nossa imaginação, certamente tem também seus sentimentos quanto ao que se passou. Ela foi, durante anos, o receptáculo de nossa vida interior. Foi o parceiro sempre à mão, um santuário confortável e acolhedor, um sítio de retiro e regeneração. Mostrou-se generosa para com a família e nós lhe devolvemos integralmente o afeto.

Catorze meses depois da mudança, tive um sonho muito agradável. *Eu estava telefonando para a minha irmã. Nisso, percebi que estava na antiga casa e o novo proprietário, um advogado, recebia um cliente na sala ao lado. Eu disse para mim mesmo: "Oh, meu Deus, fiz de novo!" — invadira a casa alheia como se fosse minha. O proprietário aproximou-se, trajando calção de corrida e parecendo muito mais jovem do que de fato era. Pedi desculpas e expliquei que me havia esquecido outra vez, por instantes, de que já não morava ali. Ele sorriu e me garantiu que compreendia. Perguntei-lhe se não gostaria que eu podasse a cerca viva da frente da casa, que na realidade nunca existiu. Ele respondeu: "Não, não é necessário; nós mesmos cuidaremos disso."*

O homem do sonho aceitava a minha presença e o meu apego à casa — a comunicação íntima com minha irmã. A casa é uma alma feminina a que me sinto estreitamente ligado; e o novo proprietário, que agora está administrando (*running*, "correndo") o lugar, alivia-me de minhas responsabilidades. Ele é jovem em seu relacionamento com a casa, mais jovem do que eu naquela casa.

O sonho prossegue: *estou no porão da casa com a mulher dele, que me mostra um cômodo antigo que eles modificaram. O porão não se parece com o verdadeiro. Tem teto alto e uma área espaçosa onde outrora existira uma caldeira. Fico espantado com os atrativos do aposento. Fora liberado um grande espaço, ideal para um estúdio de arte. Destacam-se de uma das paredes cavilhas de madeira do século XIX que sustentam persianas verdes recém-pintadas. Pressinto que o primeiro morador da casa, no século passado, usava aquele espaço como oficina e que devia ser quente ali durante o inverno, devido à proximidade da fonte de calor.*

Essa segunda fase do sonho desce a detalhes pessoais de meu relacionamento com a antiga casa e com a nova. Uma das razões que me levaram a deixar aquela casa era a falta de espaço para um estúdio. Eu trabalhava num cômodo situado em nível inferior ao da casa, com aquecimento num recinto ao lado. Era um lugar atraente, no estilo do século XIX, mas infelizmente muito exíguo. Era quente no inverno e, aparentemente, o primeiro morador utilizara-o como oficina. As persianas verdes e as cavilhas de madeira são traços de minha casa "nova", que na verdade data de 1830. Durante o primeiro ano, ajudei os carpinteiros a transformar a residência onde moro atualmente. Instalei meus quadros no estúdio de um modo parecido com a disposição das persianas do sonho. A imagem explica que andei pintando janelas e outras superfícies domésticas em vez de quadros. As persianas "de madeira" tomaram o lugar de minhas pinturas por alguns meses.

Os donos de minha antiga casa estão fazendo as reformas que a minha alma deseja e que eu próprio faço na casa atual. As coisas que estão acrescentando à casa são as razões pelas quais a deixamos. Suas ações, nos sonhos, exprimem o desejo de minha alma; talvez o comportamento deles seja uma forma de explicar à casa que está na minha psique os motivos por que tive de mudar.

Sinto que traí a casa, minha companheira íntima por toda uma geração. Os sonhos a apresentam como um objeto amado com que ainda estou envolvido psiquicamente. Sempre volto a ela nos sonhos com um sentimento de culpa. Meus dois filhos mais velhos passaram ali todos os verões de suas vidas. Não podem, por isso, ter os mesmos vínculos psíquicos com a nova morada. Uma casa é muito mais que um artigo que se compra e se vende. A velha residência entesourava dezessete anos de uma família. Parti; mas volto em sonhos para provar meu apego e pedir perdão por ter vendido o relicário da alma familiar.

Quando tento dar consistência aos sentimentos referentes a uma determinada história, percebo que a situação toda pode ser mudada. A casa encerra meus sentimentos de ter sido deixado para trás em certas fases da vida. Estou sozinho como a casa sonhada, que acolhe meu isolamento e minha necessidade de ser visitado. Meu avô tinha uma cerca viva em sua residência. Foi ele quem me ensinou a cuidar de jardins e casas. Sinto saudades do velho. Ainda uso suas tesouras para aparar arbustos. Ele possuía uma oficina em sua casa — que ostentava persianas verdes como a minha.

Continuo a voltar à casa da alma, com seus cenários e habitantes diferentes. A casa perdida do sonho é uma encarnação da alma perdida, dos amores idos que alimentam minhas saudades. Há, também, o amor perdido da casa de meus pais. Meu pai é advogado, o que lembra o advogado do sonho. Volto ao espaço dele. Não quero perturbá-lo; quero, isso sim, cuidar de sua cerca viva e ser-lhe agradável. Todas essas ações lembram a minha história com papai. A casa do sonho reúne tantos fios da psique pessoal e suas lembranças, onde as imagens vagam eternamente no fluxo inestancável das conexões! Uma coisa está sempre se transfundindo em outra.

Existem infinitas possibilidades de relacionamento. O sonho me diz que eu tinha de ir embora, que tudo correu bem. Não costumo conversar muito com a minha irmã ao telefone. Sinto saudades do velho estúdio acolhedor, apesar de suas limitações. O teto alto inverte o espaço real e sua exigüidade. Na verdade gostei do trabalho repetitivo de pintar janelas na casa nova. A descoberta de novos aposentos, que são novos espaços na alma, é a continuação do sonho que me acompanhou por muito tempo.

Em anos recentes, em vez de sonhar com a descoberta de quartos no andar superior, com suas vistas amplas, tenho sonhado com a descoberta de recintos no subsolo. Às vezes são cubículos embaixo de cubículos. Essa mudança é como um mergulho no mundo inferior, na alma da terra, a *anima mundi*, o feminino, a criação. Nos porões do sonho encontro a mulher e percebo que ali é um lugar excelente para praticar a arte.

A análise dos sonhos é como um jogo em que a bola é passada de um em um. Um movimento conduz a outro. E o processo de passar é que realmente importa, pois reflete a vitalidade da interação entre os jogadores. Eles se movimentam sempre. Eis um modo diferente de lidar com os sonhos. Nós nos movemos juntamente com as suas imagens flutuantes, em vez de tentar refreá-las.

Nossas reflexões psicológicas sobre os sonhos privilegiam a atribuição de significados a eles. Na qualidade de artista que sabe como os sonhos fomentam a criatividade, preocupo-me menos em deslindá-los do que em descobrir como ativam a imaginação. Eles são anjos da terra que trazem brilho e profundidade às coisas mais vulgares. As casas, carros e lareiras dos sonhos são outros tantos disfarces do anjo da terra, mas não falsas aparências. São na verdade a roupagem exterior de espíritos que estão sempre "trocando de roupa", passando de uma coisa a outra num fluxo de conexões.

O movimento da fantasia envolve o deslocamento natural de uma posição a outra. A psique individual flutua sobre uma corrente de direções e influências mutáveis. Essas alterações são essenciais para a alma; não são deslocamentos aberrantes. Os vetores da alma, os veículos da imagem, precisam movimentar-se e modificar-se. São forças cuja natureza é o transformar-se de um lugar para outro.

O aspecto físico da imagem constitui o corpo essencial do espírito. Um não existe sem o outro. Segundo uma concepção popular, os anjos são extraterrestres que, como disfarce, assumem as formas deste mundo. Crê-se que utilizam corpos e traços materiais para aparecer aos homens. A ênfase exclusiva no disfarce, um reconhecido aspecto das imagens oníricas, mantém os anjos transcendentes e separados das coisas, que são vistas como entes usados para outros fins. Quanto a mim, prefiro admirar a maneira como as coisas exibem seus seres angélicos. O espírito de um objeto existe na apresentação singular e mutável dele mesmo, bem como na minha admiração ao testemunhar sua presença. Se me torno acessível à expressão de uma coisa e à sua influência sobre mim, eis-me então na esfera dos anjos da terra.

A quebra das barreiras entre matéria e espírito presume a fé na sabedoria e o tirocínio da psique. Nosso século é uma época de positivismo radical, de culto exclusivo do sentido literal da realidade. À medida que a nossa compreensão da consciência se aprofunda, passamos também a ter medo da loucura e da irrupção desenfreada das imagens da psique irracional. Em resposta a esses medos, reforçamos os controles e negamos a relação entre o mundo da vigília e a imagem do sonho. Tenho muito respeito pela disciplina que faz distinções entre as realidades e, segundo a minha experiência, a aceitação de imagens psíquicas antes incentiva que impede a diferenciação. Quanto mais tento reprimir uma força existente e necessária, mais aumento a possibilidade de submersão da psique pelo inconsciente.

Ao cultivar os sonhos, descobrimos suas muitas variedades e as diferentes sensações que provocam. Alguns nos instruem com respeito à vida e nos mandam mensagens quando estamos fora de compasso. Outros amplificam os sentimentos e liberam os incomparáveis poderes artísticos da psique. Depois de saber que Larry Bird estava saindo dos Boston Celtics, sonhei com *um enorme estádio cheio de pessoas que agitavam grandes cartões, como nos jogos de futebol universitários, para formar uma figura gigantesca. A constelação dos cartões coloridos movia-se como "pássaros" em vôo.* Isso correspondia maravilhosamente aos graciosos vôos de Bird ["pássaro"] e às mágicas que ele executou por anos.

Minha esposa quer mais um filho, mas eu resisto à idéia de ter cinco. Assim, ela planeja trazer um segundo cachorro para casa. Minha mãe, que tem oito filhos, está agora completamente desorientada pelo mal de Alzheimer. Em sonhos, *subo à casa de meus pais e vejo minha mãe pela janela. Ela me dá um forte abraço e rolamos no chão. Os aposentos estão vazios de móveis, há somente o carpete claro que cobre o chão todo. Ela agora tem um novo dálmata com uma aura azulada. Pressinto que minha esposa gostaria de ter um assim. Há outros cães na sala, e dois filhotes felpudos de São Bernardo se aproximam.*

Acordei sentindo-me muitíssimo bem. O sonho me medicara espiritualmente. Fiquei degustando-o e logo depois voltei a adormecer. Tivera uma semana difícil e o sonho me trouxe a paz. Mais tarde, atinei com a conexão entre os filhotes e os filhos de minha mãe. Ela nunca gostou de animais, mas é o arquétipo da maternidade; por isso, introduziu um novo cachorro em nossa vida. O que acabamos comprando poucas semanas depois do sonho tem manchas. O sonho nos preparou para o novo membro da família e conectou o processo às profundezas da aura nutriz de minha mãe.

Já faz quase dois anos que vendi a casa velha. Ouvi dizer que os novos donos estão plantando árvores na propriedade e revelando assoalhos de madeira que estavam escondidos por carpetes. É bom saber que cuidam bem da casa e fazem mais reformas do que nós. No entanto, quando passo por ali, noto que parte do gramado e alguns cenários que montei desapareceram. Então sonho que *um renque de belas casas está sendo construído ao redor daquela, enquanto o jovem advogado se entrega à sua coleção de velhos Packards. Os carros brilham. Parecem os fantásticos rabos-de-peixe dos anos 1950.* O Packard é um personagem inusitado, pois não lido com carros antigos. Minha única ligação com ele é uma história que papai contava sobre seu avô, um imigrante irlandês que prosperara no comércio de couros e tinha um carro dessa marca com motorista. Meu bisavô acabou perdendo tudo. A perda é o meu sentimento constante com relação à casa, junto com o desejo de que ela seja bem tratada. Tive esse sonho quando dava um curso de fim de semana em Wisconsin, no início da temporada de futebol; assim, os Packers* podem ter-se infiltrado na minha psique. Talvez a identificação dos carros como Packards fosse uma expressão da alta qualidade que eles manifestavam e não a presença literal daquele automóvel em particular, já que os que surgiram no sonho lembravam mais os Chevrolets e Cadillacs da década de 1950. O sonho foi agradável e senti-me intrigado pelo modo diligente com que o homem restaurava e tratava os carros. Entregava-se a uma tarefa importante para ele, não para mim. Minha preocupação com o gramado não é a dele. Ele gosta de assoalhos de madeira. Os Packards são o veículo dessa mensagem.

Os anjos da terra oníricos também transmitem ansiedade e insegurança. Observo que meu relógio está funcionando mal e sonho *com um cavalheiro que exibe vistosamente o seu.*

Depois de comparecer a uma festa elegante em Boston e a uma série de encontros com o novo diretor da faculdade, impecavelmente vestido (enquanto eu trajava calças desbotadas, paletó de lã acinzentado e blusa cinza), sonhei *com um final de festa em companhia de Teddy Kennedy numa mansão velha e meio em ruínas. Fechei as vidraças, que claramente precisavam de reparos. Em seguida, vi-me no banheiro dos homens. Meu paletó cinza estava num espaçoso sanitário à direita, a blusa em outro, à esquerda. Avistei um sujeito muito bem vestido, que trabalha na faculdade comigo. Senti-me desconcertado, e ele sorriu. Achei que as roupas iam secar logo.*

---

* Time de futebol americano (N.T.)

No dia anterior, tivemos meio metro de neve. Tive de limpar a frente da casa várias vezes, e estava muito cansado. Há muita coisa que precisa ser feita só para manter as aparências, mas o sonho reúne tudo isso e muito mais. A escatologia, na acepção de estudo das coisas escabrosas e nojentas, leva à escatologia, ao conhecimento da finalidade das coisas. O sonho veicula uma espécie de alívio, de aceitação das coisas como elas são — a velha casa, o estado das minhas roupas, o envelhecimento de Teddy e o meu.

Os pesadelos são um desafio constante à idéia de que as imagens oníricas são só flores e passarinhos. Minha filha de oito anos sonhou que *havia um escorpião perseguindo sua irmã de quatro anos. Ela* [a de oito anos, que sonhou] *ligou para a polícia, mas ninguém atendeu. Por isso, ficou na cama e não punha os pés no chão.*

De manhã, ela estava morta de medo. Conversamos sobre as várias maneiras pelas quais o sonho poderia ser visto e de como ele se comunica conosco através de sentimentos e medos. Eu disse que o sonho poderia estar lhe dizendo que ela gostava muito da irmãzinha, mas também que tinha ciúmes da atenção que a pequena ganhava por ser perseguida por um escorpião. Falamos sobre a noção de responsabilidade, e de como as pessoas nem sempre prestavam atenção às necessidades dela. Pensei também que o sonho poderia estar expressando o amor de minha filhinha pelos aspectos "bebês" que ela tinha dentro dela, ou por sua vulnerabilidade, personificada na imagem da irmã. Depois de conversarmos sobre todas essas maneiras de ver o sonho, o medo dela passou. Uma sensação de objetividade benigna substituiu a agressividade opressiva. Minha filha me contou que ela acabara de ver um filme sobre os escorpiões; e, quando percebeu a ligação entre a vida diurna e a imagem noturna, ficou aliviada. Com apenas oito anos, foi capaz de aceitar a perturbação onírica como uma expressão do querer da alma.

Muita gente tem dificuldade para aceitar que a imagem perturbadora seja a "satistação de um desejo da alma"; mas, quando tomamos a crença na necessidade psíquica da imagem como um pressuposto, todo um novo campo de reexame do assunto se abre. Tratando os sonhos como acontecimentos da vida diurna, perdemos os conteúdos que eles nos comunicam. Pode ser que os tesouros do universo onírico se revistam de aparências chocantes para se proteger de uma interpretação prosaica. Como minha filha descobriu, a capacidade de interpretar uma situação de várias maneiras é fonte de grande alívio.

O melhor apreciador de um sonho é uma consciência que corresponde à imaginação da expressão onírica. Tudo é moldado pelo modo de olhar. Imaginando os sonhos como anjos, nós os animamos e lhes damos vida. Como em qualquer relacionamento, nossos interesses afetarão a influência do outro em nossa vida. A dedicação profunda que a pessoa dirige ao sonho específico sobre o qual se debruça é o que garante a ligação desse sonho com os mais diferentes aspectos da vida. A animação, o "dar alma", é um relacionamento recíproco. Os sonhos são psicóforos, veículos da alma, e a existência deles não depende da nossa atenção; mas, quando apreciamos a sua expressividade, a experiência recíproca se intensifica. Eu dou alma a ele e ele dá alma a mim.

A IMAGEM É A REALIZAÇÃO DO DESEJO DA ALMA

A psique é animada por uma verdadeira fome de imagens. Ela quer imagens.

— Gaston Bachelard

Sigmund Freud estava na pista certa com sua teoria do sonho como realização de desejo, mas nunca aceitou plenamente a verdade fundamental de que as imagens produzidas pela fantasia são aquilo por que a alma anseia. Para Freud, a imagem é sempre um sinal de algo além dela mesma, de algo oculto. Ela substitui um desejo censurado. Ao mesmo tempo em que nos coloca na senda da alma. Freud nega a constatação singela de que a imagem é a realização do desejo da alma. A imagem do graal, não o objeto em sua literalidade, é que imprime movimento à alma.

As imagens oníricas, as artes e os devaneios pessoais funcionam como mensageiros e provocadores, revelando aspectos ignorados da nossa vida que necessitam de atenção. Eles apresentam uma extraordinária capacidade de ampliar o alcance de nossa percepção. Entretanto, depois de anos e anos de contato com a fantasia e a terapia artística, vejo que o que realmente importa é a presença das próprias imagens e o modo como insuflam vitalidade em nossa vida. As interpretações são uma forma de prestar atenção às imagens, de reconhecer sua existência e envolver-se em seu mundo; mas, por trás de todo esforço de descobrir relações com elas, resta a constatação de que a alma conhece a si mesma por intermédio de imagens. Para chegar à alma, precisamos da fantasia.

O importante, pois, é narrar o sonho e acolher suas imagens. Todos os atos interpretativos que executamos visam antes o cultivo das imagens que a descoberta de seus significados. Essa disciplina nos mantém no nível do sonho e aprofunda nossas ligações com as imagens. Os terapeutas são testemunhas e guias habilitados que nos ajudam a construir um espaço seguro para o mergulho nas imagens que nos levam aonde temos de ir. Eles conhecem o caminho e nós os seguimos. O mesmo acontece quando refletimos a respeito das obras de arte. Penetramos no ambiente da imagem, que medica e estimula a alma. Se as imagens mudam, nós mudamos com elas. A animização não é um movimento unidirecional das pessoas para as coisas. Nós efetivamente infundimos alma no mundo, mas o processo de animização é uma relação recíproca entre pessoas e coisas.

Compreendo agora que o meu método de responder a uma pintura com movimentos corporais ou rituais espontâneos representa um esforço instintivo para interpretar as imagens com outras imagens, concebê-las mais e mais, elaborar imagens novas. É assim que os sonhos interpretam a vida; deles podemos aprender como nutrir o anseio da alma por imagens. Que outro propósito poderá ter a nossa fome de filmes, programas de televisão, música, esportes, artes, utensílios domésticos, roupas da moda? Ocupamo-nos tanto em julgar a moralidade desses desejos ou em tentar eliminá-los por completo que ignoramos totalmente sua necessidade psicológica. Em vez de julgá-los, deveríamos analisar com mais compaixão o que a alma expressa por meio deles.

Intriga-me a confissão de Santo Agostinho a Deus segundo a qual todas as coisas "vêm de Ti" simplesmente porque existem. A noção agostiniana de que tudo o que existe é inerentemente bom, mas sujeito à corrupção humana, aplica-se com perfeição à maneira como julgamos negativamente a expressão da alma por intermédio das criações pessoais. O rígido censor opera principalmente dentro de nós mesmos.

As imagens inquietantes desafiam e, finalmente, confirmam a minha crença de que a alma deseja o espectro total de sua fantasia, que para Freud era um espetáculo perverso e polimórfico. Sonhos, pesadelos, lembranças de infância, objetos e lugares queridos, expressões artísticas pessoais e hábitos idiossincráticos são aspectos vitais da paisagem fantasiosa da alma.

A alma recupera e elabora imagens para compreender-se e preservar-se. Anseia por todas elas, agradáveis ou desagradáveis, anjos ou demônios. O pintor Philip Guston fez auto-retratos onde aparece como figuras bárbaras, explicando: "Tentei imaginar como eu me sentiria sendo mau." Ele achava que o artista é um mensageiro de Deus que vê o mundo pela primeira vez; e dizia: "Quero pintar um mundo nunca visto antes."[8] No estúdio do artista, a alma se esforça por expressar suas imagens mais autênticas e pessoais, como um anjo que vê as coisas a partir de perspectivas desafiadoras.

Quando tento explicar o que é uma imagem, a noção do anjo é o mais próximo que consigo chegar de sua natureza, ao mesmo tempo física e espiritual. A imagem, como o anjo, é uma figura particular que vive na esfera intermediária. A expressão "anjos da terra" evoca essa conexão entre matéria e espírito, percepção sensorial e imaginação.

Tenho uma história que mostra como as pessoas andam à cata de imagens para alimentar suas almas. Muitos "pintores de fim de semana" visitam a área ao redor de minha casa em Gloucester para pintar cenas da costa. Eles vêm com seus cavaletes, estojos de tintas e chapéus de palha. No ano passado, encontrei um desses "artistas", de chapéu de palha, quando saía com o meu carro. Não baixei o vidro para dizer olá nem procurei relancear os olhos pelo quadro que ele pintava.

Sou um pintor formado nos valores do expressionismo abstrato, do artista "heróico" que trabalha com a imaginação e evita a reprodução literal do mundo físico. Mas, como todos, na adolescência, fiz quadros de flores e paisagens que meus pais ainda exibem com destaque nas paredes de sua casa.

Relembrando esses anos em que reproduzia a natureza, descubro que eu gostava muito daqueles trabalhos e que era ótimo dar prazer aos meus pais e a outras pessoas que os admiravam. Há algo de muito significativo nas expressões anímicas "iguais a todo o resto". Ao fazer os quadros, eu também percebia que cada pintura era uma interpretação e que mesmo as "representações" mais exatas captam plenamente o estilo e as impressões do artista.

Quando estudava arte em Nova York, eu desdenhava os valores das pinturas "bonitas" — ou seja, fechava a porta a um aspecto de minha vida anímica. Minhas pinturas adolescentes de casas camponesas com pontes e flores encarnavam aspectos do desejo da alma. Analisando-as em retrospecto, sinto nostalgia e saudade poética. Meus sentimentos negativos em relação aos pintores de fim de semana ligam-se à rejeição desse aspecto de minha própria arte. Eles atiçam o complexo que tenho a propósito da finalidade da arte, dos valores elitistas e do significado da minha vida como artista. Qualquer um pode ser pintor de fim de semana; e, embora eu sempre tenha dito que todos são capazes de pintar com alma, ainda não formei uma opinião sobre aqueles que executam "cópias" formais e fotográficas das coisas físicas. Olho os quadros e concluo que poderiam ser muito "melhores" se houvesse neles mais movimento, vitalidade e cores exóticas como as de Van Gogh.

Reconsiderando os pintores de fim de semana como artistas da alma e testemunhas dos espíritos do mundo físico, não preciso esquecer meu senso crítico da arte nem o esforço que faço para aprimorar minhas obras, encontrar um estilo pessoal e ajudar meus alunos a trabalhar com cada vez mais satisfação. No fim das contas, os pintores de cavalete estão no caminho deles e eu no meu, e nós estamos bem mais próximos do que pensamos. Cada qual persegue suas relações individuais com a criação. Meus sentimentos negativos para com eles podem ser visualizados como anjos, mensageiros que me levam para junto das mais suaves qualidades da alma, que a protegem dos juízos moralistas e arrogantes dos outros. Nessas situações, a dimensão angélica pode ser imaginada como o reenquadramento de atitudes intransigentes.

Depois de repensar minhas atitudes para com os pintores de fim de semana, pus-me a cuidar do gramado numa manhã de sábado. De novo, avistei um pintor de cavalete na rua, à entrada de minha garagem. Era um rapaz de *jeans* e camiseta. Enquanto eu trabalhava, observava-o com o canto dos olhos. Há uma casa histórica na baía, do outro lado da rua, e supus que ele a estivesse pintando. Aproximei-me com o cortador de grama; ele acenou para mim e sorriu. Continuei trabalhando, mas posicionei-me estrategicamente para observar sua pintura.

Ele estava fazendo um esboço da nossa casa, e a obra parecia interessante. Não se parecia em nada com as pinceladas frias e as cores sem imaginação que costumo avistar nas calçadas.

Terminei o trabalho e aproximei-me dele para cumprimentá-lo. Gostei do quadro. Percebi um ligeiro sotaque espanhol em sua fala e ele disse: "Poucas pessoas percebem, mas sou cubano. Moro em Nova York."

Ele estava visitando o Cabo Ann para pintar "no campo". Examinando a pintura fiquei intrigado ao perceber que ele reproduzira cuidadosamente o paisagismo e as reformas que empreendi para recuperar a estrutura da casa. O rapaz pintava a imagem do desejo de minha alma, a minha casa, e fazia-o muitíssimo bem, em consonância com o ideal, ou *imago*, que trago dentro de mim. Um pintor de cavalete estava reverenciando uma de minhas imagens mais pessoais e queridas. Sem dúvida, a casa tocara algo em sua alma e, naquele momento, era um intermediário físico e espiritual entre nós dois.

Não apenas a casa funcionou como um anjo da terra como todo o incidente pareceu uma ocorrência angélica. O episódio encarnava e mesmo ampliava as imagens de minha vida anímica. Gerava um sentimento de realização, de sincronia, de maravilhamento. Os anjos costumam aparecer nessas circunstâncias espontâneas, pequeninas coisas que revelam correspondências sutis entre um evento material e os padrões da nossa vida psíquica.

Imaginando as qualidades angélicas do incidente, reafirmo sua conexão com a minha vida pessoal. Entretanto, não preciso considerar a presença do artista como uma aparição sobrenatural. Tratava-se de um acontecimento material sobre o qual refleti imaginativamente. A qualidade angélica do incidente está na relação íntima entre coisas separadas. Minha concepção da pintura de cavalete como trabalho anímico não exige, necessariamente, um vínculo direto ou causal com a presença do artista na porta de minha garagem. Em outras palavras, eu não achei que ele se postara diante da minha casa para completar um processo no qual eu estivesse envolvido. A visão causal e egocêntrica dos anjos nos leva a crer que eles acorrem em resposta a algo que fizemos ou nos prestam um favor de que necessitamos.

Não presumo que minhas ações anteriores tenham levado o artista para a frente de minha casa. Para mim, a experiência angélica é a conexão psíquica entre a presença dele e a minha percepção. As imagens do mundo exterior e o desejo da alma se encontram, por um fugidio instante, no episódio angélico. Todos os pormenores do acontecimento — a casa, o quadro, o artista, o cavalete, os tubos de tinta, o dia, a hora, o cortador de grama e minhas lembranças — estavam pejados das qualidades do anjo da terra, que não passa de uma maneira de contemplá-los. A magia que lobriguei no evento permeia as diferentes imagens que o compõem. E, inversamente, são as imagens específicas, notadamente sua pintura de minha casa, que encerram os espíritos provocadores de minha reação. Unimo-nos para criar o evento — ou o evento criou-se a si mesmo através da nossa união.

A questão da atuação talvez seja o traço que mais distingue a minha visão dos fatos angélicos e as idéias convencionais sobre os anjos como seres transcendentes com um propósito específico em mente. Segundo essas idéias, os atos dos espíritos conformam-se a causas e efeitos lineares, tais e quais são concebidos por determinada pessoa. Para mim, no entanto, os espíritos das coisas existem no mundo independentemente de minhas intenções e história pessoal. O artista visitante trilha o seu caminho. Eu trilho o meu. E a minha casa tem sua própria história. A meu ver, os anjos são uma união espontânea, um encontro ocorrido subitamente quando os nossos caminhos ou as nossas estrelas se cruzam. A qualidade angélica independe do nosso controle. Acontece para nós, mas também por meio de nós e com a nossa plena participação.

No evento em pauta, a mensagem é o maravilhamento que ele traz em si. As imagens da experiência são a realização do desejo da minha alma. A "localização" dos anjos tem mais a ver com o reconhecimento de conexões e a fruição dos momentos como veículos de satisfação do que com intercessões sobrenaturais segundo determinados esquemas. O mundo está sempre aí para nós. Sempre nos aponta o caminho quando conseguimos ler seus traços. E o "caminho" é a fruição mais completa e mais constante de sua manifestação. O fato é que eu não rejeito nem mesmo questiono o "sobrenatural", pois digo que cada detalhe da vida cotidiana traz em si a divindade. A presença do sobrenatural não se confina a aparições especiais.

A "reunião" psíquica em minha casa não cessou com o incidente do pintor de cavalete. Pouco depois de sua visita, um produtor de cinema, que há pouco tempo fez vários filmes em nossa região, telefonou-me perguntando se poderia usar nossa casa para rodar um comercial. Um diretor e sua equipe chegaram de Los Angeles, percorreram a propriedade num belo dia de outubro e encheram o lugar de espíritos "cinematográficos". É a casa que comove as pessoas com imagens que realizam diferentes desejos de suas almas. Percebo que ela pode oferecer muito. Conta inúmeras histórias pelo modo como suas formas interagem com os conteúdos da vida de uma pessoa.

As visões patológicas dos acontecimentos freqüentemente invertem a maneira pela qual as imagens funcionam como realização do desejo da alma. As imagens alimentam o desejo pervertido. Se as pessoas vivem sob o signo do medo ou da necessidade de controlar tudo, acabam enquadrando nesses esquemas tudo quanto vêem. Elas usam certas roupas em lugar de outras devido às coisas que associam a elas. Uma determinada carta é escrita com uma determinada caneta em virtude dos poderes que a pessoa lhe atribui. Livros com títulos agressivos são retirados das prateleiras porque se teme seu contágio.

Se eu me comporto segundo essa visão negativa e fechada, encho-me de suspeitas quanto às razões que levam o homem parado à porta da garagem a pintar a minha casa. Por que escolheu justamente ela? Que quer, afinal? Estará roubando a alma da propriedade? Que más influências isso trará para mim e para a minha casa? E depois de tudo, a equipe de filmagem da Califórnia! Será que o mundo inteiro está atrás de mim e daquilo que possuo? De novo, as fantasias sobre a atuação estão no cerne dessa maneira de ver.

A paranóia tem lá sua imaginação, mas baseia-se numa idéia exagerada de nosso lugar no mundo e presume que todos os detalhes, todos os objetos e todos os movimentos de um ambiente têm a nós como objeto. Algo parecido sucede em diversas experiências com os anjos, quando as pessoas vão além dos laços pessoais com os espíritos das coisas e concluem que estas só existem para proveito delas.

O Paráclito, ou espírito chamado a consolar e ajudar, está presente o tempo todo, mas nem sempre ficamos em contato com ele. Penso, porém, que essa perda é uma condição natural da alma. Sua presença entra e sai da consciência. O pedido de socorro é um despertar para aquilo que existe, mas nós não vemos.

De algum modo, toda imagem está ligada ao desejo que a alma tem de se conhecer. Depois que os anjos da terra se libertam de perspectivas que têm a nós mesmos como referência, podemos voltar a contemplar o mundo com fascinação e participar mais plenamente do jogo criativo da vida que nós construímos e, ao mesmo tempo, nos constrói. Se pudermos nos transcender por alguns instantes, bastará examinar como os espíritos das coisas se exprimem, funcionando como agentes de uma inteligência que imaginamos sob a forma de anjos.

Às pessoas que perguntam: "Por que os anjos não me visitam?", respondo:

"Eles o fazem. Estão em toda parte, prontos para serem vistos. Só o que vocês têm a fazer é observá-los de outra maneira."

COISAS A FAZER

O COMÉRCIO

• Visite o comércio como se estivesse numa viagem turística à velha Europa, à procura de anjos da terra.

Pode deixar o binóculo em casa, mas uma câmera, especialmente com lente de *zoom*, pode servir para enquadrar, focalizar e aproximar você das coisas. Uma câmera de vídeo propicia liberdade de movimentos e exige menos habilidade na gravação de imagens.

Focalize as mãos das pessoas quando tocam os objetos. Capte o olhar delas quando examinam os artigos. Tente imaginar seus desejos, gostos e repulsas. Quer você vá realmente a uma casa comercial ou faça esse exercício em imaginação, a finalidade é começar a ver as coisas de maneira nova. De que modo elas se expressam e chegam até você?

• Observe os objetos e a estética de sua disposição nas prateleiras. Vasculhe coisas que pareçam mais contrárias a seu gosto, mas que no fundo você bem que gostaria de ter e usar.

• Imagine que as mercadorias expostas tenham sentimentos. O que *elas* querem? Certas pessoas as atraem mais que outras? Que pensam elas de você?

• Faça o mesmo com um catálogo de compras. Não ordene as coisas literalmente, mas vire as páginas com uma atitude tântrica de retardar ao máximo a satisfação do desejo. Sinta o desejo como um fim em si mesmo. Essa visão do desejo nos ajuda a compreender como as coisas atuam sobre nós e como nós nos relacionamos com elas. Há coisas que eu gostaria de possuir mas das quais não necessito, que não posso comprar ou simplesmente que não tenho tempo de usar — e, mesmo assim, deleito-me com o meu desejo por elas.

• Imagine alguma coisa que você sempre cobiçou mas nunca comprou. Qual é o apelo dessa coisa? Procure relacionar-se com ela ou usá-la na imaginação.

• Mude o enfoque das coisas a adquirir para as que já existem no seu ambiente. Transfira o desejo do comprador, ou o desejo irrealizado pela coisa que sempre ambicionou, para objetos que já são seus. Goze o livre jogo do desejo concentrando-se nos seus pertences e renovando a importância deles, a contribuição que lhe prestam na vida. Para muitas pessoas, é intenso o anseio de comprar; quanto a nós, estamos apenas transferindo esse espírito para o que já compramos. Começamos então a perceber o que perdemos em nosso relacionamento com as coisas e por que nos tornamos vítimas do desejo concentrando seu poder naquilo que não temos e talvez nunca tenhamos. Talvez o anseio nos ensine que parte de sua natureza é ficar fora de alcance. Aproveite essa dimensão irrealizável.

SONHOS

• Examine esteticamente os seus sonhos; medite sobre as imagens e cenas dramáticas sem tentar atribuir-lhes significado; atente cuidadosamente para as qualidades sensoriais das imagens, as mudanças no desenvolvimento da ação e nas aparências.

• Acolha o sonho como se fora um anjo, testemunhando e recebendo sua expressão como uma aparição espetacular; pondere com vagar as imagens e sentimentos, sem nunca chegar a conclusões precipitadas.

• Compreenda que os sonhos raramente falam literalmente, embora vez por outra possam fazer afirmações diretas.

• Não julgue nem censure seus sonhos de acordo com os padrões morais do mundo desperto.

• Lembre-se de que os sonhos não vêm para magoá-lo. Conceba o pesadelo como um anjo ruflando as asas e ajudando você a examinar problemas difíceis. Seja paciente com esses sonhos angustiantes e não tente interpretá-los ou decodificar sua mensagem. Talvez você precise de tempo para aprender a simplesmente relaxar na sua presença. A aceitação deles já é em si um grande passo. Depois de reconhecer seu significado, você levará algum tempo para descobrir meios de conviver francamente com eles. Se passar a ver as imagens perturbadoras como aliados, e conseguir olhá-las com fascinação e interesse, aparecerão as conexões com a sua vida.

Quando você aceitar a natureza íntima e proposital dos sonhos, mesmo os pesadelos se tornarão gratificantes, pois entrarão no ritmo dos movimentos da alma.

• Para cada tipo de sonho, a disciplina essencial do trabalho onírico consiste no cultivo ao longo do tempo. Encare o sonho como um jardim e não como uma mensagem passageira que você lê e joga no lixo. O sonho é para ser visitado e revisitado, contemplado de diversas perspectivas. Alguns sonhos vêm e vão num dia, outros permanecem eternamente conosco. Os sonhos fugazes serão melhor apreciados se lhes reservarmos na vida um lugar onde possam ser instalados e observados. Registrar sonhos no diário, fazer quadros ou poemas sobre eles, e bem assim qualquer outra resposta artística, são modos de cultivá-los e preservá-los.

- Faça o máximo possível de conexões entre o sonho e sua vida.
- Reenquadre constantemente o sonho segundo detalhes e elementos diferentes.
- Trate seus sonhos com imaginação; interprete imagens com imagens, alma com alma; responda a eles com movimento, som, escrita criativa e atos que aumentem, em lugar de diminuir, sua energia daimônica. A transformação artística do sonho fará com que você evite a análise excessiva; ela manterá vivas as expressões da fantasia e espalhará as forças psíquicas do sonho por outras áreas de sua vida.
- Ao responder artisticamente a um sonho, concentre-se numa imagem, situação ou sentimento particular, dando seqüência a seu movimento. É impossível captar todos os aspectos de um sonho: esse tipo de esforço torna-se uma documentação compulsiva que na verdade não apreende seu espírito. Também é impossível reproduzir exatamente uma imagem onírica ou uma seqüência de eventos por qualquer meio de transcrição. Se, de um determinado sonho, você recorda apenas uma imagem ou fragmento de imagem, isso basta para mergulhar profundamente nos espíritos oníricos. Não tente extrair conteúdos ocultos. Renuncie à ilusão da transcrição exata, que é só outra tentativa de captar o "fantasma esquivo" e submetê-lo ao nosso controle. Penetre na imaginação do sonho por qualquer porta fornecida pela memória e deixe-se levar por ela.
- Esqueça todo desejo de explicar o sonho. Como diz Shakespeare pela boca de Bottom, em *Sonho de uma Noite de Verão*, "O homem não passará de um asno se se meter a contar seus sonhos... O olho do homem não ouve, o ouvido do homem não vê, a mão do homem não degusta, a língua do homem não concebe e o coração do homem não registra o que o meu sonho é. Pedirei a Peter Quince que escreva uma balada sobre esse sonho. Será chamada 'O Sonho de Bottom', porque não tem fundo (*bottom*)."

Se entro no reino dos sonhos com encantamento, o significado deles aumenta. Sempre estabelecerei ligações com minha vida porque, como declara Próspero em *A Tempestade*, "Somos do mesmo estofo de que são feitos os sonhos."

• Conceba os seus sonhos como companheiros íntimos que lhe proporcionam surpreendentes experiências na privacidade do sono. Veja da mesma forma seus devaneios nas horas de vigília.

• Todos nós conhecemos muito bem os espíritos que nos fazem companhia nos sonhos; portanto, para infundi-los na vida diária, temos de refletir no potencial onírico, nos aspectos oníricos que moram dentro das coisas. Escolha os utensílios mais comuns de sua cozinha — cesta de pão, leiteira, pote, travessa, esponja, prato sujo — e contemple-os como se fossem figuras de sonho. Essa meditação aumentará a sensação da presença divina em todas as coisas.

• Os artifícios para sonhar não são ferramentas literais, mas estreitam o envolvimento com os espíritos oníricos. Diga-se o mesmo da montagem de um pequeno santuário ao lado da cama para atrair os sonhos. W. B. Yeats punha pétalas de rosa e outras coisas sob o travesseiro para encorajá-los. Ao montar um santuário, escolha objetos que se relacionem com os aspectos de seus sonhos. A reunião desses talismãs corresponde à reunião do sonho. Sua presença coletiva e sua liberdade de estabelecer vínculos entre si fazem eco aos espíritos criativos dos sonhos.

• Uma vez que as coisas físicas são freqüentemente as personagens principais nos sonhos, inspiramo-los e ficamos mais conscientes de suas conexões com a vida diária quando apreendemos nossas relações com os objetos. A finalidade desses atos é cultivar, não controlar. Quanto mais procurarmos construir o conteúdo de nossos sonhos, mais eles se comunicarão de fora desses esquemas e nos dirão que não querem ser manipulados. Os sonhos existem para nos mostrar que nós não dirigimos a alma. Quanto mais tentarmos impor a nossa vontade, mais perversos eles se tornarão.

• Os sonhos são feitos das coisas e experiências do mundo físico, e devolvem a imaginação à vida cotidiana. Se você sonhou com sua casa, seu carro ou um objeto de seu ambiente, procure-os depois. Devolva-lhes os espíritos do sonho, tocando-os, contemplando-os, cantando para eles ou fazendo algum outro gesto físico.

Quando você visita o lugar ou a coisa de seu sonho — o sinal de trânsito, o asfalto negro, o carro abandonado, a esteira transportadora da fábrica, a seção de cereais do supermercado —, você vê a existência desse lugar ou coisa como matéria e espírito. Os sonhos nos mostram como os nossos espíritos e os espíritos do mundo criam juntos

Notas

Capítulo 1

1. Jane Harrison, 1962. *Epilegomena to the Study of Greek Religion* [1921], e *Themis*, [1912] (Nova York: University Books, 1962). Para Harrison, o ser humano é "essencialmente um criador de imagens". Diz ela que a religião "brota como um ritual do desejo contido e insatisfeito. Figuramos para nós mesmos aquilo que desejamos, criamos uma imagem e essa imagem é o nosso deus... Os deuses são imagens do desejo." Jane afirma que as figuras criadas por uma comunidade em seus ritos sazonais "assumem uma espécie de vida permanente e separada e criam um tipo de *daimon* ou espírito; de anuais, tornam-se deuses perenes, embora não imortais" (pp. XLIII-XLV).

Jane Harrison ajudou-me a relacionar os anjos ao antigo *daimon* e confirmou minha idéia de que a imagem (*daimon*) é a realização do desejo da alma. Mas, em suas obras, nota-se uma tendência sutil ao racionalismo da época (1850-1928). Ao fim, ela afirma que a religião grega é uma projeção da perspectiva humana, ao contrário da visão mais religiosa de James Hillman (compartilhada por William Blake e outros) de uma imaginação divina que se expressa por nosso intermédio. Minhas diferenças com Jane Harrison são sutis; entretanto, se tornam relevantes por contrastarem as visões teofânicas da psicologia arquetípica e do materialismo espiritual com o materialismo intelectual dominante no século XX.

2. Durante muito tempo, pensamos cientificamente a respeito das mensagens dos sonhos e de outras expressões psíquicas. Lemo-las como um texto relativamente impessoal fornecido por uma psique que, a nosso ver, funciona segundo princípios de ordem exclusivamente bioquímica e comportamental. Valorizo a ciência, mas questiono a nossa confiança nela como o único modo de conhecimento. O advento dos anjos aponta para uma maneira mais poética, pessoal e complexa de conceber a vida interior, uma nova cosmologia da psique. A mensagem é personificada por um anjo. Mesmo o *slogan* revolucionário de Marshall McLuhan, "O meio é a mensagem", foi articulado em palavras e pensamentos relativamente técnicos. Se os anjos são mensageiros, segue-se que as imagens dos meios de comunicação são anjos.

Quando reflito a respeito de uma coisa, ela me oferece sua vida por intermédio de imagens perceptivas que podem ser associadas aos anjos. Distingo essas percepções de coisas das imagens da memória, das imagens artísticas, das imagens oníricas e das imagens arquetípicas que podem, todas elas, ser concebidas como variedades de anjos juntamente com quaisquer outras formas de vida, inclusive torradeiras, telefones e computadores. Assim como os anjos, as imagens são esquivas, múltiplas, avessas a definições e livres para voar pelo espaço interior. São entidades peripatéticas, como se depreende do modo como a consciência sempre transita de uma coisa a outra. As imagens perceptivas interagem com as imagens profundamente alojadas e puramente psíquicas das almas coletivas e individuais. A maneira angélica de contemplar o mundo aceita o intercâmbio complexo ao mesmo tempo que compreende a vida a partir de um simples conceito de parceria e necessidade mútua. Os seres humanos e as imagens dependem uns dos outros, e a criação é a inteligência medial onde as contribuições aparentemente mais individualistas envolvem colaboração com um campo mais amplo, uma tradição ou uma mente coletiva da qual somos expressões.

Não estou dizendo que as imagens "são" anjos, pois isso colocaria ambas as categorias no compartimento estanque da definição positiva, inimiga da vida. Abordando as imagens "como" anjos, ligo ambos entre si por meio da metáfora, o que protege cada parte do rótulo fixo e preserva sua capacidade de assumir outras formas e funções. Eu mantenho a natureza poética e misteriosa do anjo.

Posso ver o próprio objeto como um anjo, sem limitar os espíritos à idéia mais abstrata de percepção. Quando personifico um objeto, continua a haver o intercâmbio e muitas coisas acontecem entre nós.

3. James Hillman, *A Blue Fire: The Selected Writings of James Hillman*, organizado por Thomas Moore (Nova York: Harper and Row, 1989). Os vários livros de Hillman revivem os valores helênicos de zelo para com os deuses e todos os aspectos do mundo físico. Os gregos acreditavam que existem deuses em nossas doenças e achaques, tanto quanto em nossas expressões mais sublimes e nos lugares mais encantadores. Para "reverenciar os deuses", temos de ver sua presença em tudo.

Quando falo em "deuses", refiro-me às figuras da imaginação clássica. O divino é um mistério e, para mim, a fonte de onde emanaram os deuses gregos e muitas outras figuras.

4. Wallace Stevens, *Opus Posthumous*, organizado por Milton J. Bates (Nova York: Alfred A. Knopf, 1989). Stevens repete, nos *Adagia*, que "A poesia não é pessoal", mas afirma também que ela provém da experiência, sendo um "meio de redenção", um amor pelas imagens, uma "forma de melancolia", "como a prece". Esse sentido de experiência individual é religioso, uma maneira de aprofundar a vida. Ele sustenta, nos *Adagia*, que "o poeta sente *em abundância* a poesia de todas as coisas. Na poesia, o que tentamos captar é a vida." A pessoa do poeta torna-se uma porta para Deus e não um fim em si mesmo. Diz Stevens: "Deus e a imaginação são um" e "Deus está em mim ou em parte alguma".

5. Henry Corbin, "Cyclical Time in Mazdaism and Ismailism", 1951, em *Man and Time: Papers from the Eranos Yearbooks*, Bollingen Series XXX 3, organizado por Joseph Campbell (Princeton, N. J.: Princeton University Press, 1983). Minhas idéias sobre os anjos da terra inspiraram-se nos estudos de Corbin acerca do

pensamento iraniano-islâmico, do sufismo e do neoplatonismo. A postura básica de Corbin é a de que "toda criatura se compõe de uma parte terrena e uma parte celeste, que é seu arquétipo ou anjo. Assim, em qualquer realidade, podemos distinguir uma pessoa — ou seja, capturar sua realidade *como* ou *em* sua pessoa celeste. As frações de tempo (meses, dias, horas) podem ser também visualizadas como pessoas (anjos e arcanjos cujos nomes elas ostentam e são seu *acontecimento*)" (p. 137).

Para Corbin, a imaginação é o órgão que cria o reino intermediário ou imaginário da matéria, que existe entre o intelecto e os sentidos, um lugar onde espírito e matéria intercambiam suas respectivas qualidades. Escreve ele: "A percepção do Anjo da Terra dá-se num universo intermediário que não é nem o das Essências da filosofia nem o dos dados sensoriais, em que se baseia o trabalho da ciência positiva; dá-se, antes, num universo de Imagens arquetípicas, apreendidas como outras tantas presenças pessoais. Recapturando as intenções das quais a constituição do universo depende e nas quais a Terra é representada, meditada e encontrada na pessoa de seu Anjo, descobrimos que o problema não é tanto o de encontrar respostas a perguntas concernentes às essências ('o que é isto?'), mas o de encontrar respostas a perguntas concernentes às pessoas ('quem é ele?' ou 'a quem corresponde isto?'). Por exemplo, *quem* é a Terra? *Quem* são as águas, as plantas, as montanhas? Ou *a quem* elas correspondem?" (*Spiritual Body and Celestial Earth: Mazdean Iran to Shi'ite Iran*, 1960, tradução de Nancy Pearson [Princeton, N. J.: Princeton University Press, Bollingen Series XCI: 2, 1977], pp. 4-5.)

De acordo com Corbin, a sutileza é uma condição do anjo da terra: "Sob a *aparência*, a *aparição* torna-se visível à Imaginação. Esse é o fenômeno do Anjo, a figura que a Imaginação ativa revela ser, que a si própria se revela sob a aparência percebida: a figura dos Anjos da Terra. Eis por que os fenômenos terrestres são mais que fenômenos... Os seres e coisas, transpostos pela Imaginação a seu estado sutil, são revelados como as *ações* de um pensamento pessoal, do qual constituem a hierurgia" (*ibid.*, p. 29).

6. Herman Melville, *Moby Dick* [1851] (Nova York: New American Library, 1961).

Capítulo 2

1. Tom Clark, *Charles Olson: The Allegory of a Poet's Life* (Nova York: W. W. Norton, 1991), p. 349.

2. Thomas Moore, *Rituals of the Imagination* (Dallas: Pegasus Foundation, 1983), p. 12. Os livros recentes de Moore — *Soul Mates: Honoring the Mysteries of Love and Relationships* (Nova York: Harper Collins, 1994) e *Care of the Soul* (Nova York: Harper Collins, 1992) — são o ponto alto de anos de reflexão sobre a imaginação da vida cotidiana. Meu conceito do anjo da terra segue de perto a ênfase de Moore nas artes sagradas da vida diária. Thomas Moore foi o primeiro a apresentar-me os escritos de Marsilio Ficino, tema de sua tese de doutorado na Universidade de Syracuse (Thomas Moore, *The Planets Within: Marsilio Ficino's*

Astrological Philosophy [Lewisburg, Pa.: Bucknell University Press, 1982]). O *Liber de Vita* (1489) de Ficino remete-nos à antiga concepção de como os espíritos da terra afetam os espíritos das pessoas e comunidades — o poder da *anima mundi* "dissemina-se por todas as coisas". A reforma do sagrado, iniciada pelos livros de Moore, sustenta que nós "trabalhamos a substância da alma por intermédio das coisas da vida" (1992, p. 184).

3. Martin Heidegger, *Being and Time*, tradução inglesa de *Sein und Zeit* por John Macquarrie e Edward Robinson (San Francisco: Harper San Francisco, 1962), p. 54. A fenomenologia filosófica de Heidegger constitui outra afirmação do modo pelo qual as coisas encerram espíritos singulares. Ele afirma que uma coisa "jamais é um mero objeto". A ênfase de Heidegger na maneira como as coisas "captam" outras coisas num evento ou expressão significativa corresponde à minha idéia da função dos objetos de arte e dos sonhos. "Obviamente, uma coisa não é apenas um agregado de aspectos nem um acúmulo de propriedades de que surge esse agregado. Uma coisa é aquilo em torno da qual as propriedades se juntaram. Nesse caso, falamos em núcleo das coisas." *Poetry, Language, Thought*, tradução inglesa de Albert Hofstadter (Nova York: Harper and Row, 1975), pp. 22-23.

Os movimentos criativos da alma estão mais próximos de uma reunião social viva do que da lógica do desenvolvimento por etapas. Como os sonhos, as conexões criativas saltam abruptamente de uma coisa a outra, gerando com fenômenos diversos e previamente separados um novo propósito criativo que escapa à análise baseada na seqüência linear de causas. Os anjos da terra fluem como uma conversa desinibida, o que produz novos e surpreendentes vínculos entre as coisas e lança a todos num campo espontâneo de criação.

A insistência de Heidegger no "pensador como poeta" leva-nos a descobrir que inúmeros aspectos da experiência só podem ser expressos poeticamente. Na esteira de Nietzsche, ele restaura a tradição poética da investigação filosófica. Suas teses a respeito da função da poesia lembram muito a "base poética da mente", de Hillman, bem como as reflexões de Gaston Bachelard e Wallace Stevens sobre a relação entre filosofia e poesia.

Capítulo 3

1. Rudolf Arnheim, *Art and Visual Perception* (Berkeley & Los Angeles: University of California Press, 1954). Para Arnheim, a expressão "se revela na aparência dinâmica do aspecto físico dos acontecimentos" (p. 445), em oposição a "todas as variedades da teorética tradicional", que "sempre negou o parentesco intrínseco entre a aparência percebida e a expressão por ela veiculada" (p. 448). Sustenta ele: "Já começamos a reconhecer que a expressão percebida não se relaciona necessariamente com uma mente 'por trás dela' " (p. 451). Arnheim acredita que, quando uma expressão artística "depende do conhecimento", ela é "menos direta" (p. 457). Ver também: "The Gestalt Theory of Expression in Rudolf Arnheim", em *Toward a Psychology of Art* (Berkeley & Los Angeles: University of California Press, 1966).

2. James Hillman, "Image-sense", em *Spring*, 1979, pp. 152-182.

3. Rudolf Arnheim, *The Power of the Center: A Study of Composition in the Visual Arts* (Berkeley & Los Angeles: University of California Press, 1988). Contrariamente às teorias tradicionais que consideram a experiência visual como "mera aglomeração de coisas estáticas", Arnheim vê as formas e coisas como campos de energia e "configurações de forças" (pp. 3-4).

4. Charles Olson, "Letter to Elaine Feinstein", maio de 1959, em *The Selected Writings of Charles Olson*, organizado por Robert Creeley (Nova York: New Directions, 1966), p. 29.

5. Santo Agostinho, *The Confessions of Saint Augustine*, tradução inglesa de Rex Warner (Nova York: Penguin, 1963), Livro VII, Cap. 17, p. 154.

6. Lucrécio, *The Nature of the Universe*, tradução inglesa de R. E. Latham (Baltimore: Penguin, 1951), Livro IV, pp. 132-134.

7. *Ibid.*, p. 153.

8. Santo Agostinho, *Confessions*, Livro VII, Cap. 20, p. 156.

9. C. G. Jung, *Psychology and Religion* (New Haven: Yale University Press, 1938), p. 21.

10. Henry Corbin, *Creative Imagination in the Sufism of Ibn 'Arabi* [1958], tradução inglesa de Ralph Manheim. Bollingen Series XCI (Princeton, N. J.: Princeton University Press, 1981), p. 245.

11. *Ibid.*, p. 200.

12. *Ibid.*, p. 234. Outras obras de Corbin: *Spiritual Body and Celestial Earth: Mazdean Iran to Shi'ite Iran* [1960], traduzido por Nancy Pearson (Princeton, N. J.: Princeton University Press, 1977) e *Avicenna and the Visionary Recital* [1954], traduzido por Willard R. Trask, Bollingen Series LXVI (Princeton, N. J.: Princeton University Press, 1988).

Embora eu tenha ficado bastante impressionado com as idéias de Henry Corbin sobre as relações recíprocas entre as realidades material e espiritual, há diferenças notórias entre seus escritos e aquilo que vejo como os espíritos das coisas. Para mim, o anjo da terra é uma característica da expressão material. Como Corbin, enfatizo a reciprocidade de matéria e espírito, mas nunca os separo um do outro.

Segundo Corbin, a alma se mostra quando as coisas terrenas são transfiguradas pela imaginação ativa, que percebe o espírito na forma material. A contemplação das coisas concretas transforma-as nas "energias correspondentes" (1977, p. 32). Entretanto, Corbin ressalva que a natureza angélica "não é uma qualidade material inerente às substâncias sensoriais" (p. 29). Para ele, o processo da imaginação ativa é que se revela como o anjo da terra. Quanto a mim, não vejo razão para separar a imaginação ativa das coisas "derivadas da percepção exterior" (p. 11). De acordo com a sua dicotomia, Corbin acha que o anjo da terra só se exprime pela arte simbólica, em contraposição à figurativa.

Segundo Corbin, o anjo não é a presença física da coisa, mas antes a imagem que dela faz a pessoa em seu coração. Isso é ótimo, e eu próprio faço tal distinçao; todavia, não acho necessário o dualismo. Creio que a afirmação capital de

Corbin é que o anjo vive numa esfera intermediária, "onde o espiritual assume um corpo e o corpo se torna espiritual" (1981, p. 4). Aceito esse princípio e inspiro-me nele, sem no entanto fazer distinções hierárquicas entre matéria e espírito, interior e exterior, visível e invisível. As distinções são necessárias, mas não devem valorizar um aspecto em detrimento de outro. Espírito e matéria estão juntos no mistério do anjo da terra.

A mensagem profunda de Corbin, contudo, não separa tanto o visível do invisível, pois insiste em suas relações recíprocas e "comunidade essencial". A dicotomia, na apresentação de Corbin, talvez resulte do esforço para sublinhar a base imaginária do anjo num mundo dominado pela ciência positiva e pelo senso literal de realidade. Seu mundo "intermediário" do anjo pode ser um estado mental, contraposto a um lugar concreto separado das coisas materiais. Quando o mundo interior é negado, seus defensores podem empenhar-se em polêmicas unilaterais. Eu, porém, não consigo separar o imaginário da matéria sensorial com o qual o imagino. Esta encerra espíritos reais, não simples aparências.

Diz Corbin: "Ficar face a face com a Terra, não como um conglomerado de fatos físicos, mas na pessoa de seu Anjo, é um acontecimento essencialmente psíquico que não pode 'ocorrer' nem no mundo dos conceitos abstratos impessoais nem no plano dos meros dados sensoriais. A Terra tem de ser percebida, não pelos sentidos, mas pelos aspectos de uma Imagem primordial e, na medida em que essa imagem encerra os traços de uma figura pessoal, ela 'simbolizará com' a própria Imagem de si mesma que a alma traz em suas profundezas" (1977, p. 4).

Nós entramos em comunhão íntima com a Terra na pessoa de seu anjo, por meio dos sentidos, quando ambos estão sintonizados com a presença da alma. Corbin insinua que o exterior é ilusório, devendo-se buscar a verdadeira realidade no interior. Onde ficam então o ser físico da pessoa, o lugar ou a coisa que contemplo? As experiências sensoriais ou espirituais estão interligadas para sempre, como parceiros necessários no devaneio. Quando o espírito deixa o mundo material, temos os anjos transparentes e desencarnados.

Não pretendo ir tão longe na afirmação dos espíritos das coisas materiais a ponto de lançar sombra sobre a vida interior e aquilo que Corbin chama de "a verdadeira Imagem de si mesma que a alma traz em suas profundezas". Refiro-me à imagem interior da alma como *imago*. Ela é, na verdade, modelada pelas experiências do mundo material, onde as imagens físicas assumem forma distinta da que têm no coração da pessoa. Como diz William Shakespeare, nós somos o "estofo" de que os sonhos são feitos.

Os fenômenos interiores e exteriores não se opõem entre si. James Hillman propõe a "paridade infinita" como alternativa à perspectiva dos opostos. Diz ele: "Conceber pares e duplas é pensar mitologicamente. O pensamento mítico trata as dualidades como pares em vez de separá-las em opostos, e esta é, em última análise, uma maneira de filosofar... A oposição não passa de um dos muitos modos de estar presente num par." *Anima: An Anatomy of a Personified Notion* (Dallas: Spring Publications, 1985), p. 173.

Em *I and Thou* (Nova York: Scribner's, 1937), Martin Buber escreve: "Toda vida real é um encontro", sendo o desejo mais profundo da alma o anseio pela "conexão cósmica" (pp. 11 e 25). O anjo é a força da reciprocidade, o vínculo entre a experiência imaginária e a experiência material.

13. Marsilio Ficino, *The Book of Life (Liber de Vita)* [1489], tradução inglesa de George Boer (Dallas: Spring Publications, 1980). Diz Ficino: "O mundo vive e respira, e para nós é possível captar seu espírito" por intermédio de nosso próprio espírito (p. 96). Remédios celestes são ministrados pelas coisas que a eles correspondem e trazem o selo dos raios e espíritos do céu. Segundo Ficino, "Não há nada tão deformado em todo o mundo dos viventes que não possua alma, o dom da alma ali alojada" (p. 87).

14. Martin Heidegger, "The Thing", em *Poetry, Language, Thought*, pp. 167 e 177. Heidegger fala da "presenciação" e "coisificação" das coisas de acordo com sua natureza "coisal".

15. Frei Lourenço, *The Practice of the Presence of God: Conversations and Letters of Brother Lawrence* [1824] (Oxford: Oneworld, 1993), pp. 38 e 26.

16. Melville, *Moby Dick*, p. 472.

17. Gaston Bachelard, *Water and Dreams: An Essay on the Imagination of Matter* [1924], tradução inglesa de Edith Farrell (Dallas: Pegasus Foundation, 1983), p. 17. Bachelard mostra que nossas percepções do mundo material modelam a consciência, os desejos, os sonhos. Sua psicanálise dos elementos naturais amplia a orientação estreita das psicologias do desenvolvimento, que reduzem tudo às relações da criança com os pais. Nossas famílias são parte da formação abrangente que recebemos no mundo físico. A esfera de Eros engloba todas as coisas materiais e não apenas a sexualidade. As reflexões de Bachelard sobre a imaginação da matéria e seus estudos dos lugares íntimos (casas, compartimentos, cantos, etc.) mostram que o anjo da terra tem de ser percebido em nossas imagens e lembranças mais pessoais. "Minha pesquisa", explica ele, "volta-se para o domínio da intimidade, para o domínio em que o peso psíquico é dominante." *Poetics of Space*, tradução inglesa de Maria Jolas (Boston: Beacon Press, 1994), p. 12.

Edith Cobb, em *The Ecology of Imagination in Childhood* (Dallas: Spring Publications, 1993), instala a base da experiência imaginária no sentimento de maravilhamento da criança e no "intercâmbio percebido entre o eu e o mundo" (p. 31). Os criadores adultos mais "voltam" do que regridem a essa fonte de imagens primitivas e lembranças íntimas.

18. Alan Gussow, *A Sense of Place* (Nova York: Seabury Press, 1971), p. 27.

19. Bachelard, *Water and Dreams*, p. 11.

20. *Gloucester Daily Times*, 17 de setembro de 1994.

21. Gaston Bachelard, *On Poetic Imagination and Reverie: Selections from Gaston Bachelard*, tradução inglesa de Colette Gaudin (Dallas: Spring Publications, 1987), p. 23.

22. John Kensett, "Letter to J. R. Kensett", 19 de março de 1842, Paris (Collection of the New York State Library, Albany, N.Y.). Citado em Gussow, *A Sense of Place*, p. 39.

23. Herbert Read, *Icon and Idea: The Function of Art in the Development of Human Consciousness* (Nova York: Schocken, 1965).

24. D. W. Winnicott, "Letter to Roger Money-Kyrle", 27 de novembro de 1952, em *The Spontaneous Gesture: Selected Letters of D. W. Winnicott*, organizado por F. Robert Rodman (Cambridge: Harvard University Press, 1987), p. 43.

25. Bachelard, *On Poetic Imagination and Reverie*, p. 3.

Capítulo 4

1. Rudolf Arnheim, "Inverted Perspective in Art: Display and Expression", *Leonardo* 5, 1972, pp. 125-135.

2. Corbin, *Spiritual Body and Celestial Earth*, p. 29.

3. *Ibid.*, p. 4.

4. Erica Jong, *The Devil at Large: Erica Jong on Henry Miller* (Nova York: Turtle Bay Books/Random House, 1993).

5. Thomas Moore, *Dark Eros: The Imagination of Sadism* (Dallas: Spring Publications, 1990). Moore nos instiga a olhar imaginativamente, e não literalmente, as más paixões. Se pudermos "preservar e acompanhar os sintomas", conseguiremos "atingir sua alma ou seu dom à psique" (p. 149). Essa abordagem inverte os postulados tradicionais da terapia corretiva. Em vez de "paralisar" a perversão, tentemos preservá-la na imaginação, não literalmente, e descobrir o que a alma quer por meio dela. O passo capital para compreender a moralidade dessa postura é a capacidade de discernir entre a reflexão fantasiosa e o ato literal.

6. D. H. Lawrence, *Mr. Noon* (Nova York: Viking Penguin, 1985), pp. 316-317.

7. *Ibid.*, p. 316.

8. James Hillman, *Insearch: Psychology and Religion* (Dallas: Spring Publications, 1991), pp. 55-56.

Capítulo 5

1. Charles Olson, "Letter of 3 December, 1965", *Maximus to Gloucester: The Letters and Poems of Charles Olson to the Editor of the* Gloucester Daily Times, *1962-1969*, organizado por Peter Anastas (Gloucester, Mass.: Ten Pound Island Book Company, 1992), p. 87.

2. *Ibid.*, "Letter of 12 February, 1968", pp. 123-124.

3. Wallace Stevens, *The Necessary Angel: Essays on Reality and the Imagination* (Nova York: Vintage Books, 1951). "A imaginação atribui a tudo aquilo que toca uma peculiaridade — e quero crer que a peculiaridade da imaginação é a nobreza, cujos graus são muito numerosos" (p. 33). A idéia que Wallace Stevens tinha da riqueza do mundo físico, percebido e sentido por meio da imaginação, aproxima-se bastante da minha visão do anjo da terra. Disse ele: "Os grandes poemas do paraíso e do inferno já foram escritos; mas o grande poema da terra está por ser escrito" (p. 142). Sua compacta coleção de ensaios constitui um dos textos mais importantes sobre a imaginação, a que ele chama "a visão extra-oficial do ser", uma verdade poética ou imagética em oposição à verdade filosófica ou

psicológica. Stevens, como Jean Paul Richter (*Vorschule der Aesthetik*, 1804), considera a imaginação como a soma de todas as faculdades. Não tenta mostrar que ela é mais verdadeira que o pensamento lógico, apenas procura proteger a integridade de sua perspectiva poética no mundo (pp. 40-41).

4. Henry Geldzahler, *New York Painting and Sculpture: 1940-1970* (Nova York: E. P. Dutton, 1969).

5. Djuna Barnes, *Nightwood* (Nova York: Harcourt, Brace, 1937).

6. Ver William Carlos Williams, *The Collected Earlier Poems* (Nova York: New Directions, 1966).

7. Rudolf Arnheim, "Art among the Objects", em *To the Rescue of Art: Twenty-six Essays* (Berkeley & Los Angeles: University of California Press, 1992).

8. Citado em artigo por Nancy Stapen, "Painting as Salvation: Philip Guston Exhibit at Boston University Offers Profound Rewards", *Boston Sunday Globe*, 12 de outubro de 1994.

Este livro proporciona profundas introvisões sobre o significado das inevitáveis dificuldades dos relacionamentos e dá orientação sobre o modo de resolvê-las para ter parcerias vibrantes. Ele responde de uma forma simpática às perguntas sobre sexualidade e espiritualidade, divórcio, medo da intimidade, reciprocidade e sobre como manter acesa a chama do amor.

CRIANDO UNIÃO

O Significado Espiritual dos Relacionamentos

Eva Pierrakos e *Judith Saly*

"*Criando União* nos desafia a empreender corajosamente a maior aventura da vida, a jornada que vai do isolamento inspirado pelo medo, ou da parceria relutante, até o amor sem medo e a plena realização com um espírito semelhante ao nosso. O que poderia ser mais fascinante e satisfatório?"

– Gene Humphrey, Ph.D.
Presidente da Pathwork Press

Photo © 1974 by Marianne Barcellona

EVA PIERRAKOS canalizou 258 palestras, ao longo de um período de 22 anos, sobre a natureza da realidade psicológica e espiritual e sobre o processo do desenvolvimento espiritual das pessoas. Essas palestras do seu Guia constituem a base do método psicológico que Eva criou e que chamou de *Pathwork*, basicamente um Caminho que conduz ao nosso Deus interior pelo confronto entre nossos demônios e nossos anjos, entre os interesses mesquinhos do ego e nossas forças espirituais. Um grupo cada vez maior de professores, curadores e terapeutas veio estudar com ela, entre eles, o psiquiatra John Pierrakos, criador da *Energética da Essência*. Eles se casaram, e da fusão de seu trabalho nasceu uma poderosa forma de transformação pessoal.

JUDITH SALY começou a praticar o Pathwork em 1958, e é professora e conselheira do Pathwork há 25 anos. Casou-se com John Saly em 1955 e ambos passaram a integrar o grupo de direção do Pathwork, juntamente com Eva e John Pierrakos. Desse vibrante relacionamento de 38 anos nasceram três filhos e dois netos. Com Donovan Thesenga, Judith trabalhou na organização do livro *O Caminho da Autotransformação*, também publicado pela Editora Cultrix, e escreveu *How to Have a Better Relationship*.

Photo by Helane Levine-Keating

EDITORA CULTRIX

A FRATERNIDADE DE ANJOS E DE HOMENS

Geoffrey Hodson

A existência dos anjos e a sua dinâmica atuação na vida de todos os povos existiu sempre, constituindo mesmo uma longa e ininterrupta tradição. Este volume, pequeno na forma, mas grande no conteúdo, tem o mérito de reformular, em linguagem simples, lógica e clara, um tema luminoso, que, por ter andado tão encoberto por superstições e crendices e pela descrença dos desesperados, esteve a ponto de perder a delicada poesia de outros tempos e a reduzir-se a um culto mecanicista, para, praticamente, cair num estado de letargia. E quem mais tem sofrido os efeitos disso tem sido a parcela sofredora da Humanidade, "os humilhados e ofendidos", que, desse modo, foi privada da assistência benéfica de seres tão reais quão solícitos e poderosos.

EDITORA PENSAMENTO

NA PLENITUDE DA ALMA

Joan Borysenko, Ph.D.

"Joan nos leva em uma jornada orientada rumo ao nosso despertar pessoal. Um livro forte, de estilo impressionante. Gostei demais."

Wayne Dyer, autor de *You'll See It When You Believe It*

"Com eloqüência e elegância, *Na Plenitude da Alma* vai mudar você e o seu mundo para sempre."

Deepak Chopra, M.D., autor de *Unconditional Life, Quantum Healing* e *Perfect Healing*

"Nem me lembro mais quando fiquei tão comovido com um livro. As experiências pessoais são profundamente tocantes, as discussões substanciais e informativas, a sabedoria é profunda. Recomendo-o de todo o coração."

Willis Harman, Institute of Noetic Sciences

"Um livro eletrizante sobre cura interior escrito por uma das maiores agentes de cura e uma das mais sábias guias espirituais da atualidade. Um livro que *vem* do coração e *é para* o coração."

Larry Dossey, autor de *Reencontro com a Alma*, publicado pela Editora Cultrix, São Paulo

"Joan Borysenko ilumina apaixonadamente novas trilhas para o nosso desenvolvimento humano ... Ela nos convida a despertar para a verdade de quem somos e para o que viemos fazer e ser aqui. Amo este livro."

Jacquelyn Small, autora de *Awakening in Time* e *Transformers*

EDITORA CULTRIX

COMO COMUNICAR-SE COM OS ANJOS

Um guia prático para entrar em contato com os espíritos celestes

Jane M. Howard

Jane Howard comunica-se com os anjos desde criança. Agora seus leitores também podem fazê-lo.

Aprenda como esses seres brilhantes, por meio do entendimento que têm do Plano Divino, ajudam a orientar tanto o reino da natureza quanto o reino humano. Neste livro há informações detalhadas sobre o surpreendente mundo dos anjos, sobre suas mensagens à humanidade e sobre casos em que sua orientação e ajuda são mais do que evidentes.

Além disso, técnicas práticas são incluídas para os que desejam despertar sua capacidade de perceber a presença dos anjos em suas vidas. Lendo este livro, você aprenderá:

- meditações eficazes para invocar a assistência permanente dos anjos;
- novas técnicas de sintonização com os anjos;
- exercícios de expansão interior;
- métodos práticos para ampliar sua capacidade de perceber a presença desses seres espirituais no dia-a-dia.

Eis a oportunidade de remover os limites da sua vida diária e permitir que a energia, a orientação divina e o amor dos anjos levem você à realização plena da sua vida.

EDITORA CULTRIX

UM LIVRO PARA CURAR O CORAÇÃO E A ALMA

Joan Borysenko, Ph.D.

"Eu esperava gostar do livro mas não esperava ser transformado por ele. Trata-se de uma obra que servirá de modelo para as outras que se seguirem. Mal posso esperar para usar o que aprendi no meu trabalho com os pacientes."

Steven E. Locke, M.D., diretor do Medical Student Education na Harvard Medical School e co-autor de *The Healer Within*

"Joan Borysenko toca o âmago dos fenômenos humanos... ajudando as pessoas a se livrar dos sentimentos de culpa ou remorso. Se palavras inteligentes podem ajudar as pessoas a obter o máximo do fato de serem humanas, este livro está repleto delas."

Norman Cousins

"Um livro extraordinariamente sábio, caloroso e verdadeiro. Ele tornará a vida dos que o lerem mais rica e feliz."

Padre Andrew M. Greeley

"Um dos livros mais comoventes e verdadeiros que já li. [...] Uma grande contribuição para a leitura sobre como curar as pessoas e o planeta."

Willis Harman, presidente do The Institute of Noetic Sciences

"Neste livro, a dra. Borysenko tece uma tapeçaria intricada de experiências pessoais e verdades enternecedoras com as mais recentes descobertas científicas e um conhecimento espiritual profundamente sentido... Seu livro é um ponto de referência sensível e emocionante."

Dr. Kenneth Pelletier, professor de Medicina Clínica da Universidade da Califórnia e autor de *Mind as Healer, Mind as Slayer*

"Deus a abençoe... Este maravilhoso livro nos ensina como vencer na luta pela vida."

Bernie Siegel, M.D.